TEORIA SOCIAL, VERDADE e TRANSFORMAÇÃO

TEORIA SOCIAL, VERDADE e TRANSFORMAÇÃO

ENSAIOS DE CRÍTICA ONTOLÓGICA

MARIO DUAYER

© desta edição Boitempo, 2023
© herdeiros de Mario Duayer

Direção-geral Ivana Jinkings
Edição Pedro Davoglio
Coordenação de produção Livia Campos
Assistência editorial Marcela Sayuri
Preparação Mariana Echalar
Revisão Daniel Rodrigues Aurélio
Capa Victória Lobo
Diagramação Antonio Kehl

Equipe de apoio Ana Slade, Davi Oliveira, Elaine Ramos, Frank de Oliveira, Frederico Indiani, Glaucia Britto, Higor Alves, Isabella Meucci, Isabella Teixeira, Ivam Oliveira, Kim Doria, Luciana Capelli, Marina Valeriano, Marissol Robles, Maurício Barbosa, Raí Alves, Renata Carnajal, Thais Rimkus, Tulio Candiotto, Victória Okubo

---

CIP-BRASIL. CATALOGAÇÃO NA PUBLICAÇÃO
SINDICATO NACIONAL DOS EDITORES DE LIVROS, RJ

D875t
    Duayer, Mario
        Teoria social, verdade e transformação : ensaios de crítica ontológica / Mario Duayer. - 1. ed. - São Paulo : Boitempo, 2023.
        235 p. ; 23 cm.

        ISBN 978-65-5717-319-0

        1. Teoria social. 2. Ontologia - História e crítica. I. Título.

23-86016   CDD: 111
                                          CDU: 111

Gabriela Faray Ferreira Lopes - Bibliotecária - CRB-7/6643

É vedada a reprodução de qualquer
parte deste livro sem a expressa autorização da editora.

1ª edição: setembro de 2023

BOITEMPO
Jinkings Editores Associados Ltda.
Rua Pereira Leite, 373
05442-000 São Paulo SP
Tel.: (11) 3875-7250 / 3875-7285
editor@boitempoeditorial.com.br
boitempoeditorial.com.br | blogdaboitempo.com.br
facebook.com/boitempo | twitter.com/editoraboitempo
youtube.com/tvboitempo | instagram.com/boitempo

SUMÁRIO

PREFÁCIO, *por Virgínia Fontes*... 7

APRESENTAÇÃO, *por Maurício Vieira Martins*.. 15

PRÓLOGO... 23

1. MARX, VERDADE E DISCURSO.. 29

2. NEOPRAGMATISMO: A HISTÓRIA COMO CONTINGÊNCIA ABSOLUTA.............. 49

3. ANTIRREALISMO E ABSOLUTAS CRENÇAS RELATIVAS 69

4. RELATIVISMO, CERTEZA E CONFORMISMO: PARA UMA CRÍTICA DAS
   FILOSOFIAS DA PERENIDADE DO CAPITAL 89

5. JORGE LUIS BORGES, FILOSOFIA DA CIÊNCIA E CRÍTICA ONTOLÓGICA:
   VERDADE E TRANSFORMAÇÃO SOCIAL.. 109

6. CONCEPÇÃO DE HISTÓRIA E APOSTASIAS DE ESQUERDA 131

7. MERCADORIA E TRABALHO ESTRANHADO: MARX E A CRÍTICA
   DO TRABALHO NO CAPITALISMO 155

8. MARX E A CRÍTICA ONTOLÓGICA DA SOCIEDADE CAPITALISTA: CRÍTICA
   DO TRABALHO 167

9. DINOSSAUROS, MICOS-LEÕES E TEORIA ECONÔMICA 181

10. ECONOMIA DEPOIS DO RELATIVISMO: CRÍTICA ONTOLÓGICA OU
    CETICISMO INSTRUMENTAL? 199

APÊNDICE – PURGATÓRIO (CURTO CONTO TEOLÓGICO-METODOLÓGICO) 219

SOBRE O AUTOR 235

Prefácio

Virgínia Fontes

A expansão do capitalismo nas proporções que tomou nas últimas décadas envolve uma infinidade de dificuldades para todos os que se inquietam com os terríveis desdobramentos que essa forma de ser, de produzir e de existir impõe ao conjunto da humanidade. Uma dessas dificuldades – e não das menores – reside naquilo que é exibido como um grande trunfo dessa sociabilidade: a ciência e o conhecimento.

Ora, o conhecimento que a humanidade constrói sobre si mesma e sobre o mundo natural do qual faz parte é essencial para nossa existência e deu saltos vigorosos nos últimos séculos. No entanto, a forma, a direção e as condições da produção científica são hoje um dos pontos principais de inquietação, não apenas dos próprios pesquisadores em quase todas as áreas, mas de parcelas crescentes da própria população.

Aguda e capaz de penetrar em áreas até então consideradas "misteriosas", essa ciência é uma ponta afiada no corte, embora cega no traço. Está cada vez mais comprometida com uma eficácia rentável na vida natural, biológica (inclusive na genética humana) e social. Essa enorme capacidade de interferência parece ainda se aguçar quanto mais cega se torna essa ciência para a humanidade que ela integra e que a atravessa integralmente.

Desde o século XIX, a crítica elaborada por Marx sobre a importância e os limites da ciência (que já então se demonstrava poderosa, mas estava ainda longe de assumir a enormidade do papel que lhe seria reservado) demonstrava cabalmente que, sem superar a dupla barreira que a constituía, ela se limitaria a ser uma caricatura de suas possibilidades. A dupla barreira consiste na incapacidade de incorporar a subjetividade e a historicidade ao próprio agir científico. Mario Duayer expressa em termos claros o cerne do problema. A "teoria crítica de Marx [...] é uma autorreflexão da humanidade sobre sua própria realidade, sobre seu caráter processual –

8 / Teoria social, verdade e transformação

porque autoconstruído –, sobre as possibilidades sempre existentes de outros futuros e, portanto, sobre as alternativas abertas à subjetividade"[2].

Ora, sem atentar para a íntima relação entre os sujeitos sociais e a natureza – para o sociometabolismo indispensável à existência humana –, desprezando a historicidade na qual está mergulhada, há milênios marcada pela existência de classes sociais e de um capitalismo que se apresenta como único horizonte possível, e, ademais, desconsiderando a subjetividade que a integra, por seu caráter de intencionalidade e sua base intrínseca de valores, base ineliminável, a ciência pôde se tornar performática e eficiente, porém socialmente nublada. Mais dramático ainda, ela se torna uma ciência dúplice, quase esquizofrênica: sendo uma elaboração intelectiva, uma atividade de conhecimento e uma prática de intervenção no mundo real (que supõe critérios rigorosos sobre a verdade), ela atua em ambos os níveis (conhecimento e intervenção), ao mesmo tempo que nega ou elude as possibilidades humanas – individuais e sociais – de autotransformação na direção da expansão de sua própria humanidade. Ao contrário, ela expande e impõe o mesmo. Exercita formas radicais e muitas vezes brilhantes de compreensão do mundo natural – e também estimula atuações e intervenções extremamente invasivas –, ignorando a possibilidade de nos modificarmos socialmente para enfrentar os mesmos problemas que ela aborda de maneira isolada e segmentada, como se fôssemos uma natureza descarnada de consciência, ou consciência isenta de natureza.

Esse é um tema da mais candente atualidade e exige enorme rigor em seu tratamento. Aqui não se trata de uma "ciência burguesa" à qual se contraporia uma "ciência proletária", idênticas em seus pressupostos, mas de sinais invertidos. De maneira profunda, coerente e densa, neste livro discutem-se os pressupostos do conhecimento – de qualquer conhecimento –, pois, sendo fruto histórico dessa humanidade em relação com o ambiente, ele precisa estar voltado para a plena humanização dos seres sociais e da própria natureza que nos circunda e integra.

As lutas sociais – e de classes – também atravessam a ciência, tomada em seu conjunto, ou as diversas disciplinas recortadas pela ciência contemporânea. No contexto de segmentação imperante, muitas vezes elas se reduzem a disputas legítimas e/ou oportunistas por carreiras, a luta por prêmios ou, no caso mais dramático, remunerações adicionais oferecidas por empresas que pretendem curto-circuitar o tempo entre a produção do conhecimento e seu uso mercantil. Mas os conflitos na ciência não se limitam a esses embates e atravessam resolutamente as disciplinas e mesmo a vida social. Mario Duayer dedica especial atenção à fragilidade crescente do verdadeiro debate – o que incide sobre os fundamentos – no terreno da chamada "ciência econômica", cuja hegemonia liberal procura colapsar

---

[2] Ver neste volume, p. 165.

toda e qualquer discussão, inclusive no interior da mesma tradição, como o bloqueio interposto à própria existência de uma "heterodoxia" nas últimas décadas. E o faz mesmo assinalando os acanhados limites dessa heterodoxia. Atento à historicidade, Duayer realizou primorosa leitura crítica do relativismo de Richard Rorty, que, por meio de seus epígonos, atingiu em cheio as disciplinas sociais, em especial o terreno dos historiadores.

Em outros âmbitos, a enorme confusão lançada por um pós-positivismo eclético que respondia apenas em parte às críticas consistentes que lhe eram lançadas por diversos setores atingiu também variadas áreas e setores sociais em luta. O alerta central, neste livro, é precioso: não se trata de etiqueta teórica, mas de produzir um conhecimento de tal maneira impregnado da história que nos habita que ele ouse ir ao cerne mesmo da luta: a superação do capitalismo. Que não se limite aos seus pontos supostamente mais frágeis ou a uma inútil tentativa de correção dos excessos.

Este é um livro corajoso, demonstração da maturidade de um filósofo, sobretudo de um grande estudioso do marxismo, que é capaz de enfrentar os desafios postos pelas questões mais espinhosas ligadas à produção do conhecimento com uma coragem, uma qualidade, uma densidade e uma erudição raras. Raras não apenas por aqui, nas plagas brasileiras. Raras também no cenário internacional. Mario Duayer se defronta com os mais importantes e mais conhecidos internacionalmente filósofos da ciência.

O livro é composto por quatro interrogações centrais, a história, o trabalho, a verdade e a ontologia, esta última responsável inegavelmente por unificar o conjunto dos textos. Mais precisamente, é a crítica ontológica o cerne de todos os capítulos. Mario Duayer não "aplica" uma teoria, o que seria um movimento quase mecânico, nem a exercita, como um escolar aprendendo a manejar categorias. Ele vivifica a crítica ontológica, toma para si a base teórica e a tensiona, ativa, enriquecendo-a na medida mesma em que a refina para enfrentar-se com os padrões dominantes da filosofia da ciência contemporânea. Duayer constrói, elabora minuciosamente tal crítica. Partindo dos textos clássicos de Marx e enriquecendo-os com o denso aporte de Lukács, ousa enfrentar os autores que se tornaram verdadeiros ícones na filosofia da ciência contemporânea, como Thomas Kuhn e Imre Lakatos, ou ainda Richard Rorty.

Não se trata de enfrentamento banal, mas do uso consistente da crítica ontológica para demonstrar de maneira clara e precisa os limites dos empreendimentos dessa pretensiosa mas acanhada filosofia da ciência que não ousa compreender a verdade em sua historicidade e seus fundamentos sociais. A crítica ontológica permite esclarecer como o ponto de partida (a montante), necessária crítica aos limites dos positivismos sem o endosso claro de valores ontológicos, definiu em certa medida o ponto de chegada. Justificou a simultânea admissão da presença

10 / Teoria social, verdade e transformação

de ontologias (valores) no pensamento científico, o esvaziamento da importância da verdade e... a admissão dos mesmos procedimentos do positivismo, agora relativizado. A jusante, pois, o caucionamento do mundo social existente como o único possível e pensável. Mais explicitamente, o capitalismo como insuperável. O aporte deste livro é precioso para compreender criticamente as limitações de tais filosofias da ciência.

Não me demorarei apresentando o livro, que o leitor ou a leitora devorará com satisfação e com enorme deleite intelectual. Antes, farei comentários pontuais, e o primeiro deles é sobre a capacidade literária de Mario Duayer. Lidando com temas dificílimos, Duayer consegue trazer à tona elementos de um humor refinado e tem especial prazer em tecer as frases, elaborando seu texto com uma precisão quase cirúrgica. Em outros momentos, embebe-se de suas referências literárias e cinematográficas e brinda seus leitores e leitoras com capítulos que conseguem ser ao mesmo tempo uma enorme brincadeira e a análise crítica de temas de extrema seriedade. Sobretudo, é um homem no seu tempo, a quem não escapam os usos e abusos feitos, por exemplo, da magnífica obra de Jorge Luis Borges. Mario Duayer mergulha – e nos leva com ele – nas inquietações formidáveis expressas por Borges, retomando, fio a fio e questão a questão, a coerência da qual o autor argentino fora despido por aqueles que o utilizaram sem considerar a integral complexidade de suas interrogações. Pior ainda, despiram não apenas Borges das possibilidades complexas de sua reflexão, mas reduziram-no a um epígono de teorias da ciência incapazes de enfrentar o mundo real. Impotentes para eliminar uma certa "carência de absoluto" ou de "divindade", tais teorias recusam-se a investigar a totalidade da vida social e sua complexidade, abandonam o enfrentamento da questão da verdade científica, o que para elas somente seria possível para "deuses". Abandonam, portanto, exatamente o que nos torna seres humanos, a faculdade de produzir conhecimento verdadeiro sobre o mundo real -- natural e social --, ainda que esse conhecimento seja sempre histórico, necessariamente adstrito ao período no qual emerge como necessidade e como possibilidade. Mas nem por isso o conhecimento é necessariamente falso ou a realidade é inexistente.

Mario Duayer trafega na tradição marxista tal como sugeriu E. P. Thompson, autor que ele, aliás, aborda, iluminando precioso documento crítico. A tradição marxista está longe de ser homogênea ou monocórdia e seu âmago se constitui de debates fortes e posições diversas. Assim, há também vários pontos polêmicos a debater neste livro. Não é este o local para uma discussão mais aprofundada nem se espera aqui uma resenha ou uma longa explanação. Porém a longa amizade que me liga a Mario Duayer, assim como muitos debates dos quais participamos, autorizam e solicitam que eu deixe entrever ao menos um ponto de tensão presente neste livro.

Tratarei aqui unicamente do tema do trabalho, embora haja muito bom debate a travar em diversas passagens deste magnífico livro. Há níveis variados de abstração na abordagem dessa questão crucial. Se pensarmos em uma formulação no mais alto nível de abstração, certamente aquela que Lukács enfatiza como característica específica e fundante do ser social, o trabalho é uma categoria perene do ser social. Nesse nível, ele é despido de suas características históricas particulares para evidenciar-se como a atividade crucial do ser em suas relações com a natureza, tanto em sua emergência enquanto ser histórico, teleológico e volitivo, quanto como categoria de mediação por excelência do ser social enquanto tal. Num segundo nível de abstração, o trabalho é sempre trabalho historicamente concreto, atividade socialmente específica, tanto no trato com o objeto como no conjunto das relações que o permitem, incitam ou freiam. Nesse nível, pensar o trabalho envolve necessariamente outras categorias, como as relações sociais nas quais ocorre o processo produtivo, que jamais se esgota unicamente no momento imediato da produção, assim como a sociabilidade específica que lhe corresponde (que envolve a educação e a produção de conhecimento), como, ainda, a forma social peculiar que cada modo social de existir estabelece com a natureza.

Nessa longuíssima pré-história que é a nossa, constituída por milenares sociedades nas quais o processo produtivo se desenvolveu sob o tacão de uma organização social baseada em classes, o trabalho ou a própria forma da humanização do ser social converteu-se em sofrimento, *tripalium*.

Nesse âmbito e nesse nível de abstração, a proposição fundamental de Marx é a superação radical do trabalho tal como o conhecemos na sociedade capitalista e para além de todas as formas "pré-históricas" de trabalho. Muito pregressamente, o trabalho aparecia como dominado por uma natureza afigurada como hostil à humanidade, posteriormente acrescido de diferentes modalidades de dominação de classes. Em termos diretos, abolir o domínio do capital envolve a superação da existência de classes sociais, ou seja, de todas as classes, e não apenas de uma classe dominante específica (no caso, a capitalista). Tal superação se baseia nas possibilidades concretas existentes na sociedade capitalista, que repousam, a começar, na sempre crescente socialização dos processos de trabalho e no aumento da capacidade produtiva imposta pela relação social de capital (capacidade produtiva que conserva, aliás, as marcas da separação brutal entre atividade intelectual ou mando e as de execução). Assim, ainda nesse nível de abstração, é certo – e nisso concordo com Mario Duayer – a crítica marxiana aponta para uma radical modificação da humanidade em sua necessária relação sociometabólica.

Marx, porém, não secciona os níveis de abstração e coliga o trabalho fundante do ser social à história, à historicidade constituída por seres concretos, seres sociais que habitam as sociedades de classe, que produziram os alimentos dos gregos antigos, as armas dos senhores feudais e que, em nossos tempos, produzem a riqueza que consolida o capital (o "trabalho morto") e são dominados por ele. Se é das condições reais e verdadeiras dessa sociedade capitalista que se pode pensar – e agir – para transformá-la, é porque as contradições que a habitam (e, nelas, as possibilidades) vão além de sua capacidade anestésica. E, entre tais contradições, figura o necessário enfrentamento, por meio da organização e da luta dos trabalhadores, sujeitos concretos forjados por dentro da relação social adequada ao capital, o qual se impõe como abstração da existência e negação da vida e do sociometabolismo. Por isso, apesar do econômico dominar de maneira explícita a sociabilidade sob o capital, impondo a venda da força de trabalho e esmagando a liberdade que a capacidade produtiva assim suscitada poderia deixar entrever, apesar das teias ideológicas de convencimento das quais participa uma ciência subjugada, a coerção e a violência jamais perderam espaço. Aprofundaram-se e convertem-se hoje em malhas de controle, vigilância e truculência em todo o mundo, numa proporção inquietante.

A discussão sobre a categoria trabalho não se esgota na violência exercida no cotidiano da produção e da própria existência. É preciso levar em consideração também os sujeitos sociais capazes de levar adiante a superação de sua própria condição (reduzidos a força de trabalho), exatamente por serem os produtores do mais-valor que sustenta todo o processo. Em que pese o aumento da produtividade, com a incessante introdução de tecnologias que se apresentam como se pudessem eliminar o trabalho vivo, a cada dia ingressam mais e mais trabalhadores na enorme moenda humana que é a existência sob o capital. É impressionante a escala do crescimento da classe trabalhadora no plano internacional, tanto pelas expropriações dos trabalhadores do campo como pelas modalidades mais recentes de reexpropriação dos trabalhadores urbanos de todos os freios que eles haviam conseguido, de modo limitado, impor ao capital. O sangue do trabalho vivo continua nutrindo a "máquina cega" (ou vesga?) do capital.

Decerto, os argumentos de Mario Duayer nos exigem compreender que não se trata de tornar angelicais os trabalhadores ou supor que o futuro deveria se construir como uma enorme disciplina fabril, o que nada teria de emancipador. A importância dessa crítica não deve ser diminuída, pois os processos históricos de tentativa de superar o capitalismo esbarraram, dentre outras dificuldades, numa intencionalidade limitada que mantinha a condição do trabalho estranhado. Idealizando os trabalhadores, tal como se encontravam no momento das diversas revoluções, arriscaram-se a reproduzir o mesmo processo, sob outras roupagens e configurações.

Não obstante, os processos de enfrentamento do capitalismo e de aprendizagem de sua superação terão de ser realizados por seres humanos concretos, e não apenas por seres humanos genéricos. Eles serão realizados por aqueles que, colocados na posição crucial de produtores do valor que os esmaga, socializados nos processos de produção, mas segmentados na existência, e, além disso, contrapostos a uma concentração do capital e da riqueza que produziram (e que hoje assusta até mesmo os epígonos desse mesmo capital), detêm os elementos sociais para enfrentá-lo, assim como a todo o cortejo de tragédias e iniquidades que o mesmo capital alimenta.

Trata-se de um enfrentamento, e não apenas de uma conversão ou passagem tranquila de uma forma social para outra. Tais seres humanos concretos – a classe trabalhadora, que vem sendo profundamente modificada em sua morfologia e extensão – precisarão simultaneamente eliminar o papel da classe dominante na reprodução da existência e modificar a relação sociometabólica – os processos de produção, a relação entre os produtores e seus produtos, a relação com a natureza, assim como o conjunto da sociabilidade.

É um privilégio o contato com a erudição, o rigor e o humor de Mario Duayer. E sempre um aprendizado. Boa leitura!

* * * *

ADENDO TRISTE

Mario Duayer foi um grande amigo, brilhante, exigente e erudito, implicante e divertido. Tive o privilégio de conviver longamente com ele de maneira leve, e muito aprendi em nossos debates, nos quais polemizávamos entre muitas concordâncias. A primeira versão da apresentação acima foi redigida em 2015, e fiz apenas as revisões necessárias, sem alterações substantivas. Mario Duayer faleceu em janeiro de 2021. Minha admiração por sua obra segue intacta, assim como a tristeza por essa enorme perda. Ele foi vítima da covid-19 e de um governo genocida liderado por um fascista.

Apresentação

Maurício Vieira Martins[1]

> Tinha aprendido sem esforço o inglês, o francês, o português, o latim. Suspeito, entretanto, que não era muito capaz de pensar. Pensar é esquecer diferenças, é generalizar, abstrair. No abarrotado mundo de Funes não havia senão detalhes, quase imediatos.
>
> Jorge Luis Borges, "Funes, o memorioso"

Em seu famoso conto "Funes, o memorioso"*, o escritor argentino Jorge Luis Borges nos apresenta um personagem de memória prodigiosa, que chegava ao extremo de lembrar-se, anos depois, de todos os detalhes vividos ao longo de um dia. Curiosamente, porém, sua memória privilegiada acabou por revelar-se um pesado ônus: a rigor, Funes não conseguia pensar, mas apenas enumerar uma prodigiosa quantidade de dados empíricos. No entendimento de Mario Duayer, no livro que agora se oferece aos leitores e leitoras, a opressiva condição vivida pelo personagem borgeano é análoga àquela vigente em amplos setores da filosofia e das ciências sociais contemporâneas. Em seu apego incondicional aos fatos, limitam-se ao fascínio pela riqueza sensorial imediata, interditando-se a possibilidade de discernir seu enraizamento numa rede subterrânea de relações. Para quem duvida disso, convém percorrer as livrarias especializadas em humanidades. Nelas, facilmente localizamos as prateleiras ocupadas pela produção, por exemplo, de alguns eminentes historiadores contemporâneos: vários deles orgulhosamente apresentam ao seu público uma volumosa obra que versa sobre... um único e determinado ano.

Mas o erro empirista certamente não recobre todo o panorama científico atual. Duayer nos alerta de que ele encontra sua polaridade complementar num certo tipo de relativismo filosófico, que está, aliás, em contínua expansão. Tal relativismo argumenta que o conceito de verdade – pelo qual podemos distinguir um

---

[1] Optei por manter o texto desta "Apresentação" tal qual ele foi escrito originalmente, quando Mario Duayer estava vivo. Só lamento que não possamos mais dispor de sua aguda inteligência para dialogar, de modo substantivo, com a repercussão desta obra pela qual ele tanto zelou.

* Em Jorge Luis Borges, *Ficções* (trad. Davi Arrigucci Jr., São Paulo, Companhia das Letras, 2008). (N. E.)

16 / Teoria social, verdade e transformação

enunciado falso de um verdadeiro, para sintetizarmos uma longa discussão – seria afinal autoritário e sufocaria enunciados e manifestações culturais distintos. Melhor seria, diz essa perspectiva, acolher todos os discursos em circulação numa dada sociedade, sob o argumento de que cada um deles expressa um certo contexto cultural. Um dos representantes mais festejados dessa tendência é o filósofo Richard Rorty, que defende uma postura de "benigna negligência em relação à verdade"[2]. Apesar do próprio Rorty negar seu pertencimento ao relativismo filosófico, Duayer nos aponta com firmeza a homologia estrutural entre as perspectivas: no pragmatismo rortyano, uma teoria se relaciona antes de tudo com outra teoria e, já que o mundo real é reduzido à apreensão das inumeráveis subjetividades humanas, fica cancelado *a priori* qualquer debate sério sobre a verificabilidade dos diferentes discursos. Afinal, se tudo é texto, se tudo é interpretação, por que nos preocuparmos com as "cansativas práticas e restrições impostas pela necessidade de confrontar o mundo real"[3]?

Um dos efeitos mais insidiosos produzidos por tais perspectivas teóricas é uma aliança, ora tácita, ora explícita, com uma forma peculiar de conservadorismo político. Seja no abarrotado mundo de fatos dos empiristas (que não dispõem de critérios para entender a profusão de dados que manejam), seja no sofisticado discurso dos relativistas atuais, o produto final da argumentação vem a ser um achatamento de todos os mundos possíveis ao presente estado do mundo atual. Nas palavras de Rorty, "deveríamos apresentar mais disponibilidade para celebrar a sociedade capitalista burguesa como o melhor programa político até hoje existente"[4]. Os defensores dessas correntes certamente sabem que o mundo atual é o resultado de um longo transcurso temporal que conseguiu modificar estruturas que pareciam imutáveis; porém, tudo se passa como se essa plasticidade simplesmente não existisse mais. Como corretamente notou Slavoj Žižek, mesmo a hipótese radical de extinção da própria humanidade é aceita com mais facilidade do que a da emergência de uma nova forma de sociabilidade[5]. Em síntese: houve história, agora não há mais.

---

[2] Ver especialmente p. 200 deste livro.

[3] A formulação é de John R. Searle, *Mind, Language and Society: Philosophy in the Real World* (Nova York, Basic, 1998), p. 19 [ed. bras.: *Mente, linguagem e sociedade: filosofia no mundo real*, trad. F. Rangel, Rio de Janeiro, Rocco, 2000]; ver p. 42 deste livro. O autor, como veremos a seguir, também manifestou sua insatisfação com o ambiente acadêmico extremamente relativista das ciências humanas.

[4] Richard Rorty, *Consequences of Pragmatism* (Hempstead, University of Minnesota Press, 1982), p. 209 [ed. port.: *Consequências do pragmatismo*, trad. João Duarte, Lisboa, Instituto Piaget, 1999].

[5] Conferência de Slavoj Žižek em Nova York, algumas passagens da qual são reproduzidas em Rebecca Mead, "The Marx Brother: How a Philosopher from Slovenia Became an International Star", *The New Yorker*, 5 maio 2003, disponível em: <http://www.lacan.com/ziny.htm>, acesso em: 10 fev. 2023.

À medida que avançamos na análise, chegamos ao pano de fundo pelo qual se desenham tais tomadas de posição: trata-se, digamos sem maiores rodeios, de um momento histórico de expansão inaudita de uma lógica mercantil capitalista, que agora atinge domínios anteriormente preservados (como o acesso à água ou à flora de um determinado ecossistema, agora patenteado por grandes corporações, apenas para citarmos os exemplos mais evidentes). Nessa atmosfera saturada pelo capital, a acomodação ao *status quo* adquire os contornos de uma verdadeira fatalidade. Certamente existem propostas de mudança, mas elas têm um caráter epidérmico, que nem de longe alcança as raízes do processo de acumulação em curso, e são logo vencidas pela expansão e pela autovalorização do capital, acompanhada de seu necessário reverso: a expropriação e a miséria de vastos contingentes humanos.

Contra essas diferentes tendências filosóficas, Duayer procede a uma explícita defesa de uma perspectiva ontológica, entendida como aquela que assumidamente se endereça ao mundo em que vivemos, e que luta por colocar em evidência suas estruturas constitutivas. Para quem não está familiarizado com o debate filosófico, pode ser útil esclarecer que uma perspectiva ontológica é aquela que, nas palavras de Nicolai Hartmann, um de seus defensores, tem como traço fundamental "o estar direcionado para aquilo que vem ao encontro do sujeito, para aquilo que ocorre, que se oferece, em suma, *o estar voltado para o mundo* em que o sujeito vive e do qual é parte"[6]. Ao invés disso, a perspectiva gnosiológica hoje predominante promove uma espécie de torção da consciência sobre si mesma; torção que produzirá, dentre outros efeitos, o inchaço das preocupações referentes à subjetividade e à linguagem, chegando, no limite, à formulação extremada de que toda filosofia é crítica da linguagem.

Diferenciando-se desse epistemologismo, Duayer nos lembra que "sempre falamos de 'algum lugar'"; estamos inarredavelmente fincados no mundo e é dele mesmo que nossos discursos, certos ou errados, partem. Mesmo aqueles sistemas classificatórios mais absurdos e evidentemente equivocados pressupõem, afinal, uma ontologia. Se retornarmos agora ao comentário sobre alguns contos nevrálgicos de Jorge Luis Borges, veremos de novo que o mestre argentino tinha uma aguda percepção dessa realidade. Assim, nessa verdadeira pérola que é "O idioma analítico de John Wilkins"*, Duayer retoma a passagem que ironiza uma certa taxionomia dos animais (que utilizava, recordemos, categorias como os "que se agitam

---

6   Citado em György Lukács, *Para uma ontologia do ser social*, v. 1 (trad. Carlos Nelson Coutinho, Mario Duayer e Nélio Schneider, São Paulo, Boitempo, 2012), p. 134; grifos meus.

*   Em Jorge Luis Borges, *Outras inquisições* (trad. Davi Arrigucci Jr., São Paulo, Companhia das Letras, 2007). (N. E.)

18 / Teoria social, verdade e transformação

como loucos", os "desenhados com um finíssimo pincel de pelo de camelo", "os que acabam de quebrar o vaso", "os que de longe parecem moscas" etc. etc.). Pois bem, num lance particularmente feliz de análise, Duayer diverge da abordagem de Michel Foucault – que afirmara em *As palavras e as coisas** que o conto de Borges nos mostra a arbitrariedade de toda classificação – e sustenta que, pelo contrário, é devido ao fato de nos endereçarmos continuamente ao mundo real que podemos rir de um sistema classificatório que é manifestamente absurdo.

Para tanto, há de se enfrentar a questão da veracidade dos discursos e, mais ainda, perceber seu íntimo entrelaçamento com uma certa configuração real. Mas, atenção, não se trata aqui da verdade dogmática e atemporal acalantada por antigas filosofias, mas sim de uma proposta teórica que busca se remeter ao melhor conjunto de enunciados sobre um dado momento histórico. Destarte, saber que as verdades da ciência certamente se transformam ao longo do tempo não deve nos impedir de procurar formulá-las com os recursos de que dispomos, esforço realizado no plano conceitual, mas que gera consequências também no embate entre as forças sociais que se defrontam no mundo real.

A defesa de uma perspectiva ontológica é, pois, motivo recorrente na reflexão de Duayer. A riqueza dessa perspectiva pode ser atestada pela produtividade que ela apresenta ao lidar com seus temas de análise: nos artigos mais voltados ao debate com a economia, por exemplo, é precisamente a visada ontológica que permite discernir algumas recorrências, mesmo entre teorias arquirrivais como o neoclassicismo e o keynesianismo. Com efeito, e mesmo reconhecendo o teor mais denso e elaborado deste último, Duayer nos alerta contra o congelamento que ele opera ao extrapolar sua análise, feita a partir do ponto de vista das inquietações do empresário (que precisa continuamente decidir se investe ou se especula), transformando essa incerteza em princípio explicativo universal. Privada de sua perspectiva crítica, a economia política se vê rebaixada à condição de uma ciência apenas instrumental, que visa aparar as arestas mais gritantes de um "mundo agora órfão da mão invisível".

* * * *

O prosseguimento da leitura dos artigos escritos por Duayer (um deles contando com a valiosa colaboração de Maria Célia de Moraes) evidencia outras marcas de uma abordagem singular. Uma delas é ter conseguido escapar ao risco que frequentemente ronda aqueles que se dedicam ao trabalho conceitual: o isolamento

---

* Michel Foucault, *As palavras e as coisas: uma arqueologia das ciências humanas* (trad. Salma Tannus Muchail, 10. ed., São Paulo, Martins Fontes, 2016). (N. E.)

excessivo numa determinada perspectiva teórica, por mais fecunda que tenha sido em sua origem. Evitando esse fechamento da teoria sobre si mesma, Duayer realizou um trabalho transversal que promove o diálogo entre contribuições até então independentes. Isso fica bastante evidente no artigo que estabelece uma linha de diálogo entre Marx e Searle (filósofo não marxista). Assim é que, mesmo apontando certos limites do filósofo estadunidense, Duayer consegue surpreender em algumas de suas melhores passagens um aliado no combate às fragilidades da anulação de qualquer critério de verdade e do ensimesmamento quase autista da chamada filosofia pós-moderna (como nos mostra especialmente o ensaio "Marx, verdade e discurso"). Transversalidade que reaparece numa outra aproximação realizada: aquela entre a obra tardia de György Lukács, *Para uma ontologia do ser social*, e a corrente de pensamento contemporânea conhecida como *realismo crítico*, que encontrou no filósofo britânico Roy Bhaskar seu representante mais ilustre. Até onde temos notícia, Duayer foi um dos primeiros não apenas no debate nacional, mas também em âmbito internacional, a afirmar a profunda compatibilidade entre a proposta do pensador húngaro e aquela apresentada por Bhaskar (que, diga-se de passagem, desenvolveu sua pesquisa praticamente sem citar a grande *Ontologia* lukacsiana).

Mas a articulação de perspectivas de análise algo distintas não significa que estamos diante de uma proposta eclética. Longe disso. Há um fio argumentativo rigoroso percorrendo o desdobrar da exposição. Duayer só aproxima aquelas perspectivas que de fato apresentem uma visada conceitual congruente. E isso não é feito em bloco, mas apenas sobre aqueles temas que estavam, por assim dizer, nodulados no interior de uma dada teoria e efetivamente acolhem um desdobramento que os ponha em comunicação com o debate contemporâneo. Diríamos que a aproximação realizada entre Moishe Postone e György Lukács ilustra com vigor o procedimento em foco.

Com efeito, quem acompanha o debate existente no interior do marxismo sabe que se trata de autores que usualmente são colocados em campos quase opostos de análise. Isso porque Postone procede a uma crítica ao que denomina uma ontologização do trabalho como forma de emancipação do homem. Para esse autor, tal postura seria vigente em setores tradicionais do marxismo, que leram a teoria do valor-trabalho de Marx como sinônimo da expectativa de que, pelo simples desdobramento da atividade laboral, se chegaria a algo como uma humanidade redimida. Notemos que, em termos concretos, a ex-União Soviética costumava premiar aqueles operários que alcançassem as melhores metas de produção, sendo célebre o caso de Alexei Stakhanov, o indisputável campeão de produtividade da década de 1930. O fato é que se formou uma insidiosa imagem do marxismo como algo semelhante a um stakhanovismo; porém, essa é uma expectativa alheia ao

20 / Teoria social, verdade e transformação

pensamento de Marx, que a rigor foi um crítico do trabalho[7] e, mais do que isso, da própria lei do valor.

Ocorre que os autores que convergem com a perspectiva desenvolvida por Postone (pensemos em Robert Kurz ou em Anselm Jappe, entre outros) costumam eleger Lukács como um dos representantes mais recorrentes da suposta ontologização do trabalho[8]. Em nosso entendimento, o que Duayer faz em sua obra é mostrar como é pernicioso esse mal-entendido. Pois as considerações do Lukács tardio sobre o caráter fundante do trabalho humano na transição da animalidade para as determinações propriamente humanas foram mal interpretadas como uma aceitação e um endosso do tipo de trabalho que se pratica no capitalismo contemporâneo. Ora, um contato mais aprofundado com a última obra do filósofo húngaro nos mostra que ele distingue cuidadosamente *prioridade ontológica* de *hierarquia de valor*. Dito de outro modo: registrar a necessidade dos desdobramentos do trabalho e de sua produtividade para a constituição atual da espécie humana (pressuposto ontológico) não significa que se está fazendo também uma apreciação valorativa sobre o fenômeno. Prova disso, acrescentamos nós, é o apreço que Lukács tinha pela passagem de *O capital* em que Marx, distinguindo o reino da necessidade do reino da liberdade, afirma explicitamente que este último só começa para além da jornada de trabalho, quando as forças humanas se desenvolvem como "um fim em si mesmo". Nada mais distante de uma ingênua glorificação do trabalho.

Assim é que encontramos em Duayer um pesquisador em tudo distante da "ternura pelo trabalho" e, simultaneamente, defensor de uma perspectiva ontológica para o correto entendimento do modo de produção que deu origem a tal ideologia. É essa conjunção – que para muitos pode parecer inesperada – que seu livro pavimenta de modo rigoroso. Restituir ao marxismo seu veio mais emancipatório, que questiona uma certa forma estranhada de *produção* da vida, e não apenas a distribuição da riqueza; assumir uma decidida distância daquelas filosofias que

---

[7] Existe abundante comprovação textual dessa crítica, bastando lembrar uma passagem dos *Manuscritos de 1844* em que Marx afirma que "toda a atividade humana até agora era trabalho, portanto, indústria, atividade estranhada de si mesma"; Karl Marx, *Manuscritos econômico-filosóficos* (trad. Jesus Ranieri, São Paulo, Boitempo, 2010), p. 111. O mesmo motivo é retomado no capítulo 14 de *O capital*, no qual se afirma: "Ser trabalhador produtivo não é, portanto, uma sorte, mas um azar"; Karl Marx, *O capital: crítica da economia política*, Livro I: *O processo de produção do capital* (trad. Rubens Enderle, São Paulo, Boitempo, 2013), p. 578.

[8] Vejamos as palavras de Jorge García López, em sua "Introdução" à tradução espanhola da principal obra de Moishe Postone: "Essa operação de 'desontologização' do 'trabalho' de Marx é, a nosso juízo, o objetivo primeiro desta obra"; Jorge García López, "Una introducción a tiempo, trabajo y dominación social", em Moishe Postone, *Tiempo, trabajo y dominación social* (Madri, Marcial Pons, 2006), p. 26.

tomam o mundo atual como um limite insuperável da espécie humana; afirmar a visada ontológica – que não afunda na massa infinita dos dados empíricos, mas tampouco abre mão de um critério de verdade – como uma aliada decisiva para a crítica das mistificações do capital: estes são alguns dos méritos da densa pesquisa realizada por Mario Duayer.

Prólogo

A presente coletânea reúne artigos escritos em diferentes momentos e, com frequência, elaborados em busca de respostas para questões distintas. Parodiando Carlos Heitor Cony, diria que, da mesma forma que palavra puxa palavra, cada pergunta puxou outra, de modo que os textos aqui reunidos expressam a evolução nem sempre linear de um processo de investigação realizado ao longo de muitos anos. Anos que, eles próprios, alteraram drasticamente perguntas e respostas consolidadas e impuseram outras que mal se poderiam imaginar. Como registro da particularidade do desenvolvimento de minhas pesquisas, e refletindo a peculiaridade do período histórico em que ocorreu, os ensaios que compõem este livro não têm como evitar certa repetição de temas ou categorias centrais de sua fundamentação teórica, mesmo quando novos aspectos são incorporados à análise.

Claro está que o curso de meus estudos nem sempre esteve sob o meu controle consciente, de modo que por vezes senti que o tema me explorava e não o contrário. A despeito disso, no entanto, leitores e leitoras decerto perceberão que a crítica ontológica foi o tema que inspirou e organizou minha atividade de pesquisa, mesmo quando subentendido – sem que eu soubesse – nas questões tratadas. Talvez seja possível afirmar que o principal resultado dos meus estudos foi justamente a convicção de que eles terminaram por decantar, ou seja, que crítica de fato é crítica ontológica.

Sendo eu professor em um departamento de economia e tendo o pensamento marxiano como referencial teórico, foi precisamente a crítica ontológica que me permitiu perceber que Marx, contra cobranças indevidas, não dialoga com a ciência econômica ou com as teorias sociais correntes. Ele não busca criar teorias (econômica ou social) mais eficazes, racionais e justas para organizar esse mundo, o mundo do capital. Não rivaliza com as teorias que essa forma de vida social gera

24 / Teoria social, verdade e transformação

e necessita. Não as tem como interlocutoras. Ele simplesmente as critica. E, ao reconhecer sua objetividade social, pergunta-se: que sociedade é essa que gera e necessita de ideias superficiais e falsas? Que mundo humano os sujeitos podem construir para si com ideias falsas?

Se considerarmos que, para Marx, o modo de produção é "uma iluminação universal em que todas as demais cores estão imersas e que as modifica em sua particularidade" e a "sociedade não consiste de indivíduos, mas expressa a soma de vínculos, relações em que se encontram esses indivíduos uns com os outros"[1], segue-se que os indivíduos vivem sob essa iluminação geral, em meio às relações objetivas e com a(s) subjetividade(s) correspondentes. O capital, dada a sua forma de dominação abstrata e sua dinâmica imanente, aparenta abolir o tempo e, consequentemente, as relações, as práticas e as formas de subjetividade que as reproduzem parecem atemporais. Por essa razão, a crítica ontológica é essencial, crítica dessa subjetividade imediata da prática cotidiana, exigida e gerada pelas relações supostamente eternas do capital. A verdade da sociedade em sua processualidade e historicidade não se resolve nessa imediatez. Portanto, a emancipação dos sujeitos de relações que os coagem e subjugam depende da verdade e, *ipso facto*, da crítica ontológica.

A crítica ontológica inegavelmente unifica e constitui o cerne dos onze ensaios que compõem este livro, motivado por três interrogações centrais: historicidade, trabalho e ontologia. Tal crítica não representa apenas uma afirmação da ontologia, mas, em seu exercício, demonstra sob diferentes ângulos que o espírito antiontológico hegemônico mal dissimula uma ontologia do existente. Constitui abertamente um libelo contra essa contrafação que marca o pensamento contemporâneo. Por essa razão, funciona como antídoto contra o ceticismo secretado pelo antiontologismo de fachada. Contra a ideia de que o nosso conhecimento, por ser histórico, não pode ser objetivo. Contra o corolário desta ideia, tão nefasto quanto ela: que a crítica é impossível e, portanto, quando exercida, é "autoritária". Contra a submissão voluntária, subentendida por tal ideia, ao mundo imediatamente dado, à vida social regrada pelo capital. Contra a velada apologia da nossa escravização ao mundo constituído por nossa própria prática.

Em oposição a essas concepções, a tese central destes ensaios é que crítica genuína é crítica ontológica. Ela é justificada nos diferentes ensaios a partir da análise dos principais argumentos empregados por autores "pós-positivistas" nos debates da filosofia da ciência contra as noções sobre a natureza da ciência e da explicação científica da tradição positivista. Refutando o ponto programático dessa tradição –

---

[1] Karl Marx, *Grundrisse: manuscritos econômicos de 1857-1858: esboços da crítica da economia política* (trad. Mario Duayer e Nélio Schneider, São Paulo/Rio de Janeiro, Boitempo/Ed. UFRJ, 2011), p. 59 e 205.

erradicar qualquer vestígio de "metafísica" (ontologia) no discurso científico –, autores "pós-positivistas" como Thomas Kuhn e Imre Lakatos demonstram que nenhum discurso, científico ou não, pode ser proferido em um vácuo ontológico. Sempre falamos de "algum lugar", e esse lugar é ontológico.

No entanto, a crítica "pós-positivista", após reconhecer explicitamente o caráter incontornável das colocações ontológicas, torna irrelevante sua conclusão ao defender a incomensurabilidade dos fundamentos ontológicos de tradições teóricas concorrentes. Em outras palavras, afirmam o inescapável fundamento ontológico de todo sistema teórico para, em seguida, declará-lo negócio privado de cada sistema, de modo que as figurações de mundo assim produzidas são incotejáveis. Relativismo ontológico que não passa de outra maneira de negar a objetividade do conhecimento.

A crítica categórica dessa posição é desenvolvida em alguns ensaios, seja diretamente no campo da filosofia da ciência, seja ilustrando suas consequências teóricas na obra de autores que a adotam, como é o caso de Richard Rorty, filósofo neopragmático, e dos trabalhos do filósofo polonês Leszek Kołakowski produzidos após sua defecção do marxismo. A contestação do relativismo no atacado subjacente a essas posições recorre também a György Lukács e Roy Bhaskar, filósofos cujas obras afirmam a objetividade do conhecimento e insistem na necessidade de incorporá-la de modo explícito às questões ontológicas. Alguns ensaios do notável escritor argentino Jorge Luis Borges são trazidos à discussão para mostrar que também na literatura, na ficção, se afirma o caráter objetivo do conhecimento do mundo.

No caso do positivismo lógico – última forma da tradição positivista, no duplo sentido –, seu exame desenvolvido em alguns ensaios revela que nele a ontologia era negada apenas nominalmente, pois suas prescrições para o discurso científico omitiam, ingênua ou deliberadamente, o fato de que axiomas estruturantes constituem condição necessária de qualquer discurso. Omissão cuja trivial consequência consiste em sugerir que a ciência deve se basear exclusivamente nos fenômenos empíricos servidos pelos sentidos, sem mencionar que o "empírico" é sempre mediado pela figuração de mundo, a ontologia, portanto, fundada em axiomas estruturantes. E a suposta negação da ontologia nada mais é do que a incorporação acrítica do mundo imediatamente dado, da ontologia que ele gera e requer.

Restrições similares são estendidas aos próprios "pós-positivistas" que, ao declararem num mesmo movimento a ontologia inevitável e irrelevante, terminam por patrocinar com sua autoridade uma concepção de ciência idêntica à do positivismo. Pois se o conhecimento objetivo é inalcançável, pois as ontologias são "construtos locais", o papel da ciência resume-se a buscar estruturas e relações estáveis, regularidades empíricas, e construir teorias a partir de tais regularidades. Construir teorias preditivas, por conseguinte, é o objetivo da ciência assim concebida, ser

26 / Teoria social, verdade e transformação

instrumental. E ser instrumental é ser eficaz no mundo em que emerge e que, por isso mesmo, contribui para reproduzir. Ciência sempre a serviço do existente.

Para não se reduzir a eficácia prático-operatória, pura praxiologia, a ciência deve reconhecer a natureza histórica do seu objeto. Admitir a historicidade do objeto, entretanto, não significa descurar da prática, mas simplesmente compreender que o imediatamente dado, com seus imperativos e coerções, não esgota todas as dimensões da prática. Portanto, tem de ser ciência que se instaura mediante a crítica ontológica das concepções que colapsam a realidade em sua forma atual e, em consequência, fazem da prática mera reprodutora das relações sociais existentes.

Para restituir a historicidade ao objeto, no caso, a moderna sociedade capitalista, a crítica da economia política de Marx, como se sabe, trata fundamentalmente de se opor a esse tipo de hipóstase. Seu pensamento se instaura como crítica ontológica, tanto das relações reais da vida social regida pelo capital como das formas de consciência a elas correspondentes. Como ele próprio esclarece em uma carta, seu "trabalho [...] é uma crítica das categorias econômicas ou, *if you like*, o sistema da economia burguesa criticamente exposto. É simultaneamente uma exposição do sistema e, mediante a exposição, sua crítica"*. Em diferentes ensaios, a crítica às correntes antiontológicas vem complementada por momentos da obra marxiana que ilustram como ele procede em sua crítica ontológica.

Se crítica efetiva é crítica ontológica, tem profundas consequências a incompreensão desse caráter do pensamento de Marx no interior da tradição marxista. Constituem manifestações patentes dessa incompreensão as interpretações em que suas formulações aparecem como uma espécie de apologia, apoteose do trabalho. Na verdade, há uma contraposição insanável entre as concepções que imaginam a sociedade emancipada como consumação da centralidade do trabalho, próprio do capitalismo, e as que entendem a superação da centralidade do trabalho como condição para a emancipação.

A despeito da difusão entre marxistas e seus críticos de que Marx faz apologia do trabalho – e, assim, não espanta que Marx tenha sido desde sempre assimilado ao trabalhismo –, é possível mostrar que a crítica da economia política elaborada por ele é crítica do trabalho na sociedade capitalista ou, em outros termos, crítica da centralidade do trabalho exclusiva dessa forma social. Por essa razão, restaurar a crítica marxiana pressupõe desfazer a identidade entre trabalho como categoria fundante e como categoria central do ser social praticada em grande parte da literatura marxista.

Toda a plasticidade do ser social, a crescente emergência e diferenciação de esferas que é a marca de sua historicidade, o desenvolvimento das capacidades e dos

---

* Carta de Marx a Lassale de 22 de fevereiro de 1858. (N. E.)

respectivos desfrutes dos seres humanos, todo esse processo tem por pressuposto o desenvolvimento da produtividade do trabalho social. Tudo o que somos, para além da mera reprodução biológica, para além da mera sobrevivência física, nós o somos graças ao trabalho, ou ao aumento da produtividade do trabalho social. Por isso, pode-se afirmar que, por definição, o trabalho não pode ser central. Ao contrário, o desenvolvimento e a complexificação do ser social, tornados possíveis precisamente pelo trabalho, fazem com que o complexo do trabalho tenha necessariamente uma participação sempre declinante no conjunto de seus complexos constitutivos. Do que é possível inferir a contradição fundamental do capital: o aumento vertiginoso da produtividade do trabalho e a persistência da centralidade do trabalho.

Para explorar essa discrepância interpretativa de graves consequências teóricas e práticas, alguns ensaios procuram contribuir para a restauração da dimensão crítico-ontológica do pensamento de Marx; desfazer a usual identidade observada na literatura marxista entre centralidade do trabalho e trabalho como categoria fundante; e expor a debilidade das interpretações baseadas na ideia de centralidade do trabalho por contraste com a que sustenta que a teoria marxiana consiste numa crítica da forma do trabalho sob o capital.

I
Marx, verdade e discurso*

> A verdade colapsa em eficácia prática imediata.
> Então, sutilmente, a eficácia prática colapsa em
> dinheiro. Assim a verdade colapsa em dinheiro, a
> medida universal de todas as coisas.
>
> A ideia de Ezequiel Maia era achar um mecanismo que lhe permitisse
> rasgar o véu ou revestimento ilusório que dá o aspecto material às
> cousas. Ezequiel era idealista. Negava abertamente a existência dos
> corpos. Corpo era uma ilusão do espírito, necessária aos fins práticos
> da vida, mas despida da menor parcela de realidade. Em vão os ami-
> gos lhe ofereciam finas viandas, mulheres deleitosas, e lhe pediam
> que negasse, se podia, a realidade de tão excelentes cousas. Ele lasti-
> mava, comendo a ilusão da comida; lastimava-se a si mesmo, quando
> tinha ante si os braços magníficos de uma senhora. Tudo concepção
> do espírito; nada era nada.
>
> [...] parece... que ele não tocou de um salto o fundo do abismo,
> mas escorregando, indo de uma restauração da cabala para outra da
> astrologia, da astrologia à quiromancia, da quiromancia à charada,
> da charada ao espiritismo, do espiritismo ao niilismo idealista.
>
> Machado de Assis, "A ideia de Ezequiel Maia"

O presente texto procura mostrar que Marx sempre buscou compreender e explicar a razão de ser (social) das teorias que criticava. O que equivale a dizer que não
conferia primazia à crítica de natureza lógico-gnosiológica. Em outras palavras,
trata-se de sublinhar a natureza ontológica do pensamento de Marx. Porém, como
a ontologia, na atmosfera cultural e filosófica contemporânea, apenas é evocada
para em seguida ser desqualificada como relativa, realçar o caráter ontológico do
pensamento de Marx pode ser confundido com sua desclassificação. Na esperança
de dissipar tal impressão, o artigo discute, num segundo momento, alguns aspetos

---

*   Uma versão deste texto, com o mesmo título, foi publicada pela primeira vez em *Perspectiva*, v. 19,
n. 1, jan./jun. 2001, p. 15-39. (N. E.)

30 / Teoria social, verdade e transformação

do pensamento de John R. Searle, autor não marxista contemporâneo que, a seu modo, é crítico vigoroso do relativismo ontológico em vigência.

Marx sempre considerou teoricamente o falso, o falso socialmente necessário. Em suas obras, formas de consciência científica, religiosa, artística etc. que possuem validade social, apesar de absurdas, lógica ou ontologicamente, jamais são descartadas após a inspeção crítica. Não o são nem devem ser. Pois a crítica não tem o poder de dissolver praticamente a concepção ou teoria criticada. Se noções absurdas e incongruentes possuem validade social e, mais ainda, conservam essa validade a despeito de arrasadoras críticas lógico-gnosiológicas, segue-se que a sua validade social deve depender de outras circunstâncias.

São inúmeras as ilustrações sobre essa questão que podem ser encontradas na obra de Marx. Comento, em primeiro lugar, a sua crítica da crítica lógico-gnosiológica de Kant às provas da existência de Deus. Trata-se de uma passagem de sua tese de doutoramento* na qual Marx assinala que a potência real dos deuses na vida real confere a eles algum tipo de ser. Lukács, interpretando essas considerações juvenis de Marx, indica que ali a realidade social já é apontada como critério último do ser ou não ser social de um fenômeno. Em outras palavras, em Marx, a efetiva eficácia histórica de determinadas representações de Deus confere a elas um tipo qualquer de ser social, mesmo quando não se admita, como é o caso de Marx, a possibilidade da existência de algum Deus. Segundo Lukács, o problema central abordado por Marx, em sua tese, é o da "função prático-social de determinadas formas de consciência, independentemente do fato de que elas, no plano ontológico geral, sejam falsas ou verdadeiras". A crítica de Kant à prova ontológica, por se circunscrever ao lógico e gnosiológico, eliminava qualquer vinculação necessária entre representação e realidade, "negando de modo absoluto todo caráter ontologicamente relevante do conteúdo"[1].

Logo no início da *Introdução à crítica da economia política* (*Grundrisse*), Marx aborda o mesmo tema. O objeto a ser investigado é a produção, produção material – indivíduos produzindo em sociedade. Antes de investigar a produção, entretanto, Marx indaga o sentido daquilo que denomina "robinsonadas", a naturalização do indivíduo isolado e autônomo, personagem central das obras de Smith, Ricardo e Rousseau. Marx pondera que o caçador e o pescador individuais e isolados, pelos quais iniciam os dois primeiros, "de forma alguma expressam, como imaginam os historiadores da cultura, simplesmente uma reação ao excesso de refinamento e um

---

* Karl Marx, *Diferença entre a filosofia da natureza de Demócrito e a de Epicuro* (trad. Nélio Schneider, Boitempo, 2018). (N. E.)

[1] György Lukács, *Para uma ontologia do ser social I* (trad. Carlos Nelson Coutinho, Mario Duayer e Nélio Schneider, São Paulo, Boitempo, 2012), p. 284.

retorno a uma vida natural mal-entendida"[2]. Similarmente, adiciona, o *contrato social* de Rousseau não se funda sobre tal naturalismo quando, por intermédio do contrato, põe em relação e conexão sujeitos naturalmente independentes e autônomos. Esta é, diz Marx, apenas a "aparência estética [...] das robinsonadas"[3].

Na verdade, trata-se de uma antecipação da "sociedade burguesa", "que se preparou desde o século XVI e que, no século XVIII, deu largos passos para sua maturidade"[4]. Como sociedade fundada nas relações de troca, a "sociedade burguesa" pressupõe a dissolução de todos os laços de dominação e subordinação, pressupõe a propriedade privada, pressupõe, enfim, a socialização anônima produzida pela troca de mercadorias. É o desenvolvimento da troca que produz o indivíduo "desprendido dos laços naturais etc. que, em épocas históricas anteriores, o fazia um acessório de um conglomerado humano determinado e limitado"[5]. Em outras palavras, Marx indica desse modo o valor cognitivo de uma concepção ontologicamente absurda. O indivíduo da sociedade burguesa, apesar de produto da história é, na imaginação dos "profetas do século XVIII", concebido como originário, natural.

> Somente no século XVIII, com a "sociedade burguesa", as diversas formas de conexão social confrontam o indivíduo como simples meio para seus fins privados, como necessidade exterior. Mas a época que produz esse ponto de vista, o ponto de vista do indivíduo isolado, é justamente a época das relações sociais (universais desse ponto de vista) mais desenvolvidas até o presente. O ser humano é, no sentido mais literal, um ζῷον ϖολιτικόν [animal político], não apenas um animal social, mas também um animal que somente pode isolar-se em sociedade. A produção do singular isolado fora da sociedade [...] é tão absurda quanto o desenvolvimento da linguagem sem indivíduos vivendo *juntos* e falando uns com os outros.[6]

No primeiro capítulo de *O capital*, após delinear as características fundamentais da economia capitalista tendo em vista exclusivamente as determinações da esfera da circulação, da troca generalizada de mercadorias, Marx mostra de maneira cristalina que os agentes reais não podem, nem precisam, ter consciência da contradição entre a socialização crescente da produção e a natureza cada vez mais privada dos produtores. As formas de consciência que emergem da prática concreta dos produtores de mercadorias são tão objetivas e, por conseguinte, tão concretas como as próprias mercadorias.

---

[2] Karl Marx, *Grundrisse: manuscritos econômicos de 1857-1858: esboços da crítica da economia política* (trad. Mario Duayer e Nélio Schneider, São Paulo/Rio de Janeiro, Boitempo/Ed. UFRJ, 2011), p. 39.
[3] Idem.
[4] Idem.
[5] Idem.
[6] Ibidem, p. 40.

Por mais absurdas que sejam as concepções dos agentes que emergem de sua prática cotidiana, é por meio delas que eles tornam o mundo inteligível para si mesmos e são capazes de assumir as atitudes e comportamentos adequados àquelas relações.

Porém, no contexto de sua análise, Marx vai além das superstições da vida cotidiana e de sua objetividade. Na seção sobre o fetichismo da mercadoria, ao analisar a consciência científica mais elaborada sobre as relações econômicas do capitalismo, além de sublinhar a tendência concreta do pensamento a hipostasiar as formas históricas, isto é, a tendência do pensamento a concentrar-se na forma desenvolvida e obliterar sua gênese e, portanto, sua historicidade – de novo, tendência objetiva, ontologicamente objetiva –, Marx sublinha o caráter socialmente válido das categorias da economia burguesa, "formas de pensamento socialmente válidas e, portanto, dotadas de objetividade para as relações de produção desse modo social de produção historicamente determinado, a produção de mercadorias"[7]. Entretanto, como são categorias que hipostasiam a forma, naturalizam formas que são históricas, elas envolvem um flagrante absurdo do ponto de vista ontológico. A teoria, sistematizada com tais categorias, fornece uma falsa imagem do mundo social, posto que a naturalização da forma implica a desistoricização da sociedade. A sociedade humana resulta algo que deveio historicamente, mas que não mais devém. Então, creio que é lícito afirmar que, para Marx, a falsidade de uma concepção no plano ontológico geral, ou de uma teoria científica – atributo que conferia às teorias de Ricardo e Smith –, não é obstáculo para sua objetividade, para sua eficácia social.

Ainda em *O capital*, no segundo posfácio, Marx oferece outra ilustração da questão que estamos buscando explicitar. Ali, examinando a história da economia política, Marx assinala uma importante inflexão da atitude da ciência relativamente à questão da verdade ou da falsidade da teoria. Mostra que, quanto mais se desenvolve o modo de produção capitalista, mais a economia política converte-se em ciência do capital. Quanto mais o capital se torna a relação social predominante, menos crítica se torna a economia política. Quanto mais a luta de classes muda de eixo, e a luta não é mais contra a aristocracia e, sim, contra o proletariado, mais a economia política assume a naturalização das relações capitalistas apontadas acima e, em consequência, menos crítica é e tem de ser. Assim, salienta Marx, quando a classe trabalhadora passa a ser o adversário exclusivo, não importa mais à economia política a questão da verdade. Enquanto ciência, substitui a verdade de suas proposições por sua utilidade, utilidade para o capital[8]. Para usar termos contem-

---

[7] Karl Marx, *O capital: crítica da economia política*, Livro I: *O processo de produção do capital* (trad. Rubens Enderle, São Paulo, Boitempo, 2013), p. 151.

[8] Tendo antecipado muitas coisas, Marx decerto não poderia ter antecipado a época, a nossa, em que impera uma completa licenciosidade ou indiferença em relação às modalidades de discurso.

porâneos, a partir daquele instante o que importa é a adequação empírica dos teoremas, das proposições, e não a sua verdade, ou a sua performance retórica, a sua capacidade de persuasão. A sua plausibilidade, pode-se dizer, desvanece diante de sua eficácia no plano prático-operatório.

> Na França e na Inglaterra [em 1830], a burguesia conquistara o poder político. A partir de então, a luta de classes assumiu, teórica e praticamente, formas cada vez mais acentuadas e ameaçadoras. Ela fez soar o dobre fúnebre pela economia científica burguesa. Não se tratava mais de saber se este ou aquele teorema era verdadeiro, mas se, para o capital, ele era útil ou prejudicial, cômodo ou incômodo [...].[9]

A existência social da ciência econômica é também tratada no capítulo intitulado "A fórmula trinitária", do Livro III de *O capital*[10]. Nesse capítulo, Marx procura mostrar como as condições objetivas – isto é, as relações econômicas reais – do regime capitalista de produção implicam a sua substantivação em face dos agentes. Somente após analisar essa substantivação real, passa a analisar a sua expressão teórica, científica. Assim, a seu ver, a economia vulgar, precursora do neoclassicismo,

> não faz mais que interpretar, sistematizar e louvar doutrinariamente as concepções dos agentes presos dentro das relações burguesas de produção. Não nos deve surpreender, portanto, que ela, precisamente na forma de manifestação alienada das relações econômicas, nas quais estas aparecem, *prima facie*, como contradições totais e absurdas – e toda a ciência seria supérflua se a forma de manifestação e a essência das coisas coincidissem imediatamente –, se sinta aqui perfeitamente à vontade e que essas relações lhe apareçam tanto mais naturais quanto mais escondida se encontrar nela a correlação interna, ao mesmo tempo que são correntes para a concepção comum. Por isso ela

---

Não poderia imaginar, concedamos, que o contraste entre utilidade e verdade deixaria de demarcar o discurso científico do discurso meramente instrumental. Não poderia supor, enfim, que o critério da utilidade se transformaria no critério exclusivo do discurso científico, para falar só deste. Nem que seria assumido com tamanho gosto. Tome-se, a título de ilustração, as afirmações de Frank Hahn, importante economista neoclássico, em debate com um metodólogo econômico também neoclássico: "Cometemos um erro quando afirmamos que nos experimentos mentais descrevemos o mundo. [...] No entanto, a economia pode ser extremamente útil – assim como perigosa. [...] Hausman nos dá bons argumentos de por que uma teoria falsa ou que contenha muitos elementos falsos pode, contudo, ser útil. Concordo muito com seu argumento e de fato digo a meus alunos do 'Princípio': 'tudo o que ensinarei a vocês é, em certo sentido, falso, mas útil [...]"; Frank Hahn, "Rerum Cognoscere Causas", *Economics and Philosophy*, v. 12, n. 2, 1966, p. 191-3; itálicos nossos.

9 Karl Marx, *O capital*, Livro I, cit., p. 86.

10 Idem, *O capital: crítica da economia política*, Livro III: *O processo global da produção capitalista* (trad. Rubens Enderle, São Paulo, Boitempo, 2017), p. 877-94.

34 / Teoria social, verdade e transformação

não tem a mínima noção de que a trindade da qual parte – terra-renda; capital-juros; trabalho-salário ou preço do trabalho – é, *prima facie*, de composições impossíveis. [...] [...] Em contrapartida, é natural que os agentes reais da produção se sintam plenamente à vontade nessas formas estranhadas e irracionais de capital-juros [...], pois elas constituem precisamente as configurações da aparência em que tais agentes se movem e com as quais lidam todos os dias. Por isso, é também natural que a economia vulgar, que não é nada além de uma tradução didática, doutrinária em maior ou menor grau, das concepções correntes dos agentes reais da produção, nas quais ela introduz certa ordem inteligível, encontre precisamente nessa trindade, na qual está extinto todo nexo interno, a base natural e indubitável de sua altivez trivial.[11]

Parece, portanto, que essas ilustrações são suficientes para demonstrar que Marx não conferia primazia absoluta à crítica lógico-gnosiológica. Por outro lado, mostram igualmente que ele tinha plena consciência da eficácia social das teorias criticadas. Como eram objeto de sua crítica, para ele naturalmente eram falsas em maior ou menor grau. E, em consequência, imaginava que sua teoria era verdadeira, já que patentemente construía uma teoria alternativa. Desse modo, ficamos com o seguinte problema: de um lado, Marx elaborava minuciosas críticas às teorias burguesas; de outro, no entanto, estava totalmente consciente de que a validade das teorias que criticava não repousava em sua veracidade – muito pelo contrário! Isso parece evidenciar ou uma atividade crítica diletante, coisa que sua atividade política desmente, ou uma atitude em tudo diferente das críticas de caráter acadêmico, megalômanas, que se atribuem o poder de dissolver superstições, crenças, e, sobretudo, converter interesses. Talvez não possa haver contraste maior entre a atitude de Marx, nesse particular, e a de propostas de caráter parlamentar-discursivo. Ao que parece, Marx tem a convicção de que o convencimento e a persuasão, em que mais recentemente apostam Jürgen Habermas e Richard Rorty, por exemplo, são inoperantes se não estão dirigidos conscientemente à mudança das relações reais que produzem e pressupõem as ideias, valores, interesses etc. criticados.

Mas, retornando ao tema, as passagens da obra de Marx trazidas à discussão indicam, além de tudo o que já foi dito, que em seu pensamento já estava claro o vínculo entre vida real, relações reais, e formas de consciência, científicas ou não. Portanto, muito antes das vogas kuhniana, comunicativa, discursiva, pragmática e afins, Marx já deixava claro, contra toda insistência do positivismo, contra todas as acusações de ideologia, que toda ciência estava predicada a uma ontologia. Ou, generalizando, que qualquer pensamento pressupõe uma ontologia. A economia

---

[11] Ibidem, p. 880 e 893.

política estava fundada sobre uma ontologia do ser humano, da sociedade, da economia. A economia vulgar também. Estranho seria se assim não fosse. Mágico seria o caso em que os agentes reais entretivessem noções, imagens de mundo absolutamente incongruentes com as relações reais.

Por isso, para quem tem alguma familiaridade com o pensamento de Marx, é realmente surpreendente constatar toda essa movimentação novidadeira em torno de autores como Kuhn, Rorty e Habermas, por exemplo. E, aqui, refiro-me exclusivamente ao aspecto discursivo, datado, contextual, do pensamento humano sublinhado por esses autores. Rorty talvez seja o autor mais representativo dessa posição, pois é quem explicita de modo mais radical o caráter irredutível da linguagem. Dada tal irredutibilidade, advoga o que denomina antirrepresentacionalismo.

Por derivar-se da noção de que não podemos nos deslocar de nossa cultura, de nossa linguagem, para olhar o mundo, social e natural, o antirrepresentacionalismo rortyano equivale a reconhecer que todos os nossos pensamentos, científicos ou não, são construções linguísticas e, como tais, totalidades. As modalidades de legitimação e justificação dos proferimentos são sempre imediatamente internas. A gramática, a estrutura, assim como os valores, os interesses etc., são sempre internos. Em outras palavras, temos aqui um neoestruturalismo que dá conta do irremissível pertencimento do ser humano a uma dada cultura, a uma época, a uma sociedade, com tudo o que isso implica. Nada disso, ao que parece, está em contradição com as passagens citadas de Marx.

Há, porém, uma diferença fundamental. Em Marx, ao lado do reconhecimento explícito do caráter social do ser humano, da explícita historicização das formas de sociedade, e da importância dessas determinações formais, da estrutura de relações reais em meio às quais os sujeitos vivem a vida, há também, de outro lado, a tentativa de trazer ao nível da consciência prática aquele momento que é distintivo do humano, a posição de finalidade, o agir teleológico. Ao contrário do neoestruturalismo, portanto, Marx busca investigar o papel do sujeito humano, a relação entre objetividade e subjetividade, entre estrutura condicionante e liberdade produtiva, entre imanência e transcendência.

Lukács é o autor que, de meu conhecimento, expõe de maneira sistemática a natureza ontológica do pensamento de Marx e do papel que nele desempenha a teleologia, a posição de finalidades, o agir intencional – ou seja, o papel da subjetividade. Este não é o momento para comentar a obra de Lukács. Aqui importa assinalar somente, e de maneira sumária, a conexão entre teleologia e conhecimento. Lukács sublinha que a posição teleológica, a posição de finalidades no trabalho, por exemplo, tem por condição a apreensão correta de conexões causais efetivas. Caso contrário, o sucesso da atividade, que consiste em transformar causalidades naturais em causalidades teleologicamente postas, não se efetiva. Por isso, diz ele, toda

36 / Teoria social, verdade e transformação

a prática é ontologicamente orientada, isto é, dirige-se por necessidade ao ser das coisas. As coisas e as relações como são em si mesmas devem ser conhecidas, com a linguagem, certamente, para que possam ser transformadas em conformidade com a prévia ideação da finalidade.

O conhecimento do mundo assim adquirido, lembra Lukács, tende a ser fixado em sistemas teóricos – se é que podemos aqui dar conta da complexidade da exposição de Lukács em poucas palavras. Nesse sentido, é parte da prática a tendência a congelar esses esquemas ou sistemas, teóricos ou não, hipostasiando-os. Toda ontologia, toda concepção de mundo, em último caso, é resultado mesmo da prática ontologicamente orientada. E tanto a ciência como as superstições do pensamento cotidiano são momentos necessários da prática social.

Assim colocadas, se é que essa nossa síntese não deu saltos em demasia, essas questões apontam para a relação entre teoria e prática e, mais do que isso, e esse é o ponto que desejamos enfatizar, para a conexão entre a prática social e seus horizontes. Toda a prática social tem por pressuposto uma ou diversas ontologias. Assim como quer o pragmatismo, por exemplo, as práticas e instituições das sociedades liberais democráticas assimilam a coexistência de várias culturas e, nesse sentido, várias ontologias. Culturas, portanto, que em maior ou menor grau vivem o horizonte determinado pela sociedade burguesa, ou "liberal democrática". Toda ontologia, assim, chancela e pressupõe um horizonte de inteligibilidade, um horizonte licitamente apreensível, um horizonte, enfim, legitimamente cognoscível e, portanto, um horizonte de práticas legítimas e plenamente justificáveis.

Hoje, o horizonte mutilado pela "vitória" do capital, das relações sociais postas pelo capital, é o horizonte que explica de algum modo as noções de Rorty, do pós--modernismo, de Habermas. A ontologia desse mundo perene do capital estreita o horizonte da prática humano-social. Essa é a proposta explícita de Rorty. No mundo que liquidou a história, a ontologia hegemônica tem de ser anistórica. E tem de impugnar, como metafísica, toda ontologia da sociedade que insista em sua historicidade. Contra a metafísica do que denominam grande narrativa marxiana, contra essa ontologia que indaga o papel possível do sujeito no curso objetivo – porém não determinista – da história, tais correntes contrapõem a ontologia do existente. Ontologia esta que melhor seria qualificada como metafísica do existente, existente metafísico porque não pode vir a ser outro pela simples razão de que a teoria impugna *a priori* qualquer prática emancipatória do sujeito. Assessorado pela teoria, o sujeito deve circunscrever sua prática à administração possível do existente. Qualquer outra atitude representaria o abominável desejo de fazer a história. Um fazer de todo impossível porque, como toda intencionalidade, pressupõe um *télos* e, nesse caso, o *télos* seria uma verdade do humano humanamente reconhecível. A pretensão de fazer história, portanto, implicaria cometer o terrível pecado do essencialismo. Ou de reconhecer alguma verdade ou atributo do humano que estaria para além da "nossa" cultura, do "nosso" discurso etc.

Curiosíssimo resultado, sem dúvida. A teoria, zelosa por resguardar a história da intrusão dos produtos "metafísicos" da consciência, produz uma história desprovida de consciência. Mas não será mais "metafísica" ainda uma história, ao menos história humana, sem o concurso da consciência? Se a consciência for, ela própria, momento da história, a história sem consciência não será uma história abstrata, "metafísica"? Pois, indaga-se, como irá mover-se a história (humana) se os sujeitos humanos, recomendados pelas teorias em voga, devem assumir uma atitude de "benigna negligência" em relação à transcendência para, com o espírito assim desimpedido de especulações metafísicas, dedicarem-se exclusivamente à administração do mundo tal como existe?

Talvez se aplique a tais concepções a mesma crítica feita por Marx à atitude dos economistas em relação à história. Os economistas, afirma Marx, assumem em relação ao modo de produção capitalista a mesma atitude dos padres diante das antigas religiões: houve uma história dos modos de produção antes do capitalismo da mesma forma que houve uma história das religiões antes do cristianismo. Em ambos os casos, a história termina no tempo de quem a conta. Sem metanarrativa, a história tem seu desfecho no tempo do narrador. Como corolário dessa bizarra concepção de história, pondera Marx, tem-se uma teoria cuja realização, caso fosse possível, suprimiria a história.

> Se, na época da dominação feudal, os economistas, entusiasmados com as virtudes cavalheirescas, com a bela harmonia entre deveres e direitos, com a vida patriarcal das cidades, com o estado de prosperidade da indústria doméstica no campo, com o desenvolvimento da indústria organizada por corporações, confrarias e grêmios, enfim, com tudo o que constitui o lado bom do feudalismo, se eles resolvessem eliminar tudo o que tornava sombrio esse quadro – servidão, privilégios, anarquia –, o que aconteceria? Ter-se-iam eliminado todos os elementos constitutivos da luta e sufocado, em seu embrião, o desenvolvimento da burguesia. *Ter-se-ia colocado o absurdo problema da liquidação da história.*[12]

Por último, em presença do anúncio recorrente de que tudo é texto, tudo é interpretação, nunca é demais recordar que Marx também reconhece a diferença ontológica, para colocá-lo com Lukács, entre mundo e consciência. As "Teses contra Feuerbach" constituem uma patente demonstração desse fato. Na última e sempre citada tese, defende Marx a ideia de que não basta interpretar o mundo, é preciso transformá-lo. Salvo melhor juízo, isso significa dizer que tudo é interpretação;

---

[12] Idem, *Miséria da filosofia* (trad. José Paulo Netto, São Paulo, Boitempo, 2017), p. 110; itálicos nossos.

38 / Teoria social, verdade e transformação

tudo o que vai pela cabeça é interpretação. Significa dizer, mais ainda, que os seres humanos constroem o seu mundo, sempre, a partir de interpretações. Ou, como já pude sublinhar em outro contexto, o mundo posto pelo ser humano é sempre interpretação antes de vir a ser mundo. Porém, como nem toda interpretação pode vir a ser mundo, impõe-se a questão da objetividade, correção, "correspondência" etc. da interpretação em relação ao interpretado, da qualidade do nexo entre referente e referido. Enfim, os mundos natural e social, por permissivos e liberais que sejam com nossos textos e interpretações, constituem um limite último quando se trata de fazer da interpretação mundo. Não terá sido isso o que quis dizer Marx na Tese 2 contra Feuerbach?

> A questão de saber se ao pensamento humano cabe alguma verdade objetiva [*gegenständliche Wahrheit*] não é uma questão da teoria, mas uma questão *prática*. Na prática tem o homem de provar a verdade, isto é, a efetividade ou não efetividade, a terrenalidade [*Diesseitigkeit*] de seu pensamento. A disputa sobre a efetividade ou não efetividade do pensamento que se isola da prática é uma questão puramente *escolástica*.[13]

Será que assim se explica a recente história da impugnação de qualquer tipo de realismo, ou a difundida opinião de que o conhecimento científico, sistemático, é apenas um dentre outros tantos discursos, textos, construções sociais etc.? Há algo na história recente que tenha provocado tamanho desencanto com a possibilidade de tornar mundo as ideias que, de algum modo, tenha restado apenas a defesa "escolástica" da não efetividade do pensamento sobre o mundo? Sem ignorar a obra póstuma de Lukács, a *Ontologia do ser social*, que antecipa e critica essa onda bem antes de ela tomar corpo, antes dos eventos de 1968 ou 1989, como se queira, e a qual reafirma a centralidade das questões ontológicas em oposição ao seu banimento pelo neopositivismo, pretendo no que se segue recorrer a um autor recente, John R. Searle, cuja obra estrutura-se em grande medida enquanto crítica ao relativismo ontológico em voga. A audiência crescente que ultimamente passam a ter os autores que, como Searle e Bhaskar, combatem explicitamente o antirrealismo contemporâneo, nas suas formas pragmática, pós-moderna, pós-estruturalista etc., pode indicar, senão o fim de uma era, ao menos a problematização de uma hegemonia que há pouco parecia inabalável. E, apesar de não escrever de uma perspectiva marxiana, Searle parece sustentar a previsão de Lukács, para quem a "benigna negligência" em relação às questões ontológicas mais cedo ou mais tarde cobraria seu preço, posto que o mundo real não pode ser ignorado indefinidamente.

---

[13] Karl Marx, "Ad Feuerbach", em Karl Marx e Friedrich Engels, *A ideologia alemã* (trad. Rubens Enderle, Nélio Schneider e Luciano Cavini Martorano, São Paulo, Boitempo, 2007), p. 537, trad. modif.

E, ainda, se Marx é de fato, como quer Lukács, o autor que restaura o papel da ontologia no pensamento filosófico moderno, Searle, na medida em que reafirma a seu modo as questões ontológicas – sem relativismo –, anuncia, sem pretendê-lo, a atualidade do pensamento de Marx. Portanto, o seu involuntário amparo parece indicar, como pretendo mostrar, que as considerações feitas anteriormente sobre o pensamento de Marx não estão tão fora de época como se poderia imaginar. Afinal, Marx já é um pensador do século retrasado!

Inicio considerando alguns aspectos da obra de Searle, autor, segundo ele mesmo, de formação analítica, diretamente relevantes para as questões que vimos tratando. Antes disso, porém, parece-me fundamental reproduzir sua defesa da relevância atual da crítica ao antirrealismo.

> Penso, na verdade, que as teorias filosóficas fazem uma tremenda diferença em cada aspecto de nossas vidas. Em minha observação, a rejeição do realismo, a negação da objetividade ontológica, são componentes essenciais dos ataques à objetividade epistêmica, à racionalidade, à verdade e à inteligência na vida intelectual contemporânea. Não é por acidente que os vários teóricos da linguagem, da literatura e até mesmo da educação que tentam minar as concepções tradicionais de verdade, objetividade epistêmica e racionalidade baseiam-se fortemente em argumentos contra o realismo externo. O primeiro passo para se combater o irracionalismo – não o único passo, mas o primeiro – é uma refutação dos argumentos contra o realismo externo e uma defesa do realismo externo como pressuposto de grandes áreas do discurso.[14]

Searle inicia sua crítica praticamente com um pedido formal de desculpa. Em sua opinião, a proposição básica do que denomina realismo externo, posição que pretende sustentar, é tão óbvia que é embaraçoso ter de levantar a questão e oferecer respostas a seus críticos. Na verdade, adiciona, tal proposição, mais do que óbvia, constitui uma "condição essencial da racionalidade, e mesmo da inteligibilidade", de modo que defendê-la parece ridículo, supérfluo. Mas, tal como se apresentam hoje as ideias, faz-se necessário defender a proposição de que "existe um mundo real que é total e absolutamente independente de todas as nossas representações, todos os nossos pensamentos, sentimentos, opiniões, linguagem, discurso, textos, e assim por diante"[15].

Mas como acredita que fazer filosofia parece envolver com frequência a negação de "coisas que todos sabemos ser verdadeiras – por exemplo, que existe um mundo real, que podemos ter certos tipos de conhecimento daquele mundo, que as afirmações são tipicamente verdadeiras se correspondem aos fatos no mundo e falsas

---

[14] John R. Searle, *The Construction of Social Reality* (Nova York, The Free Press, 1995), p. 197.
[15] Idem, *Mind, Language and Society*, cit., p. 14.

40 / Teoria social, verdade e transformação

quando não correspondem"[16] –, deve retirar daí a disciplina e a paciência necessárias para refutar as ideias filosóficas que denegam tais verdades do senso comum.

Para Searle, a mais expressiva ilustração das concepções recentes sobre mundo e conhecimento é a inflexão ocorrida em nossa visão da ciência. Das revoluções científicas do século XVII ao início do século XX todas as pessoas instruídas tinham como noção trivial que era possível conhecer cada vez mais como o universo funciona. "Da revolução copernicana, através da mecânica newtoniana, da teoria do eletromagnetismo e da teoria da evolução de Darwin, o universo fazia algum sentido, tinha uma certa inteligibilidade, e estava se tornando cada vez mais acessível com o permanente crescimento do conhecimento e do entendimento". Enfim, esse é o período em que a civilização ocidental assumiu a "visão da Ilustração": o universo era completamente inteligível e éramos capazes de um entendimento sistemático da natureza[17].

Essa visão otimista, no entanto, já se desvanecera nas primeiras décadas do século XX. Na opinião de Searle, o evento singular de maior impacto a suscitar tal inflexão foi o desastre da Primeira Guerra Mundial. Não obstante essa hipótese, o autor aponta alguns eventos intelectuais, como os denomina, que igualmente contribuíram para debilitar a imagem positiva que se tinha da ciência. Dentre eles, arrola a teoria da relatividade (que contraria nossas ideias fundamentais sobre espaço e tempo), os paradoxos da teoria dos conjuntos (que ameaçava o exemplar máximo da racionalidade, a matemática), a teoria de Freud (vista como demonstração da impossibilidade da racionalidade), a demonstração de incompletude de Gödel (outro golpe na matemática), a mecânica quântica[18] (que parecia "inassimilável às nossas concepções de determinação e a existência independente do universo físico") e a obra de autores como Kuhn e Feyerabend, que punham em dúvida a racionalidade da própria ciência[19].

Searle analisa brevemente cada um desses eventos para mostrar que nenhum deles implica necessariamente qualquer tipo de relativismo, ou que os desenvolvimentos científicos do século XX significam que já não podemos entender o mundo, ou que o mundo se tornou "ininteligível de alguma maneira excitante e apocalíptica"[20]. Não vem ao caso, neste contexto, reproduzir os argumentos de Searle. Importa apenas sublinhar que existem autores contemporâneos, e não do

---

[16] Ibidem, p. 9.

[17] Ibidem, p. 1-2.

[18] Sobre o uso e abuso, nem sempre autorizado, da física quântica na defesa das teses relativistas, ver Christopher Norris, "New Idols of the Cave: Ontological Relativity, Relativity, Anti-Realism and Interpretation Theory", *Southern Humanities Review*, v. 30, n. 3, 1996.

[19] John R. Searle, *Mind, Language and Society*, cit., p. 2-3.

[20] Ibidem, p. 4.

século XIX ou XX, que retiram dos mesmos desenvolvimentos científicos conclusões distintas das veiculadas pelo pragmatismo, pós-estruturalismo, pós-modernismo etc. Mais ainda, que esses autores – Searle, por exemplo – enfatizam que os ataques ao realismo não são coisas recentes, a rigor remontam ao bispo Berkeley, e, por essa razão, não podem ter origem em descobertas científicas muito posteriores.

De todo modo, Searle concede ao idealismo do passado, ao menos o kantiano, a tentativa de dar resposta ao ceticismo. Segundo ele, ao argumento cético de que o máximo de evidência não evita o erro, o idealista responde dissolvendo a diferença entre evidência e realidade, de modo que a realidade se reduz à evidência. Apesar disso, acredita que há outra razão, mais profunda, para a persistente sedução exercida por todas as formas de antirrealismo, razão que se torna evidente no século XX: "atende a um impulso básico para o poder". De alguma forma, o realismo parece ser sinônimo de uma intolerável subserviência do ser humano ao "mundo real"; afigura-se algo medonho o fato de nossas representações estarem sujeitas a algo além de nós mesmos[21].

Para ser exato, Searle admite que o idealismo do tipo que vai de Berkeley a Hegel morreu decerto cinquenta anos atrás. No entanto, surgiram em cena certas formas recentes de negações do realismo que, nas palavras do próprio Rorty, assemelham-se bastante ao idealismo. Formas que se apresentam com diferentes roupagens (desconstrução, etnometodologia, pragmatismo, construtivismo social) e, para Searle, cada qual mais obscura que a outra. À diferença do antigo idealismo, porém, esse novo tipo de antirrealismo não se oferece como resposta ao ceticismo, muito embora seja difícil, além do já citado impulso básico para o poder, isolar a sua motivação principal. No caso de se ter de escolher um na ampla variedade de argumentos com os quais essas correntes, para usar sua metáfora, tecem suas posições, Searle sugere que se tome o "perspectivismo".

> Perspectivismo é a ideia de que nosso conhecimento da realidade nunca é "não mediado", que é sempre mediado por um ponto de vista, por um conjunto particular de predileções ou, pior ainda, por motivos políticos sinistros, tal como a fidelidade a um grupo político ou ideologia. E porque jamais podemos ter um conhecimento não mediado do mundo, então talvez não exista mundo real, ou talvez seja mesmo inútil falar sobre ele, ou talvez não tenha qualquer interesse. Assim, o antirrealismo do final do século XX é um tanto tímido e evasivo.[22]

Tímido e evasivo, entenda-se, quando contrastado com a "crua e brutal" posição do realismo: "existe um mundo real totalmente independente de nós. [...] Um

---

[21] Ibidem, p. 15-7.
[22] Ibidem, p. 18.

42 / Teoria social, verdade e transformação

mundo de montanhas, moléculas, árvores, oceanos, galáxias, e assim por diante".
Diante dessa defesa tão desassombrada do realismo, pode-se dizer que há de fato
algo de tímido, e muito de evasivo, nos exemplares mais típicos das propostas
antirrealistas. Searle cita algumas bastante conhecidas, como Rorty: "Penso que a
própria ideia de uma 'questão de fato' é uma ideia sem a qual viveríamos melhor";
Derrida: "Não existe nada fora dos textos"; Goodman: "Hoje, do mesmo modo
que criamos constelações ao escolher algumas estrelas, e não outras, e pô-las juntas,
também criamos estrelas ao desenhar certas fronteiras em vez de outras"[23].

Apesar de admitir que deve oferecer argumentos contra tais posições, Searle
volta a dizer que não crê que os argumentos, para ele evidentemente débeis em
maior ou menor grau, sejam o instrumento central do ataque ao realismo. Repete
que, do ponto de vista da história intelectual e cultural contemporânea, a motivação subjacente na refutação do realismo é o desejo de poder. Nas universidades,
notadamente nas humanidades, assume-se que a inexistência do mundo real equi-
para o *status* das ciências naturais com o das ciências humanas. Pois, nesse caso,
ambas lidariam com construtos sociais e não com uma realidade independente.
Em consequência, "formas de pós-modernismo, de desconstrução etc. podem ser
desenvolvidas livres das cansativas práticas e restrições impostas pela necessidade de
confrontar o mundo real"[24]. Não obstante sua insistência, parece-nos que o autor,
embora capturando fatos evidentes da vida universitária, simplifica em demasia
quando afirma que esta é a "*real driving psychological force*" [força motora psicoló-
gica real] por detrás do antirrealismo contemporâneo[25].

Com essa qualificação podemos considerar as críticas de Searle aos quatro argumentos com base nos quais, em sua opinião, se estruturam as várias modalidades de antirrealismo. Há interesse em acompanhar de perto sua discussão porque
nela, como se poderá constatar, ele expõe e critica, com raro poder de síntese,
as ideias básicas que supostamente amparam o pós-modernismo, o pragmatismo,
o pós-estruturalismo etc. Tais ideias são: perspectivismo, relatividade conceitual
(associada à anterior), descontinuidade da história das ciências e, associada a esta,
subdeterminação da teoria pela evidência.

---

[23] Ibidem, p. 19.

[24] Idem.

[25] Cabe aduzir, no entanto, que o próprio Rorty sustenta o fato de que a *linguistic turn* [virada
linguística] produziu, entre outras coisas, uma homogeneização dos discursos das humanidades
e das ciências sociais. Processo de homogeneização que, nesse sentido, equivale à redução do *status*
das ciências naturais, tal como sugere Searle; Richard Rorty, "Is Natural Science a Natural Kind?",
em *Objectivity, Relativism, and Truth: Philosophical Papers*, v. I (Cambridge, Cambridge University
Press, 1991), p. 46-62 [ed. bras.: *Objetivismo, relativismo e verdade*, trad. Marco Antônio Casanova, 2. ed., Rio de Janeiro, Relume-Dumará, 2002].

No caso do perspectivismo, como vimos antes, o enredo segue mais ou menos nos seguintes termos. O acesso ao mundo real, sua representação etc., sempre está predicado a uma determinada perspectiva, opinião, aspecto, atitude, posição, conjunto de pressupostos etc. Não havendo, portanto, acesso não mediado à realidade; falar dela é, quando pouco, um mau hábito linguístico. Em outras palavras, pontos de vista, atitudes, aspectos etc. jamais são realmente independentes. Searle toma de um livro-texto de filosofia da ciência a definição típica do perspectivismo:

> é a visão de que o conhecimento tem essencialmente o caráter de perspectiva; isto é, que as afirmações de conhecimento e de acesso a ele sempre têm lugar no interior de uma estrutura que fornece as fontes conceituais nas quais e pelas quais o mundo é descrito e explicado... ninguém jamais visualizou diretamente a realidade como ela é em si; em vez disso, cada um a aborda a partir de suas próprias pressuposições e preconceitos.

Para Searle, no entanto, tal posição nem sequer constitui um ataque às formas ingênuas de realismo, pois não há nada de errado na ideia de que, para conhecer a realidade, temos de fazê-lo a partir de uma perspectiva. Se há alguma incongruência na proposição, é que ela parece sugerir que a realidade só poderia ser conhecida diretamente a partir de nenhum ponto de vista. No entanto, afirma Searle, tal suposição não se justifica. E ilustra: com relação à cadeira na minha frente, vejo-a diretamente, mas certamente a partir de um determinado ponto de vista. "Eu a conheço diretamente a partir de uma perspectiva. Na medida em que é inteligível falar sobre conhecer 'diretamente a realidade como ela é em si mesma' eu a conheço diretamente como ela é em si mesma quando sei que há uma cadeira bem ali porque a vejo". Em outras palavras, não há inconsistência entre o perspectivismo, nessa definição, e o realismo ou a doutrina da objetividade epistemológica (temos acesso perceptivo direto ao mundo real)[26].

O problema do perspectivismo, assinala Searle, é que ele deduz das proposições acima o postulado de que o conhecimento de fatos que existem de forma independente (do conhecimento) é impossível. De fato, assim prossegue o argumento do mesmo livro:

> Note-se aqui que nunca são os próprios fenômenos que são fatos, mas os *fenômenos em uma descrição particular*. Fatos são entidades dotadas de sentido linguístico retiradas de um fluxo de eventos que ocorreram ou que existem. Mas isso significa que para que sejam fatos, deve haver um vocabulário segundo o qual eles possam ser descritos... Sucintamente: fatos estão baseados em esquemas conceituais.

---

[26] John R. Searle, *Mind, Language and Society*, cit., p. 20-1.

44 / Teoria social, verdade e transformação

De acordo com Searle, essa é uma passagem exemplar do tipo de argumentos contra o realismo externo na filosofia atual. E, acrescenta, "são todos péssimos argumentos". Certamente, todos concordam que sempre se necessita de um vocabulário para *descrever* e *afirmar* os fatos. Porém, nem disso nem do fato de que precisamos de uma linguagem para identificar e descrever os fatos deduz-se que os fatos identificados e descritos não têm existência independente (de tais descrições e identificações). Em suma, constitui uma

> falácia uso-menção pressupor que a natureza linguística e conceitual da *identificação* de um fato requer que o *fato identificado* seja ele próprio de natureza linguística. Fatos são condições que tornam as proposições verdadeiras, mas não são idênticos à sua descrição linguística. Inventamos palavras para afirmar fatos e para nomear coisas, mas disso não decorre que inventamos os fatos ou as coisas.[27]

Com respeito ao argumento do relativismo conceitual, associado ao anterior, salta-se da correta proposição de que todos os nossos conceitos são feitos por nós para a ilação de que o realismo externo é falso, uma vez que o nosso acesso à realidade exterior é necessariamente mediado por nossos conceitos. Ou, numa afirmação *standard* [padrão]: "não há questão de fato exceto em relação a um esquema conceitual e, portanto, não há mundo real exceto em relação a um esquema conceitual". Na opinião de Searle, esse argumento é tão medíocre a ponto de não merecer crítica. Apesar disso, dispõe-se a oferecê-la. Abreviando seu curto argumento, o ponto a enfatizar é que não há qualquer inconsistência no fato de que podemos empregar diferentes esquemas conceituais para descrever o mundo exterior. O mundo é indiferente aos nossos modos de descrição, enumeração etc. Diferentes sistemas de contagem, como no peso, por exemplo, nos oferecem descrições alternativas e verdadeiras de um único mundo[28].

O terceiro argumento contra o realismo externo – descontinuidade da história da ciência – é sem dúvida o mais popular, já que tem origem nos trabalhos de Kuhn. A história da ciência exibe uma grande variedade de casos em que, em lugar de a ciência desenvolver-se por meio de uma acumulação constante de conhecimentos, há mudanças radicais nas concepções de mundo informadas pelas ciências. Há saltos e rupturas, transformações paradigmáticas, portanto, que desautorizam a ideia de uma aproximação monotônica do mundo real com o progresso da ciência. Em outras palavras, o que se tem é uma sucessão de "diferentes discursos, cada qual dentro de seu próprio paradigma". O que equivale a afirmar que a ciência não descreve uma realidade que existe independentemente dela (ciência), "mas prossegue

---

[27] Ibidem, p. 22.
[28] Ibidem, p. 23.

sempre criando novas 'realidades'". Assim como nos argumentos anteriores, Searle não vê em que este último afeta a noção de que existe um mundo real existindo de forma totalmente independente de nós. Mesmo dando razão a Kuhn e admitindo que a ciência procede de maneira intermitente e com rupturas ocasionais, que as teorias resultantes dos episódios "revolucionários" são incomensuráveis relativamente a suas predecessoras, que seus vocabulários são intraduzíveis, supondo tudo isso, indaga Searle: o que sucede? Nada de relevante, replica. "O fato de que esforços científicos para dar conta do mundo real sejam menos racionais e menos cumulativos do que se supunha anteriormente – se é que isso é verdade – de modo algum põe em dúvida a pressuposição de que há um mundo real que os cientistas estão, de maneira genuína, tentando descrever"[29].

A quarta e última objeção ao realismo externo examinado por Searle, também associado a Kuhn, sublinha a subdeterminação da teoria pela evidência. No fundamental, isso significa que a escolha entre teorias alternativas sobre o mesmo conjunto de fenômenos, por exemplo, entre a teoria heliocêntrica e a geocêntrica, não pode ser decidida com base na evidência empírica, uma vez que ambas são subdeterminadas pela evidência. No caso dos sistemas heliocêntrico ou geocêntrico, a evidência não teria como determinar a escolha, pois, admitidos alguns ajustes teóricos, era consistente com ambos. Desse e de outros casos conclui-se, indevidamente segundo Searle, que a "história dessas 'descobertas' científicas demonstra que se a verdade deve nomear uma relação de correspondência com uma realidade independente da mente, então não há verdade, pois não há tal realidade e, portanto, qualquer relação de correspondência". Todavia, diz Searle, esse argumento, apesar de muito antigo, é ainda assim péssimo. Pois o trânsito da teoria geocêntrica para a heliocêntrica não demonstra que não existe uma realidade independente da teoria. Muito pelo contrário, porque "todo debate só é inteligível na suposição de que essa realidade existe. Somente compreendemos o debate e sua importância se presumirmos que ele diz respeito a objetos reais – a Terra, o Sol, os planetas – e à sua relação efetiva"[30].

Em suma, conclui o autor, invertendo totalmente os termos da crítica ao realismo externo contra ela mesma, todo o debate e sua resolução tem por pressupostos a existência do mundo real e a ideia de que a ciência é um meio de descobrirmos verdades sobre ele. Nessa interpretação, a escolha de uma teoria dentre outras com equivalente sustentação pela evidência consistiria, em oposição ao pretendido pela posição antirrealista, numa afirmação da independência do mundo em relação ao nosso processo de seleção de teorias. Searle ilumina de maneira primorosa essa

---

[29] Ibidem, p. 24.
[30] Ibidem, p. 25.

46 / Teoria social, verdade e transformação

diferença, tomando como objeto de crítica uma passagem de Quine sempre citada em amparo ao relativismo ontológico:

> É bastante conhecida a argumentação de Quine de que sua aceitação da existência das partículas da física atômica era uma *posição* equivalente, enquanto posição, à aceitação da existência dos deuses de Homero. Muito bem, mas daí não decorre que a existência de elétrons ou de Zeus dependam de nós. O que depende de nós é se aceitamos ou rejeitamos a teoria que *diz* que eles existem. A teoria é verdadeira ou falsa a depender de se eles existem ou não, independentemente de aceitarmos ou rejeitarmos tal teoria.[31]

Como se pode verificar, Searle não se sente intimidado pela sabedoria filosófica e cultural da época e, não só isso, apresenta suas críticas no terreno preferido do adversário, da linguagem, do discurso, tomando ali os temas mais fundamentais e criticando-os em detalhe. Naturalmente, a exposição anterior nem pretendeu esgotar todos os argumentos apresentados pelo autor nem parte do pressuposto de que Searle tem as respostas conclusivas para todas as questões levantadas pelo outro campo e que, portanto, a disputa está definitivamente encerrada. Pretendeu assinalar tão somente, contra uma atitude de ceticismo mais ou menos generalizada, que há vozes discordantes e autorizadas.

Roy Bhaskar é autor que mereceria ser tratado no contexto dessa discussão. Sua obra, além de apresentar uma contundente crítica ao positivismo em todas as suas vertentes, cuida com rigor e notável abrangência da maioria dos debates filosóficos e culturais contemporâneos. Suas críticas ao pragmatismo, ao pós-modernismo, ao pós-estruturalismo etc. são igualmente incisivas. Pode-se dizer que são muito mais completas (e complexas) do que as de Searle. Sobretudo porque ele explicita com mais rigor a diferença entre as questões ontológicas, que denomina intransitivas, e as gnosiológicas e epistemológicas, que denomina transitivas. Além do mais, é um autor que explicitamente busca inspiração em Marx. Entretanto, como é de todo evidente, seria impossível trazer para o debate, neste artigo, suas contribuições. O máximo que se pode fazer, com algum proveito e à guisa de encerramento, é evocar uma imagem sua, inspirada na *Fenomenologia do espírito**, de Hegel, que oferece um panorama dos movimentos recentes no terreno filosófico, além de indicar o papel da ontologia, positivo ou negativo, nos mesmos.

Na *Fenomenologia do espírito*, recorda Bhaskar, a indiferença em relação à realidade vem representada pelo Estoico. O Cético, por sua vez, nega a realidade em teoria para afirmá-la na prática. Já a Consciência Infeliz explicita a inconsistência

---

[31] Ibidem, p. 26.

* George Wilhelm Friedrich Hegel, *Fenomenologia do espírito* (trad. Paulo Meneses, 8. ed., Petrópolis/Bragança Paulista, Vozes/Universitária São Francisco, 2013). (N. E.)

entre teoria e prática deste último na postulação de um outro mundo. O fim do positivismo, continua, sob o efeito do duplo golpe desferido pela teoria da relatividade e pela mecânica quântica, deixou a filosofia num duplo problema. Na medida em que deixou de tematizar a ontologia (ou, ao menos, de voltar a problematizá--la) e não articulou outra (isto é, além da ontologia empirista secretada pelo positivismo), foi forçada a metamorfosear-se na dimensão transitiva (gnosiológica e epistemológica) numa variedade de formas. Considerando essas formas do ponto de vista lógico, e não cronológico, Bhaskar afirma que ela primeiramente assumiu a figura de convencionalismo sociológico (Kuhn, Bachelard), indiferente à realidade, tal como o estoicismo, mas ao mesmo tempo consciente do contexto das relações de opressão em funcionamento. Nessas circunstâncias, descrevia o cientista neófito aceitando em bases puramente "positivas", isto é, com base na autoridade, as artes do seu ofício. De quando em quando, em explosões esporádicas, sucediam guerras brutais e destrutivas, uma vez que novas formas de pensar e provar as coisas eram ostentadas. Essa estoica indiferença à realidade deu origem ao colapso pós--estruturalista no ceticismo, no qual Derrida pode escrever que "não há nada fora do texto", envolvendo uma inconsistência entre teoria e prática. A duplicidade implícita no pós-estruturalismo tornou-se explícita na consciência infeliz de um pragmatista como Rorty, que acredita que existe realidade, mas proíbe-nos de falar dela. Porém, num exame mais detalhado, Bhaskar conclui que, a despeito de toda a sua indiferença ao real, "todas essas belas almas de 1967 ainda estão ativas na luta por capital simbólico, dinheiro e poder"[32].

REFERÊNCIAS BIBLIOGRÁFICAS

BHASKAR, Roy. Dialectical Critical Realism and Ethics. In: ARCHER, Margaret et al. *Critical Realism*: Essential Readings. Londres, Routledge, 1998.

HAHN, Frank. Rerum Cognoscere Causas. *Economics and Philosophy*, v. 12, n. 2, 1966, p. 183-95.

LUKÁCS, György. *Para uma ontologia do ser social I*. Trad. Carlos Nelson Coutinho, Mario Duayer e Nélio Schneider, São Paulo, Boitempo, 2012.

MACHADO DE ASSIS, Joaquim Maria. A ideia de Ezequiel. In: _____. *Obra completa*, v. II. Rio de Janeiro, Nova Aguilar, 1997, p. 923-4.

MARX, Karl. *Grundrisse*: manuscritos econômicos de 1857-1858: esboços da crítica da economia política. Trad. Mario Duayer e Nélio Schneider, São Paulo/Rio de Janeiro, Boitempo/Ed. UFRJ, 2011.

_____. *Miséria da filosofia*. Trad. José Paulo Netto, São Paulo, Boitempo, 2017.

_____. *O capital*: crítica da economia política, Livro I: *O processo de produção do capital*. Trad. Rubens Enderle, São Paulo, Boitempo, 2013.

---

[32] Roy Bhaskar, "Dialectical Critical Realism and Ethics", em Margaret Archer et al., *Critical Realism: Essential Readings* (Londres, Routledge, 1998), p. 649.

48 / Teoria social, verdade e transformação

_____. *O capital*: crítica da economia política, Livro III: *O processo global da produção capitalista.* Trad. Rubens Enderle, São Paulo, Boitempo, 2017.

_____; Engels, Friedrich. *A ideologia alemã.* Trad. Rubens Enderle, Nélio Schneider e Luciano Cavini Martorano, São Paulo, Boitempo, 2007.

NORRIS, Christopher. New Idols of the Cave: Ontological Relativity, Relativity, Anti-Realism and Interpretation Theory. *Southern Humanities Review*, v. 30, n. 3, 1996.

RORTY, Richard. Is Natural Science a Natural Kind? In: _____. *Objectivity, Relativism, and Truth:* Philosophical Papers, v. I. Cambridge, Cambridge University Press, 1991, p. 46-62 [ed. bras.: *Objetivismo, relativismo e verdade.* Trad. Marco Antônio Casanova, 2. ed., Rio de Janeiro, Relume-Dumará, 2002].

SEARLE, John R. *Mind, Language and Society*: Philosophy in the Real World. Nova York, Basic, 1998 [ed. bras.: *Mente, linguagem e sociedade*: filosofia no mundo real. Trad. F. Rangel, Rio de Janeiro, Rocco, 2000].

_____. *The Construction of Social Reality.* Nova York, The Free Press, 1995.

2
NEOPRAGMATISMO:
A HISTÓRIA COMO CONTINGÊNCIA ABSOLUTA[1]

INTRODUÇÃO

Em evento recente, dois dos mais influentes pensadores contemporâneos, Jürgen Habermas e Richard Rorty, tiveram a oportunidade de confrontar diretamente as atitudes opostas que assumem diante da agenda filosófica da Ilustração[2]. Suas intervenções sobre a temática proposta no debate, "o estado atual da filosofia", fizeram aflorar, sob perspectivas distintas, aspectos essenciais das discussões filosóficas contemporâneas. Trata-se de questões que, "na teoria" (pós-modernismo, pós-estruturalismo, neopragmatismo e desconstrução), sofrem e exercem influência para além do pequeno público ilustrado ou acadêmico, interferindo, ainda que de forma mediada, nos debates em esferas culturais e sociopolíticas mais amplas[3].

O debate centrou-se no problema de "como lidar com as contingências" e, nesse particular, as intervenções deveriam referir-se a três questões básicas propostas por Rorty: 1) a Ilustração trouxe mais prejuízos do que benefícios?; 2) uma cultura secular pode produzir uma comunidade cívica suficientemente forte para proteger a sociedade democrática contra o colapso?; e 3) para que serve a noção de "racionalidade" quando se trata de articular a natureza dessa cultura secular? Talvez em

---

[1] Este artigo foi escrito em coautoria com Maria Célia M. de Moraes, professora titular da Faculdade de Educação da Universidade Federal de Santa Catarina (UFSC), grande amiga e coautora de outros artigos, infelizmente falecida em 2008. Uma primeira versão deste texto foi publicada, com o mesmo título, em *Tempo*, v. 4, 1997, p. 27-48.

[2] Encontro promovido em comemoração ao quadragésimo aniversário da Academia de Ciências da Polônia. Estavam presentes, entre outros, Jürgen Habermas, Richard Rorty, Leszek Kołakowski, Ernest Gellner, John T. Sanders e Józef Niznik.

[3] Christopher Norris, *Reclaiming Truth: Contribution to a Critique of Cultural Relativism* (Durham, Duke University Press, 1996), p. viii.

50 / Teoria social, verdade e transformação

resposta à manifesta posição rortyana contrária aos valores da Ilustração, perceptível na própria formulação das questões, Habermas sugeriu, para a discussão, o que, a seu ver, constitui o aspecto distintivo do presente estado da filosofia, a saber, o predomínio de certa disposição contextualista, por ele qualificada de "neo-historicismo"[4], do qual o pragmatismo de Rorty seria hoje a expressão mais sofisticada[5].

Sendo esse o contexto do debate, não surpreende que as comunicações apresentadas focalizassem os mais ostensivos produtos da chamada *cultura ocidental moderna* (razão, conhecimento, verdade, valores universais etc.). E que, por outro lado, Rorty tenha ocupado um lugar central nas discussões. Afinal, poucos se empenharam tanto em negar todo o transcendente ou refutar as correntes que, sob a influência da Ilustração, imaginaram ser possível fundar o conhecimento circunstanciado, racional, firmemente ancorado nos fatos. Poucos, ao contrário, e com tanta ênfase, afirmaram o contextualismo e o contingencialismo, tão caros ao que Habermas denomina neo-historicismo contemporâneo.

Se as intervenções de Rorty confirmam sua relevância nos debates filosóficos atuais – reafirmada ademais por Habermas, quando assegura que, com a teoria de Rorty (e de Derrida), retorna-se ao ponto de partida de um tipo de historicismo cujo desenvolvimento se iniciou há cem anos, com o aparecimento das ciências humanas[6] –, parece haver interesse em delinear alguns elementos fundamentais do pragmatismo rortyano, em especial a concepção de história que ele pressupõe. Esse é o propósito do presente trabalho. Mas, além desse aspecto, o artigo pretende enfatizar igualmente a importância da teoria social rortyana enquanto expressão e alimento do espírito da época. Rorty encena um ceticismo radical, crítico libertário de toda opressão (da verdade, da autoridade, dos universais etc.), mas que pode ser lido igualmente como retórica que desabilita preventivamente qualquer crítica e prática sociais que se contraponham aos "valores consensuais" do fim da história e do fim da ideologia e que, nessa medida, serve de instrumento para a realização de seus próprios pressupostos. Compreender, portanto, as propostas pragmáticas é relevante também no terreno das lutas sociais e políticas, sobretudo porque, nesse âmbito, o que está em jogo é a pertinência ou não dos chamados ideais da modernidade: verdade, justiça, liberdade e emancipação. O propósito deste artigo é, assim, o de expor de modo conciso estes dois aspectos do neopragmatismo

---

[4] Habermas esclarece que o neo-historicismo, ou o novo tipo de historicismo, refere-se às tendências contextualistas da filosofia contemporânea e nada tem a ver com os estudos literários que recebem o nome de novo historicismo; Jürgen Habermas, "Coping with Contingencies, the Return of Historicism", em Józef Niznik e John T. Sanders (orgs.), *Debating the State of Philosophy, Habermas, Rorty and Kolakowski* (Westport, Praeger, 1996), p. 29.

[5] Jürgen Habermas, "Coping with Contingencies, the Return of Historicism", cit., p. 2.

[6] Ibidem, p. 1.

rortyano: a forma pela qual se estrutura enquanto teoria social, dando destaque àqueles elementos que, a nosso ver, conferem à teoria o caráter historicista apontado por Habermas e que, em nossa própria terminologia, expressa uma concepção da história como contingência absoluta; e a relevância das propostas pragmáticas no campo da ética e da política. Nesse particular, estamos de acordo com Norris, quando afirma que toda teoria tem consequências, positivas ou negativas[7], sobretudo uma teoria, como a de Rorty, que se fundamenta na desqualificação da própria teoria e na fetichização acrítica, senão manipulatória, das práticas e instituições "das ricas democracias norte-atlânticas".

UM VOCABULÁRIO "PÓS-FILOSÓFICO" PARA A FILOSOFIA

A defesa resoluta da atitude antimetafísica, a crítica geral não só das posições mais tradicionais, como o positivismo lógico, mas também de correntes que se apresentam como encarnações últimas do dissenso, é o que torna o pensamento de Rorty particularmente relevante na discussão sobre as concepções de história hoje prevalecentes. Na exposição da teoria social pragmática, o autor toca na maioria das questões que são hoje tema fundamental em todas as áreas, teóricas e práticas. E, em defesa de suas posições, polemiza com as correntes, tradicionais e recentes, mais influentes do pensamento contemporâneo. Além disso, o neopragmatismo rortyano, ao combinar um suposto ceticismo radical com a defesa da democracia liberal, apresenta-se como síntese teórica em perfeito compasso com a hegemonia, aparentemente incontrastada nos dias de hoje, do capital.

O argumento de Rorty estrutura-se a partir de uma crítica radical do conhecimento enquanto representação e da linguagem como meio transparente e literal, suposto veículo de "ideias claras e distintas". Crítica que caminha *pari passu* com uma outra, mais abrangente, dirigida à história da filosofia ocidental. O procedimento de Rorty consiste em rever, a partir de sua perspectiva pragmática, a tradição filosófica com o propósito de "desmistificá-la". Coerente com sua tese de que "as narrativas da história da filosofia constituem um dos instrumentos mais poderosos de persuasão"[8] que os filósofos têm à disposição, tece a trama dessa tradição sob a

---

[7] Christopher Norris, *Reclaiming Truth*, cit., p. ix.

[8] Richard Rorty, "Emancipating our Culture", em Józef Niznik e John T. Sanders (orgs.), *Debating the State of Philosophy: Habermas, Rorty and Kolakowski* (Westport, Praeger, 1996), p. 25. Talvez caiba referir, neste contexto, que Rorty faz tal afirmação em resposta, irônica sem dúvida, à história da filosofia articulada por Habermas, crítica ao neopragmatismo; Richard Rorty, "Emancipating our Culture", cit., p. 24. Interpretada no mesmo registro, a estória da filosofia contada por Rorty é um artefato meramente persuasivo. Afinal, se para ele a filosofia é um *kind of writing*, as estórias sobre sua história devem ser valorizadas por seu poder persuasivo. Como a

52 / Teoria social, verdade e transformação

forma de "uma narrativa popular pragmática", relatando a estória de um processo que, a seu ver, perdeu-se por caminhos sinuosos. Produtivos a seu tempo, consente a "narrativa", mas incapazes de responder às suas próprias questões fundamentais.

A estória rortyana objetiva ampliar a meta heideggeriana de "superar a metafísica", propondo a superação de toda e qualquer filosofia, a emancipação de nossa cultura do vocabulário filosófico ocidental, cristalizado sobretudo nas ideias de razão, verdade, conhecimento e linguagem. Cabe a nós, argumenta, produzir agora melhores e mais eficientes vocabulários, do mesmo modo que sempre produzimos novas e melhores ferramentas para lidar com o mundo. Trata-se, como aponta Habermas, menos de uma crítica imanente à tradição filosófica ocidental e mais de uma tentativa de substituição de um vocabulário por outro, supostamente novo, pós-filosófico, adequado às contingências atuais da vida humana[9].

De acordo com o que reza a estória de Rorty, o problema começou há muito tempo, já com os gregos. Em Platão, por exemplo, pode ser percebida a noção de verdade como representação do mundo quando esse pensador estabelece a distinção entre conhecimento e opinião e entre aparência e essência. No entanto, teria sido na era moderna, pelo menos desde o século XVII, que a filosofia deixou-se seduzir pela ambição de alcançar a certeza epistemológica de validade absoluta e pela metáfora de que a mente espelha o mundo[10]. Esse foi o momento em que Locke, Descartes e Kant definiram os problemas do conhecimento e da dúvida epistemológica como as principais questões que a filosofia deveria responder. A partir daí, continua a estória, torna-se dominante a metáfora da mente como "espelho da natureza", da verdade como adequação ou concordância e da filosofia como a disciplina cujo objetivo maior é o de examinar, polir e, acurada e detalhadamente, focalizar esse espelho[11].

---

história é impossível de ser narrada, pois quando narrada já é uma estória, Rorty não se perturba em disputar no campo meramente performático da persuasão. Este é, aliás, o conteúdo último de sua proposta: na impossibilidade de termos a verdade, contrapomos discursos. E, naturalmente, mais adequado é o discurso que, por princípio, desqualifica a verdade, pois é o discurso que atende imediatamente ao seu critério fundamental. Em outros termos, é o discurso que se fundamenta na ausência de qualquer fundamento extradiscursivo.

[9] Jürgen Habermas, "Coping with Contingencies, the Return of Historicism", cit., p. 19.

[10] Essa metáfora, diz Rorty, inspirou a crença de que os filósofos, sendo aqueles que investigam a estrutura da mente ou as condições do conhecimento, os que são "espectadores do tempo e da eternidade", devem ocupar uma posição privilegiada na hierarquia do conhecimento. Cabe a eles não apenas julgar se nossas representações mentais são ou não verdadeiras, mas também hierarquizar as várias formas de representação (científica, moral, estética) de acordo com sua importância cultural ou social.

[11] Pretensão, critica Rorty, que leva a filosofia a pretender ter chegado ao fundo, encontrado o vocabulário e as convicções que "permitiam explicar e justificar a sua própria atividade como atividade

Neopragmatismo: a história como contingência absoluta / 53

Por um curto lapso de tempo, prossegue a estória rortyana, pareceu tomar forma uma ameaça, quiçá bem-vinda, àquelas noções de filosofia, conhecimento e verdade, quando filósofos tão distintos entre si como Nietzsche, Bergson e Dilthey minaram, simultaneamente, algumas das mais caras pressuposições kantianas. Pareceu mesmo, diz o autor, que "a filosofia poderia virar as costas de uma vez por todas à epistemologia, à busca de certeza, estrutura e rigor, e à tentativa de constituir-se como tribunal da razão"[12]. Todavia, o "espírito lúdico", que parecia pronto a entrar na filosofia por volta de 1900, foi abafado pela tentativa de recapturar a lógica e o espírito matemáticos, concebidos como meios eficazes de defesa da filosofia contra "a exuberância satírica de seus críticos". De acordo com Rorty, Edmund Husserl e Bertrand Russell foram as figuras paradigmáticas desse esforço. Ambos retomam a tradição, deixam-se envolver pela antiga necessidade de encontrar a certeza apodítica: Russell descobre a "forma lógica" e Husserl as "essências", aspectos puramente formais do mundo que permanecem quando os não formais são colocados "entre parênteses"[13].

No entanto, afirma Rorty, setenta anos após as contribuições de Russell e Husserl, e graças a alguns de seus seguidores "heréticos" (Sellars e Quine, do primeiro; Sartre e Heidegger, do segundo), voltam a ser questionadas as possibilidades da verdade apodítica[14]. É no contexto desse questionamento que Rorty encontra espaço para introduzir a proposta neopragmática. Com tal finalidade, reconhece que as críticas particulares que dirige à tradição filosófica são, em sua maioria, "parasitárias" em relação a propostas de filósofos analíticos[15], cujo quadro de referências ele se propõe colocar em questão. São de filósofos sistemáticos, como Sellars, Quine, Davidson, Ryle, Malcolm, Kuhn, Putnam, que Rorty confessa retirar o que chama de "meios" para alcançar os "fins" estabelecidos pelos três "filósofos mais importantes de nosso século": Wittgenstein, Heidegger e Dewey. Tarefa que, em resumidas contas, é: livrar-se de vez da concepção kantiana de conhecimento; afastar a epistemologia e a metafísica como disciplinas possíveis; e, então, apresentar uma filosofia terapêutica e edificante, em lugar da construtiva e sistemática[16]. Com

---

intelectual, e dessa forma descobrir o significado da própria vida"; Richard Rorty, *A filosofia e o espelho da natureza* (trad. Antonio Trânsito, Rio de Janeiro, Delume-Dumará, 1995), p. 20.

[12] Richard Rorty, *A filosofia e o espelho da natureza*, cit., p. 172.

[13] Idem.

[14] Ibidem, p. 173.

[15] Rorty, de fato, desenvolve profunda crítica à filosofia analítica, a seu ver, "mais uma variante da filosofia kantiana [...] ainda empenhada na construção de um quadro permanente e neutro para a inquirição, e portanto para toda a cultura"; Richard Rorty, *A filosofia e o espelho da natureza*, cit., p. 24.

[16] Richard Rorty, *A filosofia e o espelho da natureza*, cit., p. 21-3.

54 / Teoria social, verdade e transformação

sua franqueza habitual, Rorty declara que recorre aos discursos filosóficos desses teóricos analíticos com a finalidade de desqualificar a própria noção de filosofia analítica e, a rigor, a própria ideia tradicional de filosofia[17].

Como não poderia deixar de ser, entretanto, quando se trata de persuadir, a estória da filosofia rortyana possui outras variantes. Em uma delas, cujo latente chauvinismo ele assume com ironia, Rorty propõe uma história da filosofia "especificamente norte-americana", ilustração ímpar, provoca, de seu "famoso imperialismo cultural"[18]. Nesse relato, atribui a Ralph Waldo Emerson o papel de fundador da filosofia moderna. Teria sido Emerson, assegura, quem reconfirmou a tese de Protágoras de que os seres humanos se encontram deixados à própria sorte ou, em outras palavras, só a imaginação humana pode dar conta do que antes se esperava dos deuses ou do conhecimento científico da natureza intrínseca da realidade.

Emerson, relata Rorty, teria iniciado duas tradições no pensamento filosófico do século XX: a primeira, europeia, com Nietzsche, desdobrando-se em Heidegger e Derrida; a segunda, a tradição pragmática norte-americana, que vai de James a Dewey, Quine e Davidson[19]. Ainda nesse século, assim discorre a narrativa, a luta central entre os quase platônicos e seus oponentes protagorianos e emersonianos seria definida pela proposta destes últimos de substituir a busca da validade universal pela esperança social utópica e, igualmente, a filosofia sistemática pela filosofia terapêutica e edificante. Platão, assim como o pensamento grego em geral, afirmou que a característica humana primordial é a nossa capacidade de "conhecer" e, mais especificamente, de conhecer realidades transcendentes ao humano e ao contingente. Os pragmáticos propõem, no lugar do conhecimento, o sentimento, a esperança social, ou a ideia derridiana de "esperança messiânica pela justiça". Nas palavras de Rorty, "a imaginação e o sentimento, mais do que a razão (considerada a faculdade da argumentação), seriam as faculdades que mais poderiam contribuir para o progresso moral"[20].

Como se vê, nas duas versões dessa peculiar estória da filosofia, conhecimento, representação, racionalidade, verdade, validade universal dos valores, o que há de mais caro ao pensamento ocidental, tudo é tragado pela retórica pragmática. Trata-se, afirma Rorty,

> de duvidar da distinção, estabelecida por Kant e Hegel, entre sujeito e objeto, das distinções cartesianas utilizadas por Kant e Hegel para formular sua problemática, bem

---

[17] Ver Mario Duayer e Maria Célia M. de Moraes, "A ética pragmática do neoconservadorismo: Richard Rorty", em Leda Miranda Hühne (org.), *Ética* (Rio de Janeiro, Uapê, 1997), p. 117-7.

[18] Richard Rorty, "Emancipating our Culture", cit., p. 25.

[19] Ibidem, p. 26.

[20] Ibidem, p. 49.

como do conjunto das distinções gregas que formavam o quadro de referências do pensamento de Descartes [...] trata-se enfim de colocar sob suspeita as distinções que tornaram possível, natural e quase inevitável perguntar: descobrir ou construir? Absoluto ou relativo? Real ou aparente?[21]

Rorty sabe, por certo, que o quadro traçado em sua estória é demasiado vago. Fato ao qual não atribui qualquer importância, uma vez que é profundamente útil aos objetivos que persegue, a saber, a desqualificação da filosofia ocidental e, simultaneamente, a afirmação de sua nova versão, seu novo vocabulário para os conceitos tradicionais dessa mesma filosofia.

Nessa leitura, ser racional é habituar-se a "alcançar nossos objetivos pela persuasão e não pela força"[22] e, sob tal ótica, uma análise da racionalidade nada mais seria do que compreender técnicas de persuasão, tipos de justificação, formas de comunicação, de conversação e de prática social. Conhecer é lidar com a realidade cotidiana, é mera aquisição de hábitos de ação, e não representação da "natureza intrínseca das coisas"[23]. Concepção que prescinde da existência de um sujeito (do conhecimento) que possa elevar-se por sobre sua experiência no mundo para, desde tal angulação, apreciar como as coisas são em si mesmas[24]. Por conseguinte, na ausência de uma "natureza intrínseca das coisas" que possa ser adequadamente "representada" pela mente, cai em desuso a noção tradicional de verdade. A conversação substitui o confronto, conclui Rorty, e, com isso, permite-se descartar não apenas a noção da mente como "espelho da natureza", mas, simultaneamente, a de verdade como adequação ou concordância e a concepção de filosofia como ciência *primus inter pares* [primeira entre seus iguais].

Esse novo vocabulário manifesta, entre outros aspectos, uma postura antirrealista radical. Porém, o próprio Rorty alerta para o fato de que seu antirrealismo não equivale a negar a existência da realidade. Os pragmáticos, afirma, estão

---

[21] Ibidem, p. 35.

[22] Ibidem, p. 28.

[23] Idem, *Essays on Heidegger and Others: Philosophical Papers*, v. II (Cambridge, Cambridge University Press, 1991 [ed. bras.: *Ensaios sobre Heidegger e outros*, trad. Marco Antônio Casanova, 2. ed., Rio de Janeiro, Relume-Dumará, 2002].

[24] Na interpretação de Rorty, o objetivismo da tradição ocidental cinde a cultura em dois campos heterogêneos ao vincular entre si noções como "ciência", "racionalidade", "objetividade" e "verdade". De um lado, a parte da cultura que faz ciência, que lida com fatos *hard*, que permite um conhecimento objetivo correspondente à realidade, delimita o próprio campo da racionalidade. Por exclusão, no restante da cultura aglomeram-se as demais manifestações espirituais, os valores *soft*. Dessa forma, do ponto de vista do pragmatismo, a identidade entre ciência, verdade e racionalidade subentende a desqualificação das formas de consciência com finalidades e procedimentos incompatíveis com a ciência, sobretudo com as ciências da natureza; idem, p. 35.

naturalmente prontos a admitir que "nossa linguagem, assim como nossos corpos, foi moldada pelo ambiente em que vivemos [...] [e, por isso, da mesma forma que] nossos corpos, nossos pensamentos e nossa linguagem não poderiam estar desconectados da realidade"[25]. Todavia – e aqui está o ponto central do argumento –, para o pragmático, reconhecer que vivemos imersos na realidade, que "nossos corpos, pensamentos e linguagem são moldados pelo ambiente"[26], não é a mesma coisa que afirmar que tal ou qual conteúdo da mente ou da linguagem representam (ou correspondem a) tal ou qual elemento da realidade. Assim, de acordo com a proposta pragmática, não se trata de negar a existência da realidade, mas, antes, de refutar a possibilidade de formular um teste *independente* – isto é, independente da linguagem, da cultura, dos interesses humanos – capaz de medir o grau de acuidade da representação, vale dizer, de sua correspondência com uma realidade determinada anterior e independentemente do teste.

A impossibilidade de submeter o conteúdo do conhecimento a um teste independente desse conteúdo é a demonstração de que noções como "referência" – "noções semânticas que relacionam a linguagem à não linguagem", diz Rorty citando Putnam – são internas à nossa visão geral de mundo. Sendo assim, a única maneira de validar as posições representacionalistas seria, portanto, presumir que algo como um "ponto de vista divino" (*God's eye standpoint*) seja alcançável. Somente a partir dessa presumível posição, situada "fora de nossa linguagem e de nossas crenças", seria possível contrastar algum conteúdo de conhecimento com algo (a realidade) externo[27].

Por outro lado, na ausência de um teste independente, de uma forma de acesso à realidade sem o uso da linguagem, da cultura, dos interesses humanos, a conclusão não poderia ser diferente daquela à qual chegou Kuhn – em quem assumidamente Rorty busca inspiração: é condição humana e, portanto, também da ciência, que todo conhecimento do mundo venha já impregnado de valores, atitudes, linguagem, interesses etc. humanos. Impossibilitado de posicionar-se de um "ponto de vista divino", o ser humano deve contentar-se com os produtos culturalmente contingentes que sua mente pode proporcionar. Deve convencer-se de que sempre que fala do mundo, da realidade, está falando do mundo e da realidade de sua cultura, de sua linguagem. É fácil identificar na retórica rortyana a resolução oferecida por Kuhn: na eventualidade de existirem discursos científicos antagônicos, prevalece aquele que apresentar respostas mais adequadas aos *puzzles* [enigmas] com os quais se debate a ciência em questão. Quem resolve é a prática, entendida aqui como

---

[25] Richard Rorty, *Objectivity, Relativism, and Truth*, cit., p. 5.
[26] Idem.
[27] Ibidem, p. 6.

Neopragmatismo: a história como contingência absoluta / 57

a prática institucional da ciência. A verdade, então, e em perfeita sintonia com a noção pragmática, nada mais é do que consenso local.

Fica eliminada, desse modo, qualquer possibilidade de um referente transcendente, para além dos "signos e ruídos" de que, como quer Rorty, consiste a cultura. Em conformidade com essa diretriz do pragmatismo, a questão do conhecimento reduz-se à escolha entre hipóteses alternativas, em oposição à tentativa de descobrir algo que "torna" uma delas verdadeira. Desse modo, como vimos, são descartadas as questões sobre a objetividade do valor, a racionalidade da ciência e as causas da viabilidade de nossos jogos de linguagem. Adotar tal orientação, portanto, significa substituir todas essas "questões teóricas" por "questões práticas" sobre a desejabilidade e/ou necessidade de "manter ou não nossos valores, teorias e práticas atuais"[28].

As mesmas conclusões e implicações podem ser derivadas de uma análise da linguagem. Assim procede Rorty quando, apoiado em Heidegger, Dewey e Davidson, e evidenciando proximidade com o pensamento pós-estruturalista, destaca a impossibilidade de nos valermos de itens não linguísticos para discriminar os itens linguísticos verdadeiros dos falsos. Coisa de todo impraticável, sob a ótica antirrepresentacionalista, por uma razão muito singela: não há um meio humano de se coletar um item não linguístico – tudo o que é humano já é intrinsecamente linguístico. Para Rorty, a ideia de que algo – o mundo ou nós mesmos – possa existir "separadamente da linguagem, separadamente de uma descrição" nada mais é do que um pseudoproblema criado pela tradição essencialista. Um pragmático deve insistir, afirma, "que só se pode comparar linguagens ou metáforas umas com as outras e não com alguma coisa, chamada "fatos", que se situa para além da linguagem"[29].

Mas qual é a concepção de linguagem defendida por Rorty? Da mesma forma que anteriormente, e em decorrência da uniformidade da abordagem pragmática, a linguagem é conceituada como simples ferramenta ou conjunto de ferramentas que nos habilita lidar com o mundo. Noção distante daquela que concebe a linguagem como meio transparente e literal. Nessa interpretação, os vocabulários são instrumentos, e não representações. Uma vez mais, o que importa não é a correspondência ou a adequação, mas o fato de a linguagem, coleção de "signos e ruídos", permitir nosso transitar no mundo, isto é, nossa lida com o mundo e a cultura, a busca pela felicidade, a satisfação de nossas necessidades e desejos. Enfim, a linguagem afirma-se por sua utilidade, sua eficácia.

---

[28] Idem.

[29] Richard Rorty, *Contingency, Irony and Solidarity* (Cambridge, Cambridge University Press, 1989), p. 20 [ed. bras.: *Contingência, ironia e solidariedade*, trad. Vera Ribeiro, São Paulo, Martins Fontes, 2007].

58 / Teoria social, verdade e transformação

Se há adequação nesse caso, trata-se de mera adequação empírica. Mas não no sentido de que a eficácia de qualquer conjunto particular de signos e ruídos (religião, filosofia, literatura, linguagem cotidiana etc.) conforma-se aos fatos da realidade, mas no sentido, conscientemente tautológico, de que os signos e ruídos são constitutivos dessa espécie animal – o ser humano – e, em tal condição, instrumentos de seu metabolismo com a realidade externa.

Naturalmente, não vem ao caso discutir aqui as formas e os modos de apropriação neopragmática da "virada linguística". Não obstante, é fundamental fazer notar a correspondência e complementaridade da utilização da "virada linguística" com a crítica à epistemologia inspirada na teoria do progresso da ciência de Kuhn. Ambos são combinados no argumento para desvalidar a verdade, o conhecimento racionalmente fundado etc. Porém, justamente no que se refere à problemática do conhecimento, não resta dúvida de que Rorty tem consciência de que esse problema não pode ser resolvido, pura e simplesmente, por meio de uma jogada semântica que transforma verbalmente questões teóricas ancestrais em questões práticas. Em outros termos, diante da constatação de que a verdade, o conhecimento amparado nos fatos, o argumento consistente etc. são quimeras prometidas pela tradição da cultura ocidental, não basta demonstrar a natureza desse autoengano para fazer cessar seus efeitos. Completamente submersos na tradição, não estamos em condições de assimilar de súbito a proposta pragmática de substituir todas as "questões teóricas" (relativas à verdade, ao conhecimento etc.) por "questões práticas" (pertencentes à esfera das interações sociopolíticas dos cidadãos das democracias liberais).

Mesmo que admitíssemos que a proposta de Rorty é irreparável e que, portanto, a única alternativa à noção de verdade como algo que pode ser descoberto fora de nossa cultura é, de fato, seu abandono; mesmo que concordássemos que, por essa razão, a verdade deve ser buscada pelo contraste entre crenças alternativas de uma determinada cultura ou de diferentes culturas, ainda assim seria necessário saber como o pragmatismo concebe a formação desse consenso móvel, desse movimento de autossuperação da cultura, seja no interior de uma cultura particular, seja na inseminação recíproca de diferentes culturas. Caso contrário, ficaríamos sem saber como deliberar, seguindo o conselho pragmático, se e quando devemos ou não manter nossos valores, teorias e práticas[30].

---

[30] Em outro contexto, Cervantes ilustra esse mesmo problema numa das digressões de Quixote: "Todavia, mesmo supondo que sejam iguais as formosuras, nem por isso hão de igualar-se os desejos, já que nem todas as formosuras são apaixonantes; algumas alegram a vista, mas não subjugam a vontade. Se todas as belezas atraíssem e subjugassem, andariam as vontades desorientadas e confusas, sem saber onde haveriam de parar: porque, sendo infinitos os objetos formosos, infinitos haveriam de ser os desejos"; Miguel de Cervantes, *O engenhoso fidalgo dom Quixote de la Mancha* (trad. Eugenio Amado, Belo Horizonte, Itatiaia, 1983), p. 117.

Em outras palavras, o pragmatismo precisa ainda explicar – qualquer que seja o significado do termo "explicar" no interior do vocabulário pragmático – como a nossa cultura, ou qualquer outra cultura, pode escapar do espectro do relativismo, uma vez que, na ausência da verdade, da objetividade, as "questões teóricas" perdem a capacidade de dar conta da interação dinâmica das diversas culturas, a qual é predicada, como se viu, a "questões práticas". Não havendo, na interpretação de Rorty, verdade fora das crenças de cada cultura, das duas uma: ou as culturas existem como entes autóctones, incapazes de qualquer contato, em virtude da heterogeneidade insuperável das crenças – o que contraria toda evidência –, ou, para dar conta da interação entre as culturas, devemos admitir que as crenças de cada cultura são permutáveis como peças do vestuário – o que faz das crenças e da cultura coisas irrelevantes.

Dada a trivialidade da conclusão, compreende-se que Rorty recuse expressamente a identificação do pragmatismo com o relativismo, confusão que atribui ao fato de que as proposições pragmáticas são indevidamente interpretadas sob a – segundo ele – persistente ótica representacionalista. De todo modo, não é tarefa simples manter a consistência de uma concepção que propugna uma *benigna negligência* em relação à verdade e, ao mesmo tempo, deseja conservar a respeitabilidade dessa cética atitude, sempre interpretada como relativismo. É preciso examinar como Rorty tenta desfazer-se dessa embaraçosa companhia.

Ao discutir essa questão em "Solidariedade ou objetividade?", o autor assume como adequada ou própria ao pragmatismo a proposta etnocêntrica segundo a qual "nada há para dizer sobre verdade ou racionalidade para além das descrições dos procedimentos familiares de justificação que uma dada sociedade – *nossa* – usa em uma ou outra área de investigação"[31]. Mas Rorty não aceita que essa visão etnocêntrica seja qualificada como relativista. A seu ver, o pragmatismo não está adotando uma teoria positiva sobre a natureza da verdade, ou afirmando que algo é relativo em relação a alguma coisa. Ao contrário, trata-se de uma afirmação "negativa", que refuta a distinção entre fato e opinião, simplesmente porque nega "a distinção entre verdade como correspondência com a realidade e verdade como um termo de louvor para crenças bem justificadas"[32]. Em outras palavras, justifica-se o autor, se o pragmatismo não tem uma teoria da verdade, logo não tem também uma teoria relativista. Para o pragmático, "[c]omo um partidário da solidariedade, sua explicação do valor da investigação humana cooperativa tem apenas uma base ética, não uma base epistemológica ou metafísica. Não tendo *qualquer* epistemologia, *a fortiori* ele não tem uma epistemologia relativista"[33].

---

[31] Richard Rorty, "Solidariedade ou objetividade?", *Novos Estudos Cebrap*, n. 36, 1993, p. 111-2.
[32] Ibidem, p. 112.
[33] Idem.

60 / Teoria social, verdade e transformação

Ainda que se concorde com Rorty que o pragmatismo difere do relativismo e, por outro lado, que não existe um "gancho celeste" a partir do qual os problemas humanos podem ser flagrados tal como são em si mesmos, descritos pela filosofia e resolvidos pelos métodos e critérios das ciências (naturais e sociais), permanece a questão: como enfrentar esses problemas na ausência de qualquer referência extracultural? Como resolver os problemas da cultura no interior da própria cultura, com seus meios e interesses? Como, ainda assim, não ser relativista? Em suma, como, sob tais condições, dispor de critérios para valorizar uma cultura em relação a outras, uma teoria em face de outras?

Para as outras culturas não dispomos de critérios enunciados por Rorty. No entanto, no caso da cultura da sociedade liberal democrática, o critério está à mão, por assim dizer. É que a verdade, tendo sido definida como consenso, "calha" de estar em conformidade com o *modus operandi* das "práticas e instituições das democracias liberais", pelo menos as "norte-atlânticas". Por essa razão, toda a crítica de Rorty termina por resolver-se na franca e desassombrada defesa das democracias liberais ocidentais. Para compreender esse movimento da teoria social pragmática é necessário recordar que não há critérios objetivos e, portanto, capturáveis teoricamente para ajuizar as culturas. Os valores, internos a cada cultura, afirmam-se, modificam-se ou desaparecem nas interações práticas das culturas. Sendo impossível, na leitura neopragmática, alçar-se por sobre as culturas para antecipar a eventual direção de tal movimento e, por essa razão, estando descartada por princípio qualquer predição teórica, o que resulta daquelas interações é decidido exclusivamente no plano da prática. Desse modo, não havendo critérios teóricos objetivos de justificação de uma cultura em relação a outras, a afirmação da superioridade de uma cultura, posição necessária para quem não se quer relativista, deve fundar-se sobre critérios práticos. Tais critérios Rorty "descobre", como pretendemos indicar em seguida, em sua própria definição de verdade como solidariedade.

Mesmo reconhecendo nossa permanente imersão em uma dada cultura, Rorty milita explicitamente em defesa da sociedade liberal democrática. No entanto, obriga-se a abrir algum espaço para a transcendência de nossa aculturação. Caso contrário, a cultura assumiria uma intolerável fixidez anistórica. Não cabe, neste espaço, discutir detalhadamente sua proposta. Do ponto de vista meramente formal, o autor sugere que a possibilidade de transcender uma aculturação específica depende da existência de divisões da cultura em questão, seja "devido a rupturas desde o exterior" ou "revoltas internas", que fornecem suporte para novas iniciativas[34].

---

[34] É difícil concordar com Rorty quando afirma, sobre a esperança de transcender nossa aculturação, que ela "não existiria sem as tensões que fazem as pessoas dar ouvidos a ideias diferentes na

Neopragmatismo: a história como contingência absoluta / 61

Parece lícito deduzir daí, então, que verdade, cultura, consenso etc. são, a rigor, expressões que denotam uma só coisa. E as verdades, consensos, culturas possuem uma dinâmica interna determinada, em última análise, pela prática social da humanidade. Essa prática social, compreendida como conjunto de hábitos necessários do lidar com o mundo, ao alargar-se e complexificar-se, torna estreitas e, por isso, inoperantes as verdades (consensos, culturas etc.) precedentes. Fica implícita aqui uma dinâmica da cultura que, portanto, pressupõe a recorrente ruptura da verdade, do consenso etc.

Apesar disso, porém, quando se trata de compreender a dinâmica da cultura da sociedade contemporânea, Rorty parece entender que tal dinâmica prescinde de rupturas ou revoltas. E isso porque a cultura contemporânea apresenta, em sua opinião, atributos como a tolerância, a disposição para ouvir o outro, a abertura para novas ideias e valores etc. Nas palavras de Rorty, "nossa melhor chance de transcender nossa aculturação resulta de sermos criados em uma cultura [liberal democrática] que se orgulha de não ser monolítica – de sua tolerância para uma pluralidade de subculturas e seu desejo de ouvir as culturas em seu entorno"[35].

Trata-se, como indicamos, de uma defesa explícita da democracia liberal, apresentada por Rorty como o que de mais adequado já foi humanamente criado para assegurar a produção do melhor consenso possível, na medida em que, por ser liberal e democrática, *nossa* cultura permite sua contínua autossuperação pela incorporação de "marcas e ruídos" dissonantes[36].

Nesse particular, a concepção de Rorty é francamente contraditória. Por um lado, a dinâmica da cultura está fundada na ruptura dos consensos. Mas, quando se trata da democracia liberal, a dinâmica parece dispensar a ruptura e diluir-se na tolerância. Por outro lado, diante da hegemonia contemporânea das concepções liberais, que procuram asfixiar todo e qualquer dissenso, custa vislumbrar como a sociedade liberal democrática, com as qualidades que lhes são atribuídas por Rorty, pode garantir, sem rupturas, a dinâmica da cultura. Aliás, ele próprio encarrega-se de indicar o caráter mais do que polêmico dessa sua concepção quando se defende

---

expectativa de superar tais tensões"; Richard Rorty, *Objectivity, Relativism, and Truth*, cit., p. 13. Uma vez que se poderia aduzir que tais tensões nem sempre abrem a possibilidade para que as ideias dissonantes cheguem aos ouvidos das pessoas, sobretudo quando há um predomínio político e econômico, mas também teórico, de uma aculturação que sufoca todas as tensões, das mais infames às mais sutis.

[35] Idem, p. 18.

[36] Diz Rorty: "Deveríamos apresentar mais disponibilidade para celebrar a sociedade capitalista burguesa como o melhor programa político até hoje existente [...] como o melhor exemplo de solidariedade [...] jamais alcançado"; Richard Rorty, *Consequences of Pragmatism* (Hempstead, University of Minnesota Press, 1982), p. 207 e 210 [ed. port.: *Consequências do pragmatismo*, trad. João Duarte, Lisboa, Instituto Piaget, 1999].

62 / Teoria social, verdade e transformação

da acusação, frequente, de que se trata, enquanto proposta para "mudança moral e social", de uma apologia do *establishment*. Tal impressão é falsa, garante Rorty, uma vez que a defesa da cultura liberal democrática é

> simplesmente uma forma de dizer que a atividade de "elevar-nos por sobre nossas próprias mentes" (Nagel) é, no único sentido possível, não um processo em que se põem de lado nossos antigos vocabulários, crenças e desejos, mas sim um processo gradual por meio do qual são modificados e adicionados contrapondo uns contra os outros. É mais um processo de reforma e alargamento do que de revolução.[37]

Deixando de lado, neste ponto, as contradições do argumento de Rorty, vemos que, para ele, a cultura não só tem uma dinâmica, mas, ao implicar mudanças sociais e morais, diz respeito também aos fins e sentidos da vida humana. Fins e sentidos que, portanto, há de se buscar na própria cultura. Mas, a rigor, ficamos dispensados da busca, uma vez que a própria dinâmica da cultura, tal como sugerida pelo pragmatismo, fornece os sentidos e os fins. Há uma lógica – algo metafísica, é bem verdade – subjacente à dinâmica da cultura, a saber: o movimento ininterrupto de interpenetração e fusão de culturas. A operação dessa lógica supostamente assegura, ao final de cada movimento ascendente da dinâmica, uma cultura mais abrangente, mais compreensiva – mais intersubjetiva, mais consensual. Por outro lado, quanto mais extensa a intersubjetividade e, portanto, quanto mais compreensiva a solidariedade da cultura, mais fins e sentidos da vida humana terá criado e realizado. Em outras palavras, assim entendida, a dinâmica da cultura assegura a realização dos fins e dos sentidos da vida humana. Como se vê, tudo isso é bastante trivial, pois não passa de um truísmo, além de constituir-se em uma espécie de mecanicismo cultural[38].

---

[37] Richard Rorty, *Objectivity, Relativism, and Truth*, cit., p. 14. A analogia aqui com a visão liberal da economia capitalista é imediata. A cultura liberal democrática, assim como a economia capitalista, apesar de terem emergido historicamente por meio de revoluções, dispensam a revolução como meio de resolver "tensões". Trocam, por assim dizer, essa relíquia bárbara pelos modos civilizados da reforma – do alargamento.

[38] Não é difícil notar que a "superação" do relativismo da teoria social pragmática envolve uma formidável tautologia. Primeiro, Rorty estabelece, em chave metafísica, uma dinâmica da cultura. Tal dinâmica assegura que as culturas, na prática de suas interações, se superam. Seja por destruição, seja por assimilação, as culturas se alargam. Porém, quando se trata de dar conta das condições de superação de nossa cultura liberal democrática, o embate entre culturas, mecanismo que explica a dinâmica das culturas até o presente, é substituído pela infinita capacidade de assimilação de outras culturas, atributo saliente da nossa cultura. No primeiro caso, não há relativismo porque é o poder específico de uma cultura em relação a outras que determina, na prática, a extensão de seu território, seu alargamento. No segundo caso, não há relativismo porque nossa cultura liberal democrática é capaz de assimilar todas as demais e, justamente em virtude desse atributo, pode

Entretanto, do ponto de vista teórico fica ainda por responder a seguinte questão: quais as atitudes e os meios por intermédio dos quais podemos, no interior de nossa própria cultura, contribuir para a extensão de seu grau de solidariedade e, dessa forma, para sua autossuperação? A originalidade reivindicada pelo pragmatismo rortyano baseia-se na pretensão de ter apresentado uma resposta totalmente interna à cultura. Quer dizer, por ter transgredido a atitude habitual da tradição ocidental de buscar respostas fora da cultura, de tentar fundar a solidariedade em algo que está para além da cultura.

Tudo isso é mencionado apenas para indicar que a teoria social pragmática não introduz nem pretende introduzir nenhuma novidade, ao assumir como tópico fundamental o sentido da vida humana. De novidade traz a prescrição de que, ao contrário do que vem sendo feito desde sempre pela tradição ocidental, não dissipemos inutilmente nosso tempo tentando encontrar tal sentido fora de *nossa* cultura. O desejo por objetividade, a tentativa de encontrar uma finalidade humana fora das comunidades humanas efetivas ou possíveis nada mais significam, de acordo com Rorty, do que a expressão do objetivismo representacionalista que atravessa toda a tradição ocidental. Objetivismo que consiste em promover um afastamento teórico de todas as comunidades humanas existentes ou que já existiram para descobrir o *télos* objetivo para o qual todas elas convergem. O que representa, na opinião do autor, a tentativa de descobrir a natureza humana anistórica que forneceria o metro para julgar todas as culturas históricas particulares, para decidir sobre a factibilidade ou desejabilidade das mudanças sociais e morais.

Portanto, é absolutamente central compreender que a crítica de Rorty ao que denomina tradição objetivista da cultura ocidental tem o propósito fundamental de negar toda ontologia social e, por derivação, defender uma concepção radicalmente anti-indutivista da história. Na impossibilidade de inspecionarmos a história fora de *nossa* cultura, fica impugnada qualquer tentativa de tratar a sociedade humana como totalidade, como processualidade dotada de direção e que se perfaz, de maneira não determinista, por suas formas histórico-concretas de manifestação. Tudo o que temos na investigação do ser humano, sob a ótica rortyana, são os vocabulários paroquiais de nossa própria sociedade em uma determinada época. Desse modo, toda concepção da sociedade humana enquanto processo de universalização que se realiza na história transgride, na opinião do pragmático, o limite humano de nossa comunidade paroquial. Termina assim desaguando na transcendência, na

---

expandir infinitamente seus domínios. Em suma, nesse registro, a cultura tem de fato uma historicidade, que, no entanto, tem seu desfecho na cultura liberal democrática. Cultura que deveio, mas que, em virtude de sua plasticidade liberal, transforma a historicidade em eterna repetição do mesmo – topicamente alterado, por suposto.

substância anistórica. Naturalmente, pode-se concordar com Rorty que algumas posições teóricas podem ser assim interpretadas. Porém, o juízo cabal de que toda a tradição objetivista ocidental corre em busca de uma natureza anistórica do humano, que toda ontologia social pressupõe um conteúdo do humano fora da história, constitui uma generalidade insustentável.

De todo modo, o que está em jogo nesse contraste de posições são diferentes compreensões da historicidade do humano. Contra as concepções que pretendem encontrar algum sentido na história e daí derivam a possibilidade da emancipação, Rorty oferece a história como contingência absoluta, infinito retecer de nossas malhas de crenças, sem nenhum sentido para além do alargamento do etnocentrismo. A primeira concepção confere sentido à atividade de construir um futuro humano; a segunda preconiza a tolerância para o que o futuro, insondável, vier a oferecer. A primeira sonda um papel para a subjetividade; a segunda a ilude com o mero postulado do alargamento da solidariedade que se realiza sem o seu concurso.

UMA FILOSOFIA TERAPÊUTICA DA HISTÓRIA

É curiosa a concepção de história contida na teoria social pragmática ou, se se preferir, "nas questões práticas do social", para sermos mais fiéis ao vocabulário pragmático. Também aqui trata-se de recusar a pretensão do realismo em fundar a solidariedade, o caráter universal do humano, na objetividade. Falar em objetividade em teoria social, contrapõe Rorty, implica construir uma metafísica, implica pressupor uma natureza humana intrínseca e, a partir dela, de seus elementos objetivos e subjetivos, ajuizar todas as culturas particulares, contingentes. Desse modo, sublinha Rorty, à metafísica do realismo corresponderá uma epistemologia, um conjunto de critérios que discriminam entre crenças verdadeiras – aquelas que estão em conformidade com a natureza intrínseca do humano – e falsas – meramente locais ou episódicas.

Muito distinta, assinala Rorty, é a atitude dos pragmáticos. Invertem os termos da equação realista. Em lugar de reduzir a solidariedade a uma objetividade que se situa para além das culturas humanas, reduzem a objetividade à solidariedade efetiva, praticamente realizada, das diversas culturas. E, por dispensarem a metafísica, não precisam de uma epistemologia. Pois sem metafísica, sem um metro capaz de medir as crenças, podemos assumir com James, conclui o autor, que "a verdade é aquilo em que, para *nós*, é bom acreditar". Razão pela qual os pragmáticos, coerentemente, livram-se da obrigação de dar conta da suposta relação de correspondência entre as crenças e o mundo e seus objetos. Nem se sentem coagidos a determinar aquela "habilidade cognitiva que faculta a espécie humana a estabelecer tal conexão". Porque, da perspectiva não metafísica, constitui um contrassenso pressupor uma racionalidade "natural e transcultural" capaz de superar a heterogeneidade entre o mundo e a cultura[39].

Por supostamente ter aberto mão de noções metafísicas e dos dispositivos epistemológicos correspondentes, o pragmatismo proclama ter constituído a atitude filosófica mais "aberta" ao eterno retecer de crenças por intermédio do qual se fundem as culturas. Essa é a imagem do pragmatismo que Rorty deseja elaborar. O mais valioso atributo do pragmatismo seria justamente a negação daquilo que é tido como a virtude mais sublime da tradição ocidental – a verdade. Nesta, o apego à verdade, qualquer que tenha sido sua contribuição para o desenvolvimento da própria cultura ocidental, parece ter se convertido, como é possível inferir de Rorty, em fonte de preconceito, em obstáculo aos *free and open encounters* [encontros livres e abertos] das culturas. O desapego à verdade, a *benigna negligência* em relação à verdade, preconizados pelo pragmatismo desarmaria, assim, os espíritos e dissolveria os preconceitos. Desse modo, se fomentaria o contato desimpedido entre as culturas, condição para o alargamento da solidariedade – da verdade[40].

Presumidamente desprovido de qualquer base epistemológica e metafísica, o pragmatismo fica ainda devedor da resolução *positiva* do problema do conhecimento e da verdade. E, como indica o próprio Rorty, tal resolução, fundada na solidariedade, é ética. No entanto, esse tipo de resposta traz de volta o problema do relativismo. Porque, se o termo verdade alude aos protocolos utilizados por determinada cultura para justificar suas crenças, então parece ser possível concluir que a verdade é relativa. E, se a verdade é relativa, se os protocolos de justificação de crenças são específicos a cada cultura, então as culturas são incomensuráveis. Mas, se todas essas conclusões são lícitas, como justificar a noção ética de verdade enquanto solidariedade, como acordo não compulsório cada vez mais amplo, como recíproca fertilização de diferentes culturas, se as culturas são incomensuráveis?

Sendo explicitamente etnocêntrica, a teoria social pragmática responde a essa pergunta teorizando a cultura a partir de sua perspectiva – a liberal democrática. Porém, como militante da solidariedade, mesmo dessa angulação particular, condição inescapável de toda cultura, ela se quer capaz de compreender que a lógica da cultura, a saber, seu alargamento, tem por premissa ideal os "encontros livres e abertos" das culturas. De posse do valor a ser preservado – o alargamento da solidariedade – e de sua premissa – o intercâmbio livre e sem preconceitos entre as culturas –, a teoria social pragmática pode contrastar as culturas, a liberal democrática

---

[39] Richard Rorty, *Objectivity, Relativism, and Truth*, cit., p. 22.
[40] Mario Duayer e Maria Célia M. de Moraes, "A ética pragmática do neoconservadorismo: Richard Rorty", cit., p. 134.

66 / Teoria social, verdade e transformação

e as outras – presentes, passadas e prováveis – e julgar qual delas mais promove o valor por melhor atender à premissa.

De sua explícita perspectiva burguesa – incidentalmente Rorty qualifica sua posição de "liberalismo burguês pós-modernista" –, o pragmatismo rortyano contrasta as culturas efetivas, contemporâneas e passadas, e conclui – sem muita surpresa, é bem verdade – que a sociedade liberal democrática é a que, dentre as disponíveis e imagináveis, mais reúne as qualidades exigidas para o alargamento da solidariedade. Reconhece, não obstante, que o alargamento da solidariedade pelo liberalismo ocidental por intermédio da "integração" de outros povos e culturas nem sempre se deu pela persuasão – pelos "encontros livres e abertos". Mas os liberais ocidentais estariam agora prontos para se redimirem: com a ajuda de historiadores, sociólogos, antropólogos e economistas, tomaram consciência de sua "arrogância". E, em consequência, trocaram a violência pela persuasão[41]. Talvez se possa interpretar a estória rortyana da história universal como a crescente predominância dos modos cordiais dos liberais democratas contra os modos rudes das outras culturas, adventícias ou internas, antigas ou contemporâneas.

Por haver trocado a violência pela persuasão, a sociedade liberal democrática parece tomar como modelo os hábitos e práticas mais apropriados para produzir a verdade enquanto consenso. Por essa razão, *nossa* sociedade é a expressão, por certo nem acabada nem perfeita, da forma de movimento da cultura. Daí porque o autor afirma, com exagero e autocomplacência, que a tradição liberal do ocidente

demonstra a capacidade de se modificar de dentro, de modo a transformar a violência em persuasão. Tal atributo é o que torna plausível a perspectiva reformista [...] como o único objetivo político que podemos vislumbrar: a possibilidade da vitória da persuasão sobre a força. [...] Por essa capacidade de estar aberta a outras culturas, a cultura liberal democrática se torna sempre "mais inclusiva" [...] Em conformidade com tal capacidade, os pragmáticos [...] propõem que nos pensemos como parte de um progresso histórico espetacular, que vai gradualmente abranger toda a raça humana; ademais, os pragmáticos alegam que o vocabulário usado pelos sociais-democratas do século XX é o *melhor vocabulário que a raça já obteve até aqui.*[42]

Ser o melhor vocabulário, no entanto, não significa que não possa ser aperfeiçoado, como vimos. E a teoria social pragmática contém uma sugestão fundamental para aprimorá-lo. Diríamos que se trata, por analogia com a secularização da religião, da secularização da filosofia. A primeira empreendeu a separação entre crenças religiosas (metafísicas) e vida política. Caberia, agora, levar a termo a

---

[41] Richard Rorty, *Objectivity, Relativism, and Truth*, cit., p. 219.
[42] Ibidem, p. 219-20; itálicos nossos.

remoção da metafísica, neutralizando a interferência das posições filosóficas na vida política. Em resumo, trata-se de demonstrar, também para o político, a necessidade e os benefícios da "superação" pragmática da metafísica. Por analogia com as práticas e instituições acadêmicas nas ciências da natureza, a refutação da verdade enquanto representação do realmente existente (*out there*) é, segundo Rorty, a melhor via para a vida democrática, para os "encontros livres e abertos" propiciados pela democracia liberal. Quanto mais liberada de concepções metafísicas, menos preconceitos traria a cultura liberal para seus encontros políticos com outras culturas, mais aberta estaria a novas ideias e mais "inclusiva" se tornaria.

Se esse é o caso, pode-se concluir que a teoria social pragmática terá apenas substituído a metafísica do transcendente pela metafísica do existente. Terá transformado o processo histórico em história do eterno mesmo. Em lugar de fomentar a tolerância em relação ao outro, terá prestado o imenso desserviço de estimular a tolerância em relação ao mesmo. E, ao contrário do que imagina, em vez de promover o alargamento da solidariedade, nutre a indiferença e o desprezo como atitude social generalizada. Pois esse é, no fundamental, o conteúdo da privatização da filosofia (da verdade, do universal etc.) que ela preconiza a fim de desobstruir os *free and open encounters* dos cidadãos das democracias liberais[43].

Talvez assim se explique a diferente atitude de neopragmáticos e pós-modernos em relação a sua repulsa às metanarrativas. O caráter fragmentário da época, a ausência de sentido, a impossibilidade de uma *grand récit* [grande narrativa], são experimentados com desespero ou indiferença pelos pós-modernos. No pragmatismo, ao contrário, resolvem-se positivamente pela negação de um único sentido da existência, humanamente compartilhável. O problema não reside, na interpretação pragmática, na pluralidade de sentidos e, por consequência, na ausência de um sentido universal, mas na insistência da cultura ocidental em perseguir tal sentido. O carecimento desse sentido não seria, então, um carecimento real, mas o carecimento de um ideal metafísico. Para eliminar a sensação de perda, o pragmatismo recomenda que nos livremos desse ideal platônico e todo o vocabulário de que se faz acompanhar. O problema em aceitar o remédio pragmático, entre outras coisas, é que, em sua própria estória, a cultura aparece produzindo, em sua dinâmica, universais cada vez mais compreensivos. Se a cultura, em seu movimento de sucessiva superação do etnocêntrico, produz universais, como podemos nos convencer de que devemos nos livrar de todos os universais que alimentam nossos projetos, fantasias e utopias? Afinal, se a cultura produz universais em seu movimento, não

---

[43] A teoria social pragmática, baseada em Rawls, ambiciona privatizar a filosofia, o que equivale a remeter as questões relativas "à existência humana e ao significado da vida" para o âmbito da vida privada; Richard Rorty, *Objectivity, Relativism, and Truth*, cit., p. 183.

68 / Teoria social, verdade e transformação

haveria um "grão de verdade", de objetividade, nesses recorrentes produtos platônicos de que se valem todas as culturas?

REFERÊNCIAS BIBLIOGRÁFICAS

CERVANTES, Miguel de. *O engenhoso fidalgo dom Quixote de la Mancha.* Trad. Eugenio Amado, Belo Horizonte, Itatiaia, 1983.

DUAYER, Mario. *Pragmatismo, antirrepresentacionalismo e a desqualificação da verdade:* a visão de Rorty. Tese (apresentada e aprovada em concurso para professor titular) – Departamento de Economia, Universidade Federal Fluminense, Niterói, 1996. Mimeo.

_____; MORAES, Maria Célia M. de. A ética pragmática do neoconservadorismo: Richard Rorty. In: HÜHNE, Leda Miranda (org.). *Ética.* Rio de Janeiro, Uapê, 1997.

HABERMAS, Jürgen. Coping with Contingencies, the Return of Historicism. In: NIZNIK, Józef; SANDERS, John T. (orgs.). *Debating the State of Philosophy*: Habermas, Rorty and Kolakowski. Westport, Praeger, 1996.

MORAES, Maria Célia M. de. História, narrativa e interpretação: aproximações ao pensamento de Fredric Jameson. *Revista Brasileira de História*, v. 16, n. 31-2, 1996.

_____. Pontos de investigação, teoria e método em uma pesquisa em história da educação. *Educação e Sociedade*, ano XVII, n. 55, 1996.

NIZNIK, Józef; SANDERS, John T. (orgs.). *Debating the State of Philosophy:* Habermas, Rorty and Kolakowski. Westport, Praeger, 1996.

NORRIS, Christopher. *Reclaiming Truth:* Contribution to a Critique of Cultural Relativism. Durham, Duke University Press, 1996.

_____. Truth, Science, and the Growth of Knowledge. *New Left Review*, I/210, 1995.

RORTY, Richard. *A filosofia e o espelho da natureza.* Trad. Antônio Trânsito, Rio de Janeiro, Relume-Dumará, 1995.

_____. *Consequences of Pragmatism*, Hempstead, University of Minnesota Press, 1982 [ed. port.: *Consequências do pragmatismo.* Trad. João Duarte, Lisboa, Instituto Piaget, 1999].

_____. *Contingency, Irony and Solidarity.* Cambridge, Cambridge University Press, 1989 [ed. bras.: *Contingência, ironia e solidariedade.* Trad. Vera Ribeiro, São Paulo, Martins Fontes, 2007].

_____. Emancipating our Culture. In: NIZNIK, Józef; SANDERS, John T. (orgs.). *Debating the State of Philosophy, Habermas, Rorty and Kolakowski.* Westport, Praeger, 1996.

_____. *Essays on Heidegger and Others:* Philosophical Papers, v. II. Cambridge, Cambridge University Press, 1991 [ed. bras.: *Ensaios sobre Heidegger e outros.* Trad. Marco Antônio Casanova, 2. ed., Rio de Janeiro, Relume-Dumará, 2002].

_____. *Objectivity, Relativism, and Truth:* Philosophical Papers, v. I. Cambrige, Cambridge University Press, 1991 [ed. bras.: *Objetivismo, relativismo e verdade.* Trad. Marco Antônio Casanova, 2. ed., Rio de Janeiro, Relume-Dumará, 2002].

_____. Relativismo: encontrar e fabricar. In: CÍCERO, Antonio; SALOMÃO, Waly (orgs.). *Relativismo enquanto visão de mundo.* Rio de Janeiro, Francisco Alves, 1994.

_____. We Anti-Representationists. *Radical Philosophy*, n. 60, 1992.

3
ANTIRREALISMO E ABSOLUTAS CRENÇAS RELATIVAS[*]

> O pós-modernista diz, sim, nós divergimos,
> E não há nem certo nem errado.
> O fundamentalista diz, sim, nós divergimos,
> E eu estou certo.
>
> Roy Bhaskar, *Reflections on Metareality*

Crenças são convicções sobre a realidade ou verdade de alguma coisa. Mas são convicções que sempre trazem consigo interrogações que nos assediam continuamente. Como emergem as crenças? Por que são cridas? Como distinguir as críveis das incríveis? As falsas das verdadeiras? Mas as crenças incríveis, falsas, se chegaram a ser cridas, crenças nas quais em algum momento, lugar etc. se creu, não foram verdadeiras de algum modo, em algum âmbito, em maior ou menor extensão? Como e por que eram críveis, verdadeiras? E por que se tornaram incríveis, falsas? Ou incríveis, apesar de verdadeiras?

Essas são questões filosóficas sobre a natureza de nossas crenças, sobre aquilo em que cremos e aquilo em que não cremos. A própria formulação do problema deixa entrever a natureza dinâmica das crenças, que são ora cridas, ora descridas. Que ora são reverenciadas como verdadeiras, ora menosprezadas como falsas. Umas substituindo as outras. E num processo nem sempre linear. Crenças descritas como falsas podem ser novamente cridas no futuro.

E quanto ao outro tipo de dinâmica experimentado pelas crenças? Porque não há só crenças verdadeiras e falsas. Há crenças mais ou menos elaboradas, mais ou menos complexas. Para as quais também vale o primeiro movimento: são verdadeiras, mas depois podem se mostrar falsas. E novamente verdadeiras.

Sem dúvida, esse é o caso das crenças científicas: em geral são crenças mais complexas do que as crenças da tradição, do costume. Como então combinamos e cotejamos as distintas modalidades de crenças? As verdades das crenças do costume, da tradição são inferiores às verdades das crenças científicas? E as crenças

---

[*] Uma versão deste texto foi publicada pela primeira vez, com o mesmo título, em *Margem Esquerda*, São Paulo, Boitempo, n. 8, 2006, p. 109-130. (N. E.)

70 / Teoria social, verdade e transformação

religiosas? Como compará-las com as outras crenças? Como, em seu movimento, todos esses diferentes tipos de crenças se articulam de modo que em uma época, lugar etc. as crenças plasmam uma totalidade de crenças mais ou menos congruente? Lukács expressa como se segue essa unidade (na diferença) de distintas crenças: "vida cotidiana, ciência e religião [...] de uma época formam um complexo interdependente, sem dúvida frequentemente contraditório, cuja unidade muitas vezes permanece inconsciente"[1]. Tal totalidade ou sistema de crenças significa o mundo para os sujeitos? Cria para eles um espaço de significação? A menos que se parta da ideia absurda de que as crenças de diferentes tipos constituem departamentos incomunicáveis da mente, parece razoável admitir que é por meio dessa totalidade articulada de crenças, ou sistema de crenças, que os sujeitos significam o mundo para si, criam para si um espaço de significação. Tomando de empréstimo uma imagem de Marx (alterando seu sentido original), talvez se possa dizer que tal sistema de crenças é uma iluminação universal que confere às coisas seus contornos e relações para os sujeitos[2].

A filosofia da ciência procura explicar a especificidade das crenças científicas, dispensando pouca atenção à articulação delas com as outras variedades de crenças[3]. Concentra-se sobretudo na razão ou razões pelas quais elas são mais críveis. Como o prestígio social da ciência parece sugerir isso, investiga as características da ciência que responderiam pela maior credibilidade de suas crenças. Significa isso que a ciência, ao contrário das outras práticas sociais nas quais e pelas quais emergem as crenças, detém um método mais seguro para chegar à verdade das coisas? Caso exista, esse método tem a ver com o caráter sistemático, justificado, público, lógico e empírico das atividades e do discurso científicos? Todavia, como se disse e se sabe, também não vale para as crenças científicas a dinâmica experimentada pelos outros tipos de crença? Afinal, crenças científicas cridas por longos períodos também não se mostram depois incríveis, falsas, incongruentes, inconsistentes?

Tais questões ocupam a filosofia da ciência em geral e se impõem igualmente às ciências particulares, tanto as naturais, como a física e a biologia, quanto as sociais, como a economia, a sociologia e a história. Para todas e cada uma, trata-se de justificar a especificidade da ciência, que, em última análise, se resolve no problema

---

[1] György Lukács, *Para uma ontologia do ser social I* (trad. Carlos Nelson Coutinho, Mario Duayer e Nélio Schneider, São Paulo, Boitempo, 2012), p. 30.

[2] Karl Marx, *Grundrisse: manuscritos econômicos de 1857-1858: esboços da crítica da economia política*, trad. Mario Duayer e Nélio Schneider, São Paulo/Rio de Janeiro, Boitempo/Ed. UFRJ, 2011), p. 59.

[3] "Há muitos trabalhos sobre a história das ciências, da filosofia, da religião e da teologia, mas são extremamente raros os que se aprofundam em suas relações recíprocas"; György Lukács, *Para uma ontologia do ser social I*, cit., p. 30.

da verdade ou da falsidade do discurso científico. É possível afirmar que as crenças científicas, apesar de potencialmente falsas como as demais crenças, possuem qualidades que as distinguem delas? Há critérios de verdade ou padrões de racionalidade para proceder a tal qualificação? Ou, ao contrário, vale para as crenças científicas a máxima pragmática, a saber, *"o verdadeiro é o nome daquilo que se mostra bom a título de crença"*?

Essa definição de verdade do velho pragmatismo norte-americano expressa, de maneira concisa, as concepções sobre o conhecimento científico de maior circulação nas últimas décadas, compartilhadas por pós-modernos, pós-estruturalistas e neopragmáticos[4]. Popularização que se deve creditar, em grande parte, na conta do neopragmático norte-americano Richard Rorty. Há uma vantagem substancial em enquadrar o problema da verdade das crenças e, por extensão, do conhecimento científico a partir das formulações neopragmáticas: é que o neopragmatismo defende fundamentalmente as mesmas ideias das correntes teóricas acima mencionadas, mas faz isso sem remorsos e sem a aura cético-libertária que muitas vezes as acompanha, em especial no caso dos autores que se identificam ou são identificados com o pós-modernismo[5].

Sobre a verdade de nossas crenças, o que pensam os neopragmáticos? Para responder a essa questão, é interessante recordar esta consideração do filósofo norte-americano Donald Davidson, que praticamente reelabora a definição de William James indicada acima: "ao agente basta apenas refletir sobre o que é uma crença para compreender que a maior parte de suas crenças básicas é verdadeira e que, dentre suas crenças, as mais arraigadas e coerentes com o corpo principal de suas crenças são as mais qualificadas a serem verdadeiras"[6].

Tal diagnóstico sobre a verdade de nossas crenças, Rorty apressa-se em esclarecer, deve ser interpretado segundo o "vocabulário" em que é enunciado. Para tal "vocabulário", as crenças não são "quase imagens", como supostamente pretende o "vocabulário" representacionalista da realidade, insiste Rorty. Crenças, aqui, são

---

[4] Para uma análise crítica dessa tendência, ver Christopher Norris, *The Truth About Postmodernism* (Oxford, Blackwell, 1993) e *Against Relativism: Philosophy of Science, Deconstruction and Critical Theory* (Oxford, Blackwell, 1997); Alex Callinicos, *Against Postmodernism* (Nova York, Saint Martin's, 1989); Terry Eagleton, *The Illusions of Postmodernity* (Oxford, Blackwell, 1996); Perry Anderson, *The Origins of Postmodernity* (Londres, Verso, 1998) [ed. bras.: *As origens da pós-modernidade*, trad. Marcus Penchel, Rio de Janeiro, Zahar, 1999].

[5] Para uma interpretação do neopragmatismo como arremate "lógico" das concepções pós-modernas e pós-estruturalistas, ver Mario Duayer e Maria Célia M. de Moraes, "Neopragmatismo: a história como contingência absoluta", neste livro, p. 49-68.

[6] Citado em Richard Rorty, *Contingency, Irony and Solidarity* (Cambridge, Cambridge University Press, 1992), p. 95 [ed. bras.: *Contingência, ironia e solidariedade*, trad. Vera Ribeiro, São Paulo, Martins Fontes, 2007].

72 / Teoria social, verdade e transformação

hábitos de ação, "adaptações ao ambiente". E justamente por não serem quase imagens do mundo, as crenças no "vocabulário" do neopragmatismo ficam liberadas do pesado ônus de ter de reproduzi-lo mentalmente da maneira mais correta ou adequada possível. Se as crenças são "adaptações ao ambiente", sua verdade pode ser concebida simplesmente como satisfação. O que equivale a dizer que o valor de verdade de nossas crenças é apenas um título que outorgamos às crenças que se mostraram necessárias e adequadas para o nosso trato com o ambiente.

É preciso salientar, antes de tudo, que é truísmo afirmar que nossas crenças (sobre o mundo) são um pressuposto para realizarmos nossas finalidades, satisfazermos nossos desejos. De fato, se a intencionalidade é um atributo específico do humano, a prática humana tem como pressuposto a representação do mundo, isto é, das coisas e suas relações, bem como de sua relação com essas relações. Ou, para satisfazer o "vocabulário" rortyano, pode-se dizer que a prática intencional requer necessariamente uma figuração do mundo – natural e social – por parte dos sujeitos. Ou ainda que o sujeito da prática intencional tem de significar o mundo de alguma maneira, conferir sentido a ele para que sua prática seja o que é, a saber, prática com sentido. Caso contrário, estaríamos diante de agires reativos dados, fixos, e não do agir intencional. Por conseguinte, se a prática intencional do ser humano pressupõe necessariamente algum tipo de significação do mundo e desenrola-se em conformidade com ela, conclui-se que é tautologia afirmar que as crenças que facultam a prática são verdadeiras. Se a prática intencional se caracteriza precisamente pelo fato de estar orientada para uma finalidade, é autoevidente que a concreta realização da finalidade valida a crença (interpretação do mundo) que, a par de ser sua condição, a tornou possível. Considerando-se, portanto, que a verdade ou falsidade de nossas crenças condicionam a possibilidade de satisfazermos nossos desejos e necessidades, que constituem a promessa e o compromisso de toda crença, é fácil perceber a trivialidade do "vocabulário" neopragmático.

Para ter uma medida do grau de "novidade" dessa concepção de James, remodelada por Davidson e capitalizada por Rorty, bastaria citar a passagem em que Marx afirma a objetividade das categorias da economia política[7]. Em outras palavras, Marx admite expressamente a objetividade das categorias de uma teoria que ele submete a uma crítica radical. E por que as considera objetivas? Porque, sublinha ele, são as categorias da economia burguesa, são objetivas para esse modo social de produção, a produção de mercadorias. Por isso, são formas de pensamento socialmente válidas, não importa se limitadas ou mesmo ilusórias, uma vez que expressam a forma como as relações sociais na produção aparecem para os sujeitos. Aliás, a enfática admissão

---

[7] Karl Marx, *O capital: crítica da economia política*, Livro I: *O processo de produção do capital* (trad. Rubens Enderle, São Paulo, Boitempo, 2013), p. 125.

da objetividade social das formas de consciência sob inspeção crítica é momento central de seu método e, por isso, pode ser encontrada em inúmeras de suas obras, como, por exemplo, na conhecida passagem do *Manifesto Comunista*, de 1848, em que tal objetividade vem agora qualificada pela categoria de classe social:

> Será preciso grande inteligência para compreender que, ao mudarem as relações de vida dos homens, as suas relações sociais, a sua existência social, mudam também as suas representações, as suas concepções e conceitos; numa palavra, muda a sua consciência? Que demonstra a história das ideias senão que a produção intelectual se transforma com a produção material? As ideias dominantes de uma época sempre foram as ideias da classe dominante.[8]

Decerto seria espantoso se as crenças não fossem objetivas e, nesse sentido, verdadeiras. Nesse caso, teríamos, de um lado, a objetividade, a realidade *lá fora* e, de outro, a subjetividade *sem contato* com ela. Em consequência, nenhuma prática.

Mas do truísmo que as ideias habilitam os seres humanos a lidar com o mundo e que, nessa medida, são objetivas, Marx não deduzia, à Davidson e Rorty, o nivelamento e a equiparação de todas as ideias sobre o mundo. Ou, o que dá no mesmo, não reduzia a prática imediata a critério da teoria. Critério que, como se procura sublinhar, é manifestamente tautológico. E isso porque, como observa Lukács, a "práxis postula por si só, necessariamente, uma imagem do mundo com a qual possa harmonizar-se e a partir da qual a totalidade das atividades vitais produz um contexto pleno de sentido"[9].

Tais indicações parecem fundamentais porque demonstram que esses problemas já recebiam tratamento adequado pelo próprio Marx e por outros autores da tradição marxista, como Lukács. Por outro lado, e por essa razão, porque impõem a pergunta: por que grande parte da tradição marxista ficou paralisada, vencida, quando distintas correntes teóricas contemporâneas passaram a anunciar e celebrar a relatividade de nossas crenças, científicas e outras? Por que, enfim, se mostrou em larga medida desarmada ante a interdição do relativismo contemporâneo às "grandes narrativas", em especial à "grande narrativa" marxiana, imposta com base no poder autoconferido de demonização e de consequente extermínio de toda metafísica[10]? Por que se mostrou indefesa ante o argumento relativista de que é impossível

---

[8] Karl Marx e Friedrich Engels, *Manifesto Comunista* (trad. Álvaro Pina e Ivana Jinkings, São Paulo, Boitempo, 2010), p. 56-7.

[9] György Lukács, *Para uma ontologia do ser social I*, cit., p. 31.

[10] Apesar de a cruzada contra as "grandes narrativas" ser dirigida nominalmente contra o Iluminismo, Anderson sustenta, tomando Lyotard como caso exemplar, que seu "principal referente" foi o marxismo; Perry Anderson, *The Origins of Postmodernity*, cit., p. 32.

74 / Teoria social, verdade e transformação

apresentar melhores razões para nossas crenças pelo fato de que elas são sociais, isto é, sempre relativas a uma cultura, classe, etnia, gênero etc.?

Para esboçar uma resposta a essa questão, talvez seja oportuno manter o vocabulário das crenças. É que esse vocabulário, por assim dizer, dirige-se contra as ideias do empirismo mais ingênuo, que subentendia, mais que enunciava, que a matéria-prima de nossas crenças são os fatos brutos da experiência sensorial, as impressões coletadas por nossos sentidos[11]. Conhecimento legítimo, postula a máxima positivista, é o que se funda (e se esgota) na experiência sensível. Não seria possível resumir aqui a história das tentativas com que se procurou sustentar teoricamente esse preceito na tradição positivista[12]. Nem seria possível sumariar as críticas que afinal acabaram por liquidar, ainda que apenas nominalmente, o positivismo. No campo da filosofia da ciência, essas críticas estiveram associadas a Kuhn, Lakatos, Feyerabend etc., e sua influência é atestada pelo farto uso que se faz do termo "paradigma", popularizado por Kuhn, em todas as discussões sobre ciência. Contra a explicação positivista, tais críticos apresentavam uma objeção óbvia e irrefutável: a noção de conhecimento fundado nos dados ou fatos da experiência tinha de pressupor uma espécie de mito criacionista em que o protagonista, um ser humano inicialmente desprovido de ideias, passa a esbarrar nas coisas do mundo e, com as impressões que esses esbarros deixam em seu aparato sensorial, forma ideias das coisas. Ora, tal indivíduo da cognição – parente próximo do indivíduo isolado, superlativo do pensamento liberal e, nessa condição, eminência parda de tantas teorias – não requereu muita imaginação para ser desmitificado.

Esses autores, entre outros, em outras áreas, ponderaram que o sujeito que apercebe, que forma ideias, que dá algum sentido aos dados de suas impressões, nunca existe sem ideias. Nem Adão – para não falar de Eva, que chega depois à cena –, que entendia perfeitamente as palavras de Deus, que eram apenas conceitos das coisas que lhe chegavam por seus instintos, e sem os quais seria incapaz de distinguir

---

[11] Segundo Lukács, é preciso estabelecer uma diferenciação entre o velho e o novo empirismo. O velho empirismo ainda possuía um caráter ontológico, porque admitia o insuperável caráter de ser dos fatos dados (ainda que se limitasse ao imediatamente dado e, com isso, padecia de irremediável ingenuidade). O novo empirismo, erigido sobre bases positivistas, substitui essa ontologia por "categorias manipulatórias construídas abstratamente", de modo que, nas ciências sociais, a suposta fidelidade aos fatos tem como resultado uma frequente "falsificação objetiva dos fatos divinizados de modo fetichista"; György Lukács, *Para uma ontologia do ser social I*, cit., p. 292.

[12] Para uma crítica detalhada da tradição positivista, ver Leszek Kołakowski, *La filosofía positivista: ciencia y filosofía* (Madri, Cátedra, 1988); Roy Bhaskar, *The Possibility of Naturalism: A Philosophical Critique of the Contemporary Human Sciences* (Brighton, The Harvester Press, 1979), *Scientific Realism and Human Emancipation* (Londres, Verso, 1986), *Reclaiming Reality: a Critical Introduction to Contemporary Philosophy* (Londres, Verso, 1989); György Lukács, *Para uma ontologia do ser social I*, cit.

a maçã da serpente. Diga-se de passagem, nem a Eva da serpente, o que teria sido uma lástima. Saindo do divino e voltando aos nossos autores, preocupados em oferecer uma concepção de ciência em bases menos débeis e mistificantes, pode-se afirmar que abateram (nominalmente) a tradição positivista com esse simples argumento. No caso de Kuhn, a crítica consistiu em sustentar, com base na história das ciências naturais, que em todas as ciências as descrições do mundo estão baseadas em noções, termos, categorias etc. que de forma alguma podem ser reduzidos às nossas impressões. Ao empírico, portanto. Em sua evolução, segundo Kuhn, toda ciência está fundada num paradigma, conjunto de noções, hipóteses, preconceitos por intermédio dos quais o mundo é figurado a cada momento. E esse é o ponto central do argumento contra as concepções positivistas sobre a natureza da ciência e da explicação científica, de modo que é dispensável aqui entrar nos detalhes de sua teoria, como também na de Lakatos, que, tudo somado, é sob esse aspecto muito similar à de Kuhn[13].

Em síntese, o que esses autores oferecem em contrapartida ao empirismo subjacente à tradição positivista é a noção de que o sujeito cientista, assim como o sujeito ordinário, sempre percebe e pensa o mundo a partir de um conjunto de ideias preexistentes. De modo que, tanto num caso como noutro, e parafraseando Bhaskar[14], como sujeitos cognoscentes nós fazemos bricolagem, montamos novas ideias a partir do nosso repertório de ideias e figuras. Produzimos pensamentos por meio de pensamentos. Somos, portanto, constituídos por ideias, de sorte que os fatos e os objetos empíricos com o encargo de comprovar a correção de nossas ideias são na verdade fatos e objetos interpretados por meio dessas ideias.

Tivessem esses autores elaborado a concepção que funda suas obras, a saber, que somos *seres sociais*, e indagado sobre a gênese, o desenvolvimento e a função do conhecimento científico, os debates que suas obras suscitaram seriam mais inteligíveis. Nunca somos indivíduos isolados, somos sujeitos determinados socialmente e, só nessa condição, somos titulares de ideias. Infelizmente, contudo, o reconhecimento do caráter social de nossas crenças é simplesmente ponto de apoio para sublinhar sua natureza histórica e, portanto, relativa. Talvez se possa arriscar uma razão para tal reticência de suas concepções: afirmar que somos *seres sociais* subentende de imediato *uma* sociedade de que somos seres e, consequentemente, os tipos de crenças, científicas ou não, que essa sociedade suscita e requer. Seria então forçoso concluir que, sendo históricas a sociedade e suas crenças, outras sociedades

---

[13] Para uma análise crítica das concepções desses autores, ver Mario Duayer et al., "A miséria do instrumentalismo na tradição neoclássica", *Estudos Econômicos*, v. 31, n. 4, 2001, p. 723-83.

[14] Roy Bhaskar, "Societies", em Margaret Archer et al., *Critical Realism: Essential Readings* (Londres, Routledge, 1998), p. 205.

76 / Teoria social, verdade e transformação

e crenças seriam possíveis e, por essa razão, a imagem da ciência como simples
serviçal (tecnológica?) dos imperativos prático-operatórios é de imediato contraditória, porquanto a ciência, rebaixada a tal função, constituiria um obstáculo para a efetiva historicidade pressuposta na explicação da ciência. E, liberada desse
condicionante, a ciência poderia assumir um papel fundamental na concepção e
construção de novos mundos.

No entanto, se por essa ou outras razões os autores mais insinuaram que afirmaram tal fundamento de suas teorias, o fato é que isso não anulou o efeito de
sua obra: excluídos os totalmente desinformados, sabemos hoje que nossas ideias
sobre o mundo são construções sobre o mundo, são interpretações nossas. Sempre
que temos o mundo, nós o temos mediado por nossas ideias, nossa língua, nossa
cultura, nosso vocabulário.

Se esse é o efeito líquido de suas teorias nos debates em filosofia da ciência,
não é difícil perceber por que elas soam como música aos ouvidos pós-modernos
e demais defensores do relativismo. Mais ainda, aspecto que se precisa enfatizar
para completar o efeito de suas intervenções, quando se considera que suas teorias podem ser interpretadas como refutação da possibilidade do conhecimento
objetivo do mundo. A equação que presumivelmente faculta tal interpretação é
simples: como as crenças que figuram para nós o mundo, não importa se científicas ou não, são construtos mediados pela linguagem, pela cultura, nunca poderemos saber como o mundo realmente é. Para os inconformados, subministra-se
uma prova empírica: no lixo da história das ciências há pilhas de descrições
supostamente objetivas do mundo, hoje imprestáveis. Diga-se de passagem, e
em benefício dos inconformados, que, nessas circunstâncias, prover evidências
empíricas envolve uma contradição insanável, uma vez que, segundo a própria
arquitetura dessas concepções, as provas empíricas são internas às teorias e, em
consequência, tautológicas.

Reunidos esses elementos com que se arma o debate contemporâneo sobre o
estatuto do discurso científico, creio que é possível mostrar como os movimentos
relativistas na filosofia da ciência coincidem com movimentos similares na teoria
social e, ao lado de sublinhar a debilidade de ambos, esboçar uma alternativa.
Para tanto, é preciso antes explicitar o resultado mais notável das concepções de
ciência que vimos descrevendo: o conhecimento científico se justifica, em última
instância, por sua adequação empírica. Admite-se agora que toda teoria científica
está fundada num paradigma, põe e pressupõe uma ontologia, ou seja, só tem
sentido no interior da imagem do mundo que necessariamente conforma. Como,
todavia, tais ontologias são construtos cuja objetividade está fora de questão, as
teorias que sustentam não são nem mais nem menos objetivas ou verdadeiras; são
válidas porque são empiricamente plausíveis. É por isso que se afirma hoje, quase

impunemente, que a pergunta sobre a verdade ou a objetividade das teorias carece de sentido. Fica esclarecido, portanto, porque foi dito antes, que essas concepções de ciência liquidam a tradição positivista apenas em termos nominais. Assim como ela, reafirmam que conhecimento legítimo é conhecimento fundado e validado na experiência, conhecimento empírico. Só que, diferentemente dela, admitem de forma explícita que o empírico, no caso, é interno à teoria. Para a tradição positivista, só vale a realidade imediatamente dada. Para as novas concepções de ciência, o imediatamente dado já não é propriamente imediato, posto que é mediado por nossas ideias, vocabulários, discursos etc. Todavia, como o mundo objetivo foi exilado de suas concepções, esses mundos mediados são os únicos que temos, de modo que vale para elas a injunção positivista: a única realidade que conta é a realidade vista sob a perspectiva de determinada interpretação.

Fica patente que esse resultado é compatível com o vocabulário das crenças. Toda interpretação do mundo interpreta o mundo. Se vivemos sempre numa "forma de vida" e se interpretamos o mundo – e temos de interpretá-lo – em conformidade com ela, nossas interpretações são por definição compatíveis com o mundo dessa "forma de vida". Em suma, nossas crenças são verdadeiras das práticas das quais e pelas quais são crenças. Dito de outra forma, nossas crenças são empiricamente plausíveis, pelo simples fato de que são crenças de nossas práticas (empíricas). Porque conferem inteligibilidade ao mundo na precisa medida, extensiva e intensiva, com que lidamos com ele. Sob tal ótica, as crenças científicas, isto é, as teorias científicas, não possuem diferença substantiva em relação às demais crenças, a não ser talvez pelo fato de estarem obrigadas a produzir uma *plausibilidade empírica* mais precisa, sistemática, com maior poder de predição.

A se concordar com tais concepções, parece inevitável concluir com a ideia pragmática da qual partimos: todas as crenças são verdadeiras. Crença é consenso local: científico, político, étnico. Concebidas assim nossas crenças, é truísmo definir sua verdade em termos da utilidade para nós, para nossa prática. No entanto, pode-se demonstrar a magnitude da falácia das teorias que pretendem justificar do ponto de vista de sua utilidade, seja como adequação empírica ou capacidade preditiva, seja como representação mais compatível com as teorias (crenças) correntes. A operação que esse argumento efetua se reduz a esta circularidade: nossa prática põe e pressupõe crenças; logo as crenças se legitimam na e pela prática; consequentemente, as crenças mais verdadeiras são as crenças mais compatíveis com a prática. Procedimento que, como se vê, reduz a verdade à utilidade e, ato contínuo, fixa a utilidade como critério da verdade.

Ao adotar essas concepções, os críticos da tradição positivista só fazem reafirmar, com outra roupagem, aquilo que constitui o efeito teórico propriamente dito do positivismo, a saber, "o inteiro sistema do saber é elevado à condição de instrumento de uma manipulabilidade geral de todos os fatos relevantes"[15], ou a prática imediata, a utilidade, a adequação empírica, a preditibilidade são elevadas a critério absoluto da teoria. O que se assiste, nesse caso, é a captura da crítica pela posição criticada, aspecto também sublinhado por Bhaskar[16]. Para ele, o impacto da tradição positivista – como sistema filosófico que opera como uma ideologia para a ciência e outras práticas sociais – fica patente não só porque os impasses na filosofia da ciência contemporânea decorrem de uma crítica insuficiente ao positivismo, mas também porque as teorias críticas emergem em grande medida no terreno analítico demarcado pelo próprio positivismo. Desse modo, as críticas, independentemente de seu grau de repúdio ao positivismo, não logram escapar dos termos impostos pela teoria criticada[17]. No caso em exame, esse aprisionamento é flagrante, uma vez que os críticos da tradição positivista, após extraordinário empenho teórico para afirmar sua radical diferença, terminam por adotar a manipulabilidade prático-operatória como critério exclusivo da teoria.

Justamente por isso, a crítica de uma teoria existente, articulada a determinada prática, tem como condição primeira a admissão de que a teoria sob exame de fato funciona *na prática*. Caso não funcionasse, é evidente, não poderia existir como teoria compatível com a prática da qual é conceptualização e instrumento. Com tal admissão, evita-se a interminável e insolúvel discussão sobre verdade e utilidade da teoria criticada, debate que revela a captura da crítica pela armadilha da teoria criticada, que consiste em trazer a crítica para o interior de sua conceptualização, de seus critérios de validade cognitiva, de utilidade prática. Tal condição da crítica equivale a conceder ao adversário que sua teoria funciona, é útil e, portanto, verdadeira. No entanto, também significa lembrá-lo de que sua teoria é tudo isso somente no espaço de significação criado por ela própria, em articulação com as demais crenças que emergem das práticas e relações sociais. Em suma, é adverti-lo de que o útil, o prático, o eficaz só podem ser definidos ou enunciados em relação a uma descrição particular do mundo, a uma ontologia e que, por isso, a questão da verdade das teorias não se deixa assimilar tão facilmente ao critério da eficácia.

Assumir e, sobretudo, praticar tal atitude crítica é impossível sem desmontar a confusão praticamente unânime entre os relativismos epistemológico e ontológico. A relatividade epistêmica refere-se unicamente ao fato, reconhecido por todas as partes envolvidas na polêmica, de que nossos conhecimentos são relativos, porque sociais, históricos etc. O problema é que as correntes teóricas hoje predominantes deduzem do relativismo epistemológico o relativismo ontológico. Em outros

---

[15] György Lukács, *Para uma ontologia do ser social*, cit., p. 58.
[16] Roy Bhaskar, *Scientific Realism and Human Emancipation*, cit., cap. 3.
[17] Ibidem, p. 224.

Antirrealismo e absolutas crenças relativas / 79

termos, do caráter transitório e relativo de nossos conhecimentos deduzem que eles não podem ser objetivos. Do relativismo epistemológico, portanto, deduzem o antirrealismo, ou a paridade de todas as ontologias. De bônus obtêm, como corolário, o relativismo julgamental, vale dizer, a concepção segundo a qual ideias opostas não podem ser objetivamente comparadas, porque, da mesma forma que a beleza está nos olhos de quem ama, a verdade está na ótica de quem a afirma[18].

Para desarmar a lógica do relativismo ontológico e a desqualificação da razão que o acompanha – e o acompanha sempre, paradoxalmente, com muitas razões –, é necessário proceder ao que Bhaskar chamou de revolução copernicana no domínio da filosofia[19], que consiste em remover o sujeito do centro do universo e admitir que o mundo é muito mais do que as impressões e sensações que dele temos. Só por efeito desse deslocamento torna-se possível transcender os termos do debate sobre a objetividade de nosso conhecimento do mundo, que hoje se resolve no intercâmbio entre significante e significado, deixando de fora o referente – o mundo. Basta deixá-lo entrar em cena para reconhecer que ser passível de ser capturado por nosso aparato sensorial não é uma propriedade substantiva do mundo, mas sim acidental, decorrente da existência de sujeitos sensíveis, morais e racionais – nós, humanos[20]. Basta isso para compreendermos que não é possível reduzir o mundo às nossas experiências, às nossas sensações. E para entender que a evolução histórica de nosso conhecimento do mundo – nunca linear, certamente – só pode ser inteligível se a interpretarmos não como descrições que começam e terminam com nossas sensações e impressões, mas como descrições de fenômenos e relações mais imediatos que, entretanto, são capazes de descobrir, em grau e complexidade crescentes, as estruturas e disposições do mundo que os causam, às quais não temos nem podemos ter acesso empírico. Evolução que, nessa medida, produz conhecimento objetivo de coisas não empíricas[21]. E é exatamente a natureza objetiva do

---

[18] Sobre essa confusão amplamente disseminada, ver Roy Bhaskar, *The Possibility of Naturalism*, cit.; *Scientific Realism and Human Emancipation*, cit.; *Reclaiming Reality*, cit.; *The Philosophy and the Idea of Freedom* (Oxford, Blackwell, 1991).

[19] A revolução copernicana, nesse caso, refere-se a uma ontologia distinta da pressuposta em grande parte do pensamento contemporâneo, e cuja concepção filosófica do lugar da humanidade na natureza é antiantropomórfica; Roy Bhaskar, *Reclaiming Reality*, cit., p. 12.

[20] Edward Palmer Thompson, "An Open Letter to Leszek Kolakowski", em *The Poverty of Theory and Other Essays* (Londres, Merlin Press, 1978), p. 135.

[21] "O que penso que Hegel fez, e este é o núcleo racional da dialética, foi produzir uma teoria geral de todos os processos de aprendizagem, que é muito simples. Ela vale para a ciência, para fenômenos sociais, e funciona assim: você tem uma totalidade incompleta, há uma ausência, a ausência gera inconsistências, rupturas, incompletude, tensões. Isso é resolvido pela transcendência em direção a uma totalidade maior que incorpora o elemento que a ruptura deixou de fora, incorpora o elemento ausente como parte da totalidade maior, mais inclusiva. Desse modo, podemos elaborar

80 / Teoria social, verdade e transformação

conhecimento que permite, ao trazer o referente como termo fundamental e inelimimável da equação, a comparação entre descrições opostas de um mesmo objeto ou aspecto do mundo. É precisamente o referente, que existe independente de nossas descrições, que impõe, por exemplo, que a teoria de Einstein seja comparada com a teoria de Newton, e não com a teoria literária[22].

A supressão do referente é apenas outra forma da negação da ontologia. No entanto, a filosofia tem "horror ao vácuo ontológico"[23]. Em consequência, tal negação só tem o efeito de gerar uma ontologia implícita, caracterizada por um realismo empírico cujas raízes devem ser buscadas na crítica de Hume à possibilidade de uma ontologia filosófica e, mais especificamente, à possibilidade de determinar filosoficamente a existência independente das coisas ou a operação de necessidades naturais. Naquele que é talvez o momento fundador do realismo crítico, Bhaskar procura sustentar que quase a totalidade dos filósofos da ciência adota a concepção de Hume. O problema, sublinha ele, é que Hume não consegue suprimir a ontologia em sua explicação da ciência. Ao contrário, preenche o vácuo criado por ele próprio, ao exilar da ciência as coisas tais como existem, com sua ontologia das impressões. Com isso, gera uma ontologia implícita consolidada na noção de mundo empírico. Portanto, em vez de negar o realismo, essa ontologia subentende um realismo empírico, baseado nas presumidas características dos objetos da experiência, constituído por eventos atomísticos e suas conjunções constantes. Como

---

uma definição geral de dialética como a teoria da experiência dos processos de estratificação e diferenciação dos fenômenos"; Roy Bhaskar, *From Science to Emancipation: Alienation and the Actuality of Enlightenment* (Londres, Sage, 2002), p. 56.

[22] Ilustra o abismo que separa essa concepção das ideias defendidas pelo relativismo contemporâneo a seguinte passagem de Rorty: "[um pragmático deve insistir] que só se pode comparar linguagens ou metáforas umas com as outras e não com alguma coisa, denominada 'fatos', que se situa para além da linguagem"; Richard Rorty, *Contingency, irony and solidarity*, cit., p. 20. Como se pode constatar, Rorty ignora o fundamento básico de toda operação de identidade e diferença, a saber, coisas (distintas) só podem ser iguais ou diferentes com respeito a uma terceira, seja esta uma qualidade, atributo, propriedade etc. Em consequência, teorias ou ideias sobre alguma coisa só podem ser diferentes, ou melhor, comparáveis, por referência à própria coisa, que, embora sempre apreendida por ideias, existe independente delas. Para uma crítica semelhante, ver John R. Searle, *Mind, Language and Society: Philosophy in the Real World* (Nova York, Basic, 1998 [ed. bras.: *Mente, linguagem e sociedade: filosofia no mundo real*, trad. F. Rangel, Rio de Janeiro, Rocco, 2000].

[23] Na verdade, para ser coerente com as ideias defendidas aqui e pelo próprio Bhaskar, seria necessário estender essa afirmação a toda práxis humana, da qual se poderia dizer também que tem "horror ao vácuo ontológico". Embora a discussão focalize de fato as concepções filosóficas que sustentam, explícita ou implicitamente, a prática teórica da atualidade, é importante sublinhar que as representações ontológicas, não importa se seu componente principal são as ideias da vida cotidiana, a fé religiosa, a ciência etc., não são um elemento opcional da prática humano-social; ver o capítulo 3 de György Lukács, *Para uma ontologia do ser social II* (trad. Nélio Schneider, São Paulo, Boitempo, 2013).

Antirrealismo e absolutas crenças relativas / 81

toda teoria do conhecimento tem de pressupor uma concepção (ontologia) de como deve ser o objeto (o mundo) para que ele possa ser objeto do conhecimento, a teoria do conhecimento de Hume, segundo a qual nosso conhecimento se reduz à apreensão de invariâncias empíricas dos fenômenos dados à experiência, só pode pressupor uma ontologia (um mundo) de fatos e objetos atômicos. Realismo que deriva diretamente do "dogma pós-humeano ou kantiano de que as proposições sobre o ser podem sempre ser analisadas em termos de proposições sobre nosso conhecimento do ser", denominado por Bhaskar falácia epistêmica[24].

Justamente por assimilarem acriticamente essa ontologia, explica Bhaskar, os filósofos da ciência limitam-se a indagar se nosso conhecimento se esgota em tais eventos atomísticos e suas conjunções constantes, ou se envolve também algum componente extra, *a priori* ou teórico. Jamais questionam se nossa experiência sensorial pode constituir o mundo. O que equivale a dizer que, a partir de Hume, os filósofos, com a finalidade de evitar a ontologia, consentiram, voluntária ou involuntariamente, que um conceito particular de nosso conhecimento da realidade "informasse e definisse seu conceito da realidade conhecida pela ciência, a saber, a noção de mundo empírico"[25]. Dessa maneira, produz-se um resultado inusitado: uma ontologia que colapsa o mundo nos sentidos dos sujeitos, herdada e incorporada pelas correntes irrealistas, passa por embargo à ontologia. Consequentemente, o discurso dos filósofos irrealistas carrega de forma velada um *realismo inefável*, que, sublinha Bhaskar, curiosamente "ecoa a proposição final do *Tractatus* de Wittgenstein – 'sobre o que não podemos falar devemos nos calar'": um realismo que admite a existência do mundo "*out there*" [lá fora], mas veta por princípio a sua investigação"[26]. Em síntese, como as filosofias irrealistas secretam tacitamente a ontologia que sua epistemologia pressupõe, a alternativa realismo ou não realismo é uma falsa alternativa: pode-se ser "um realista crítico, ou um realista empírico, conceitual, intuitivista, voluntarista (nietzschiano) [...] O ceticismo ou agnosticismo sobre o realismo ou a professada neutralidade entre realismo e idealismo sempre pressupõe alguma solução, uma função realista de algum tipo"[27].

O fato de que o realismo, não sendo opcional, venha dissimulado como denegação da ontologia faz toda a diferença, porque uma determinada forma de conceber o mundo – realismo empírico – simula o oposto, aparenta neutralidade ontológica, e, nessa fictícia recusa a falar do mundo como ele é, toma-o tal como ele se

---

[24] Roy Bhaskar, *Plato Etc.: The Problems of Philosophy and Their Resolution* (Nova York, Verso, 1994), p. 47.

[25] Idem, *A Realist Theory of Science* (Londres, Verso, 1975), p. 41.

[26] Idem, *Plato Etc*, cit., p. 48.

[27] Idem.

82 / Teoria social, verdade e transformação

apresenta de imediato, atitude que contorna a "contingência das questões existenciais" e reforça dogmaticamente o "*status quo* conceitual, epistêmico e social"[28].

Essa realimentação recíproca de denegação fictícia da ontologia e defesa dogmática do *status quo* (teórico, social) talvez nunca tenha operado de maneira tão clara como na atualidade. De fato, há hoje, a despeito da propalada opinião de que o conhecimento objetivo e a verdade são uma ilusão, uma certeza tão definitiva de que o capitalismo é a última forma de sociedade que, como sugeriu Slavoj Žižek, "nos parece muito mais fácil imaginar o fim do mundo do que uma pequena mudança no sistema político. A vida na terra possivelmente vai acabar, mas o capitalismo de algum modo continuará"[29]. Essa imagem captura com rara acuidade um dos aspectos mais curiosos e paradoxais da atmosfera teórica e cultural das últimas décadas. Hoje, ao mesmo tempo que se afirma o caráter anistórico e, portanto, absoluto da ordem do capital, defende-se o caráter contextual e, portanto, totalmente relativo de todo conhecimento. Essa incongruente conjugação de convicção e ceticismo, de negação da ontologia em geral e afirmação de uma ontologia específica, decerto expressa o domínio de um sistema social objetivo de cuja lógica aparentemente não podemos escapar.

O comentário de Žižek acima citado veio a propósito do esvaziamento da vida social contemporânea. Até os anos 1970, diz ele, havia debates sobre como seria o futuro – socialismo, comunismo, capitalismo liberal, capitalismo burocrático totalitário etc. Desde então, desvaneceu por completo a crença de que a "humanidade, como sujeito coletivo, pode intervir ativamente e de algum modo dirigir o desenvolvimento social"[30]. Essa incredulidade diagnosticada por Žižek está claramente associada à ideia de que a humanidade, como sujeito coletivo, não tem nem pode ter qualquer papel consciente na construção de seu futuro, ou seja, a uma ontologia específica da sociedade que, se não suprime de todo a reflexibilidade do pensamento, a encerra no perímetro do tempo presente.

Em artigo recente sobre a importância ou não da teoria na prática política, Perry Anderson analisa em termos similares o poder paralisante dessa ideia. O artigo apresenta uma sumária descrição dos sistemas de crenças universais da história da humanidade. Dentre eles, destaca o cristianismo, o islamismo, o liberalismo, o marxismo. Pano de fundo histórico de que se vale para defender a tese de que nunca, na história, houve sistema de crenças mais universalizado do que o liberalismo

---

[28] Ibidem, p. 50.

[29] Conferência de Slavoj Žižek em Nova York, algumas passagens da qual são reproduzidas em Rebecca Mead, "The Marx Brother: How a Philosopher from Slovenia Became an International Star", *The New Yorker*, 5 maio 2003, disponível em: <http://www.lacan.com/ziny.htm>, acesso em: 10 fev. 2023.

[30] Idem.

contemporâneo. Intensiva e extensivamente, segundo ele, tal sistema de crenças difunde-se, a partir das solitárias formulações de Hayek, por meio das "bandas largas" monopolizadas da mídia e da academia, entranhando-se em todos os momentos da vida, das formas de pensar rotinizadas do cotidiano até as sofisticadas elaborações teóricas, filosóficas e políticas. De modo que, sugere ele, o mundo contemporâneo é significado com quase total exclusividade por esse sistema de crenças. A implicação desse monopólio é óbvia: o que é desejável e possível na e para a sociedade só pode ser "realisticamente" formulado, ou mesmo concebido, se estiver conforme o sistema de crenças dominante. Claro que se trata, nesse caso, da mais extensa e asfixiante redução do mundo social objetivo, com sua historicidade e, por isso, com seu futuro aberto, à sua forma atual, historicamente específica[31].

O monopólio do sistema de crenças, por sua vez, é a expressão do caráter monopólico de relações sociais reais que aparentemente estão livres, senão de conflitos, ao menos de qualquer contestação capaz de transformá-las. Tamanho é o predomínio, comenta Anderson,

> que pela primeira vez na história o capitalismo se proclama como tal, como uma ideologia que anuncia a chegada de um ponto final no desenvolvimento social, com a construção de uma ordem ideal baseada no mercado, para além da qual nenhum aperfeiçoamento substancial pode ser imaginado. Essa é a mensagem central do neoliberalismo [...].[32]

Trata-se, decerto, de um predomínio inusitado. Não só porque, por si só, envolve o absurdo de abolir a história, mas porque é um sistema de crenças que significa um mundo cujo significado se apresenta cada vez mais absurdo e atemorizante. Um mundo sem possibilidades, sem futuro, tão sem futuro que erodiu quase por completo a própria teodiceia do crescimento do capital e seus ideólogos. Daí a compreensível associação que tal predomínio estabelece entre ceticismo, conformismo e hiperindividualismo. O sistema de crenças, ao representar um mundo social sem sentido social, exacerba tais atitudes e reforça subjetivamente, pelas atitudes pessoais que alimenta, o caráter cada vez mais antissocial dessa forma de organização da vida social.

Vistas sob essa ótica, as concepções acima criticadas são suscitadas pela e necessárias à configuração do capitalismo contemporâneo. Ao subentenderem que o conflito de ideias não se resolve no plano empírico, mas no terreno ontológico, ao insinuarem que o conflito de crenças é conflito de ontologias, de descrições de

---

[31] Perry Anderson, "Ideias e ação política na mudança histórica", *Margem Esquerda*, São Paulo, Boitempo, n. 1, 2003.
[32] Ibidem, p. 87.

84 / Teoria social, verdade e transformação

mundo, mas ao refutarem a possibilidade de conhecimento objetivo, produzem um efeito ideológico precioso para a ordem do capital, pois desabilitam a crítica ontológica e, em consequência, desmoralizam a ideia de que é possível conceber outro mundo e lutar por sua realização. Para a continuada reprodução de um mundo sem sentido social, é necessário que os sujeitos que o reproduzem com suas práticas (e ideias) se convençam da impossibilidade de transformá-lo. Nesse sentido, o relativismo ontológico vem a calhar, pois nos proíbe de pensar em possibilidades objetivas de transformar o mundo: primeiro, porque sustenta que toda ontologia é apenas um "construto subjetivo", desprovido de objetividade; segundo, porque conclui por dedução que falta às ontologias comprometidas com qualquer tipo de transformação substantiva do mundo tal como ele existe aquele "saudável senso de realidade"[33]. Em suma, são impraticáveis, inúteis.

Ademais, como a prática humana, como vimos, não pode operar num vazio de sentido, o relativismo ontológico é providencial também sob esse aspecto. Isso porque simula prover tal sentido ao converter a impossibilidade de transformar um mundo crescentemente sem sentido, de diferenças infames e misérias indescritíveis em meio à ostentação ultrajante, em sentidos "locais", circunscritos, "possíveis", permitindo assim canalizar e dissipar as energias sociais no suposto aperfeiçoamento sem fim do existente. Nesse particular, aliás, não há diferença substantiva entre a tradição positivista e seus oponentes relativistas, pois a atitude de ambos diante da realidade é basicamente a mesma: aceitação incondicional do existente ("positivo"), que nada mais é que o reverso da interdição (verbal) à metafísica (ontologia). A funcionalidade dessa interdição nesses nossos tempos sem futuro é ilustrada por Aijaz Ahmad:

> A derrota de todas as forças que Hobsbawm [...] chama de "Iluminismo de esquerda" – comunismo, socialismo, movimentos de libertação nacional, os setores radicais da social-democracia – levou a uma completa crise ideológica em todo o mundo. Raça, religião e etnicidade – reembaladas exatamente como outras tantas "identidades" – estão agora onde costumava estar a luta de classes, e a política da Diferença infinita nasceu sobre as ruínas da política da Igualdade. O pós-modernismo está repleto de temáticas extraídas do irracionalismo europeu e de nostalgia do pré-moderno. Na verdade, essa ideia do pré-moderno como a solução pós-moderna para os problemas da modernidade é até mesmo mais disseminada, e com consequências muito mais mortíferas, nas periferias do sistema capitalista, seja como as ideologias da extrema direita hindu na Índia, ou o variado fundamentalismo dos mulás islâmicos, ou as ideologias milenaristas daqueles

---

[33] Para uma crítica da variante neopragmática (rortyana) dessa concepção, ver Mario Duayer e Maria Célia M. de Moraes, "Neopragmatismo", cit.

que o 11 de Setembro nos trouxe. O terrorismo está agora onde costumava estar a libertação nacional, e os EUA caçam hoje esse punhado de terroristas de maneira tão perseverante e global como costumavam caçar grupos de revolucionários não muito tempo atrás. E não se trata mais de um problema das periferias. Os próprios EUA estão hoje sob o domínio de uma combinação peculiar, de tipo junta governativa, de fundamentalistas cristãos, sionistas e neoconservadores e militaristas de extrema direita.[34]

Ainda que focalize exclusivamente o pós-modernismo, a crítica de Ahmad permite entender como o relativismo ontológico constitui um recurso de enorme conveniência ao capitalismo, com sua ênfase na diferença, na identidade e no pluralismo[35]. O capital pode tolerar todos os particularismos, todas as diferenças, mas promove objetivamente sua dissolução; só não admite a abolição da diferença que infla as particularidades: a diferença de classe, universal da sociedade do capital. Mas esse universal que o capital, por sua própria natureza, não pode abolir, é precisamente aquele que, apesar da dureza de sua realidade, o relativismo ontológico proíbe tematizar e, por conseguinte, abolir. Ao assumir, paradoxalmente, o capital (o positivo) como seu absoluto, o relativismo só pode promover aquilo que Ahmad chama de "política da Diferença infinita".

Naturalmente, muitos se manifestam contra a interdição ao futuro e a perenização das relações capitalistas, e o fazem em diferentes planos, práticos, políticos e teóricos. Entretanto, poucos sublinham, como Anderson, a necessidade de reconstruir um sistema de crenças capaz de articular de maneira sistemática "a resistência e a dissidência" contra o sistema de crenças predominante – e contra as relações reais que o necessitam e geram. Essa reconstrução, ou "reinvenção das ideias de esquerda", adverte o autor, implica uma "análise cáustica, irredutível e até brutal do mundo tal como é"[36]. Todavia, a análise cáustica não pode se efetuar numa atmos-

---

[34] Aijaz Ahmad, "Imperialism of Our Time", em Leo Panitch e Colin Leys (orgs.), *The New Imperial Challenge* (Londres, Merlin, 2003), p. 47.

[35] Se o limite da política da Diferença infinita é o singular, e assim mesmo como coexistência evanescente e instável de diferenças, compreende-se que a insegurança provocada pela subtração de direitos (saúde, educação, seguro-desemprego etc.) necessária à construção do Estado mínimo seja apresentada, segundo Žižek, como liberdade de escolher, como estímulo à permanente reinvenção de si pelos indivíduos. E o indivíduo, caso essa circunstância lhe cause ansiedade, será acusado pelo ideólogo pós-moderno de ser incapaz de "assumir a liberdade plena, de 'fugir da liberdade', de apego imaturo a formas estáveis antigas… Melhor ainda, quando isso está inscrito na ideologia do sujeito como indivíduo psicológico pleno de habilidades e tendências naturais, nesse caso eu automaticamente interpreto todas essas mudanças como se fossem resultados da minha personalidade, e não do fato de que fui descartado pelas forças de mercado"; Slavoj Žižek, "Can Lenin Tell us About Freedom Today?", *Rethinking Marxism*, v. 13, n. 2, 2001, disponível em: <www.lacan.com/freedom.htm>, acesso em: 9 fev. 2023.

[36] Perry Anderson, "Ideias e ação política na mudança histórica", cit., p. 92.

fera espiritual dominada pelo relativismo ontológico, em que a crítica é reduzida a um exercício inócuo, no melhor dos casos, já que por definição as crenças hegemônicas são as mais adequadas para a "forma de vida" do capital, não sendo possível, por isso, ultrapassar as fronteiras do inteligível e do aceitável desenhadas por elas.

A impossibilidade de uma crítica efetiva se manifesta, do lado da prática, como total esvaziamento. Talvez por isso Žižek sugere que hoje se experimenta a tentação de inverter a Tese 11 sobre Feuerbach (Marx). De fato, se todas as tentativas para mudar as coisas se mostram inúteis, parece que a primeira tarefa é "não sucumbir à tentação de agir". Se todo apelo à ação se resolve numa ação no *interior* das coordenadas ideológicas hegemônicas, posto que nenhuma ação "pode se realizar num espaço vazio" de relações objetivamente existentes nem, como se viu, num vazio de significação, a primeira tarefa é precisamente criticar as coordenadas ideológicas hegemônicas[37]. Caso contrário, o que se tem são atividades

> como Médicos sem Fronteira, Greenpeace, campanhas feministas e antirracistas, que são não só toleradas como até mesmo apoiadas pela mídia, mesmo quando entram no território econômico (digamos, denunciando e boicotando companhias que não respeitam a ecologia ou que empregam trabalho infantil). Elas são toleradas desde que não cheguem muito perto de um certo limite. Esse tipo de atividade fornece um exemplo perfeito de interpassividade: de fazer coisas não para conseguir alguma coisa, mas para *impedir* que alguma coisa realmente aconteça, realmente mude. Toda a frenética atividade humanitária, politicamente correta etc., se ajusta à fórmula "vamos continuar mudando alguma coisa o tempo todo de modo que, globalmente, as coisas continuem as mesmas"![38]

O artigo tentou sustentar que toda práxis social tem por pressuposto uma ontologia. É essa ontologia que, consciente ou inconscientemente, chancela e pressupõe um horizonte de inteligibilidade, licitamente apreensível, um horizonte de práticas legítimas e plenamente justificadas. No mundo de hoje, com uma ordem societária que engloba todos os aspectos da vida em todos os cantos do planeta – o mundo

---

[37] Slavoj Žižek, "Lenin's Choice", em *Repeating Lenin* (Zagreb, Arkzin, 2002); capítulo disponível em: <www.marxists.org/reference/subject/philosophy/works/ot/zizek1.htm>, acesso em: 9 fev. 2023.

[38] Idem. Na análise de Paulo Arantes, esse humanitarismo frenético mobiliza até mesmo as grandes empresas, que supostamente aspiraram à "zona sideral da total abnegação"; Paulo E. Arantes, *Zero à esquerda* (São Paulo, Conrad, 2004), p. 174. Descontadas as boas almas que acreditam piamente na filantropia e com ela se autopurificam, sublinha que o "sopão do terceiro setor [ONGs] é engrossado por patronesses ao lado de cooperativas de fachada, banqueiros-cidadãos, corretores de inclusão social e por aí afora, nessa nova fronteira de negócios"; Paulo E. Arantes, "País terceirizou flagelo social, diz filósofo", *Folha de S.Paulo*, 18 jul. 2004, disponível em: <https://www1.folha.uol.com.br/fsp/brasil/fc1807200430.htm>, acesso em: 9 fev. 2023.

da vitória do capital –, esse horizonte se apresenta como infinito e, portanto, não como horizonte ou limite atingível e ultrapassável. Enfim, um mundo que engloba todo o espaço, eliminando-o, mas também o tempo, suprimindo-o. Com o realismo empírico que subentende, o relativismo ontológico, sob a sedutora aparência ora da falsa modéstia da subjetividade que abdica de conhecer a "coisa-em-si", ora da falsa altivez da subjetividade que não se subjuga à objetividade, é a ontologia desse mundo intransponível. É a ontologia que sustenta o sistema de crenças neoliberal (Anderson) ou as coordenadas ideológicas hegemônicas (Žižek).

Tal ontologia, contra a "grande narrativa" marxiana, resolve-se, portanto, numa metafísica do existente. Não porque denega o agir do sujeito, mas porque o circunscreve à administração do existente. Qualquer outra atitude, decretam as concepções fundadas nessa ontologia, incorre no erro metafísico, isto é, pretender descortinar na própria história forças objetivas, tendências etc., que levam ao futuro. Com essa interdição, suprimem a própria reflexibilidade do pensamento. Equivalem, no fundo, a equiparar a autoconsciência da humanidade no século XXI d.C. à do século XXI a.C. Bem entendidas, subentendem que, a despeito de nossa experiência com nossa própria história, temos de nos relacionar com ela da mesma maneira que as primeiras formas societárias se relacionavam com sua não história. Ao desabilitarem assim a reflexibilidade da autoconsciência da humanidade, dão amparo teórico ao conformismo e à apatia, em uma ponta, e à manipulação e ao cinismo, na outra.

Se essa ontologia conforma as "coordenadas ideológicas hegemônicas" ou o "sistema de crenças dominante", sua crítica, teórica e prática, só pode ser efetiva com base na reconstrução de uma ontologia realista, uma ontologia crítica, que, restituindo o papel da subjetividade na vida social, abre a história para os sujeitos.

REFERÊNCIAS BIBLIOGRÁFICAS

AHMAD, Aijaz. Imperialism of Our Time. In: PANITCH, Leo; LEYS, Colin (orgs.). *The New Imperial Challenge*. Londres, Merlin, 2003.

ANDERSON, Perry. Ideias e ação política na mudança histórica. *Margem Esquerda*, São Paulo, Boitempo, n. 1, 2003.

ANDERSON, Perry. *The Origins of Postmodernity*. Londres, Verso, 1998 [ed. bras.: *As origens da pós-modernidade*. Trad. Marcus Penchel, Rio de Janeiro, Zahar, 1999].

ARANTES, Paulo E. País terceirizou flagelo social, diz filósofo. *Folha de S.Paulo*, 18 jul. 2004. Disponível em: <https://www1.folha.uol.com.br/fsp/brasil/fc1807200430.htm>. Acesso em: 9 fev. 2023.

_____. *Zero à esquerda*. São Paulo, Conrad, 2004.

BHASKAR, Roy. *A Realist Theory of Science*. Londres, Verso, 1975.

_____. *From Science to Emancipation:* Alienation and the Actuality of Enlightenment. Londres, Sage, 2002.

88 / Teoria social, verdade e transformação

_____. *Plato Etc.:* The Problems of Philosophy and Their Resolution. Nova York, Verso, 1994.

_____. *Reclaiming Reality:* A Critical Introduction to Contemporary Philosophy. Londres, Verso, 1989.

_____. *Scientific Realism and Human Emancipation.* Londres, Verso, 1986.

_____. Societies. In: ARCHER, Margaret et al. *Critical Realism:* Essential Readings. Londres, Routledge, 1998.

_____. *The Philosophy and the Idea of Freedom.* Oxford, Blackwell, 1991.

_____. *The Possibility of Naturalism:* A Philosophical Critique of the Contemporary Human Sciences. Brighton, The Harvester Press, 1979.

CALLINICOS, Alex. *Against Postmodernism.* Nova York, Saint Martin's, 1989.

DUAYER, Mario; MORAES, Maria Célia M. de. Neopragmatismo: a história como contingência absoluta, neste livro, p. 49-68.

_____ et al. A miséria do instrumentalismo na tradição neoclássica. *Estudos Econômicos*, v. 31, n. 4, 2001, p. 723-83.

EAGLETON, Terry. *The Illusions of Postmodernity.* Oxford, Blackwell, 1996.

KOŁAKOWSKI, Leszek. *La filosofía positivista:* ciência y filosofía. Madri, Cátedra, 1988.

LUKÁCS, György. *Para uma ontologia do ser social I.* Trad. Carlos Nelson Coutinho, Mario Duayer e Nélio Schneider, São Paulo, Boitempo, 2012.

_____. *Para uma ontologia do ser social II.* Trad. Nélio Schneider, São Paulo, Boitempo, 2013.

MARX, Karl. *Grundrisse:* manuscritos econômicos de 1857-1858: esboços da crítica da economia política. Trad. Mario Duayer e Nélio Schneider, São Paulo/Rio de Janeiro, Boitempo/Ed. UFRJ, 2011.

_____. *O capital:* crítica da economia política, Livro I: *O processo de produção do capital.* Trad. Rubens Enderle, São Paulo, Boitempo, 2013.

_____; ENGELS, Friedrich. *Manifesto Comunista.* Trad. Álvaro Pina e Ivana Jinkings, São Paulo, Boitempo, 2010.

MEAD, Rebecca. The Marx Brother: How a Philosopher from Slovenia Became an International Star, *The New Yorker*, 5 maio 2003. Disponível em: <http://www.lacan.com/ziny.htm>. Acesso em: 10 fev. 2023.

NORRIS, Christopher. *Against Relativism*: Philosophy of Science, Deconstruction and Critical Theory. Oxford, Blackwell, 1997.

_____. *The Truth About Postmodernism.* Oxford, Blackwell, 1993.

RORTY, Richard. *Contingency, Irony and Solidarity.* Cambridge, Cambridge University Press, 1992 [ed. bras.: *Contingência, ironia e solidariedade.* Trad. Vera Ribeiro, São Paulo, Martins Fontes, 2007].

SEARLE, John R. *Mind, Language and Society:* Philosophy in the Real World. Nova York, Basic, 1998 [ed. bras.: *Mente, linguagem e sociedade:* filosofia no mundo real. Trad. F. Rangel, Rio de Janeiro, Rocco, 2000].

THOMPSON, Edward Palmer. An Open Letter to Leszek Kolakowski. In: _____. *The Poverty of Theory and Other Essays.* Londres, Merlin Press, 1978.

ŽIŽEK, Slavoj. Can Lenin Tell us About Freedom Today? *Rethinking Marxism*, v. 13, n. 2, 2001. Disponível em: <www.lacan.com/freedom.htm>. Acesso em: 9 fev. 2023.

_____. Lenin's Choice. In: _____. *Repeating Lenin.* Zagreb, Arkzin, 2002. Capítulo disponível em: <www.marxists.org/reference/subject/philosophy/works/ot/zizek1.htm>. Acesso em: 9 fev. 2023.

4
RELATIVISMO, CERTEZA E CONFORMISMO: PARA UMA CRÍTICA DAS FILOSOFIAS DA PERENIDADE DO CAPITAL*

> Hoje, do mesmo modo que criamos constelações
> Ao escolher algumas estrelas, e não outras,
> E pô-las juntas,
> Também criamos estrelas ao desenhar
> Certas fronteiras em vez de outras.
>
> Nelson Goodman

INTRODUÇÃO

Hoje em dia, do ponto de vista das concepções que orientam as práticas teóricas, políticas, sociais etc., vivemos em uma atmosfera realmente curiosa, para não dizer absurda: uma combinação de relativismo e absolutismo, ou, caso se queira, de ceticismo e certeza. A lógica desse *milieu* [ambiente] intelectual pode ser assim resumida: somos capazes de compreender a historicidade de todos os domínios da realidade – não só a historicidade do universo desde o *Big Bang*, mas também, em seu interior, a historicidade do mundo orgânico, com sua multiplicidade de espécies em permanente transformação. E, no interior dessas duas historicidades, somos capazes, até certo ponto, de entender a nossa própria historicidade, a historicidade do ser social, da sociedade. Mas só até certo ponto, porque embora ninguém esteja disposto a negar que a sociedade atual, capitalista, é uma forma social que deveio, agimos e pensamos como se o capitalismo – isso que deveio e, portanto, é histórico – tivesse abolido a própria historicidade no ato de sua instauração. O teórico esloveno Slavoj Žižek captura com perspicácia e ironia essa atitude, assinalando que "a nós nos parece muito mais fácil imaginar o fim do mundo do que uma pequena mudança no sistema político. A vida na terra possivelmente vai acabar, mas o capitalismo de algum modo continuará"[1].

---

* Uma versão deste texto foi publicada pela primeira vez, com o mesmo título, em *Revista Sociedade Brasileira de Economia Política*, n. 27, out. 2010, p. 58-83. (N. E.)

[1] Citado em Rebecca Mead, "The Marx Brother: How a Philosopher from Slovenia Became an International Star", *The New Yorker*, 5 maio 2003, disponível em: <http://www.lacan.com/ziny.htm>, acesso em: 10 fev. 2023.

90 / Teoria social, verdade e transformação

Certamente tais atitudes têm de encontrar sua explicação na própria ordem social em que emergem e à qual pertencem como ideias que necessariamente informam as ações dos sujeitos, uma vez que, de maneira mais ou menos mediada, integram o sistema de crenças que significam para eles o mundo. Todavia, nas considerações que se seguem não trato diretamente dessas determinações sociais das formas de pensamento, das formações ideais. Em lugar disso, procuro mostrar como essas noções, em geral qualificadas como relativistas, irrealistas ou idealistas – e que envolvem algum tipo de irracionalismo –, encontram suporte e, sem dúvida, estímulo em certos desenvolvimentos na filosofia da ciência. Com essa ênfase, não pretendo sugerir que o relativismo se circunscreve à ciência e, portanto, deve ser criticado, se for o caso, exclusivamente no âmbito da filosofia da ciência. Pois, como se salientou antes – e se experimenta no dia a dia de todas as esferas da vida social –, constituindo a atmosfera espiritual contemporânea, o relativismo está inegavelmente presente na cultura, na ética, na política, na arte, no pensamento cotidiano etc. A ênfase na filosofia da ciência e, por extensão, na ciência, decorre pura e simplesmente da prerrogativa do pensamento científico na sociedade moderna. Se a filosofia da ciência hegemônica declara o conhecimento científico inteiramente relativo, conhecimento esse cujo indisputável prestígio social está radicado em sua presumida objetividade (como quer que esta seja entendida), não é possível ignorar a influência desse juízo sobre as demais formas de pensamento. Nessas circunstâncias, não se pode mais fazer ciência, falar de ciência ou de conhecimento científico sem indagar o estatuto daquilo que se faz ou sobre o que se fala.

CIÊNCIA E EXPLICAÇÃO CIENTÍFICA NA TRADIÇÃO POSITIVISTA

As filosofias da ciência relativistas atuais podem ser qualificadas de pós-positivistas, designação que subentende sua origem em uma crítica ao positivismo. Por conseguinte, para entendê-las é preciso oferecer uma descrição, por sumária que seja, daquilo que se propõem a criticar. Creio que uma apresentação sintética das concepções de ciência e de explicação científica da tradição positivista pode se circunscrever, em vista dos propósitos deste artigo, ao seu último avatar – o positivismo lógico. Adotando o ponto programático central da tradição positivista, a saber, a depuração de toda metafísica do discurso científico, o positivismo lógico pode ser visto como a cristalização teórica definitiva, acabada, daquela tradição, resultante de um longo processo de elaboração[2].

---

[2] Uma análise mais detalhada do positivismo lógico e da crítica à tradição positivista, desenvolvida por Kuhn, Lakatos, Feyerabend, entre outros, pode ser encontrada em Frederick Suppe, "Afterword", em *The Structure of Scientific Theories* (Chicago, University of Illinois Press, 1977),

Naturalmente, o positivismo lógico parte da epistemologia (ou gnosiologia ou teoria do conhecimento) empirista distintiva da tradição positivista, segundo a qual todo conhecimento deriva da experiência sensorial e é explicado e justificado com base nela. Se conhecimento (ou conceitos) é generalização de algum modo radicada no mundo tal como apanhado por nossos sentidos, munida dessa gnosiologia, a tradição positivista pretendia funcionar como uma espécie de supervisora da mente em seus processos de generalização científicos, coibindo especulações metafísicas e, portanto, mantendo seguros os liames da mente com a objetividade, compreendida aqui, para enfatizar, como a realidade servida pelos sentidos.

O positivismo lógico pretendeu desempenhar essa função normativa postulando uma estrutura geral do discurso científico, que, presumidamente, ele conseguira isolar pelo exame das ciências naturais paradigmáticas, em particular, da física. Segundo essa prescrição, todo discurso científico apresenta ou deve apresentar uma estrutura hipotético-dedutiva, também conhecida como modelo H-D do discurso científico. Dito em poucas palavras, o H-D define que toda teoria consiste em um cálculo axiomático-dedutivo. O que equivale a dizer que, sob essa ótica, uma teoria nada mais é do que um conjunto de axiomas, incluindo ao menos uma lei geral, igualmente axiomática, conjunto do qual é deduzida uma série de proposições sobre fenômenos observáveis. Não é difícil perceber que essa concepção de teoria e explicação científica já vem equipada com o próprio critério de justificação. De fato, sendo estruturas axiomático-dedutivas que se desdobram em sentenças observacionais – provendo, assim, descrições de algum setor da realidade –, as teorias são justificadas por sua corroboração pela evidência observacional. Mediante tal expediente, o positivismo lógico imaginava assegurar que o conhecimento científico consiste de conhecimento que tem origem e se justifica na experiência sensorial. Imaginava que, observadas suas prescrições normativas, o pensamento não descarrilaria em especulações metafísicas, divulgando *news from nowhere* [notícias vindas de lugar nenhum], para expressá-lo em jargão neopositivista. Ao contrário, estaria sempre e seguramente apoiado na factualidade do mundo, isto é, nos dados empíricos, na experiência sensorial.

Nesse particular, entretanto, é preciso fazer justiça à tradição positivista: seus próprios teóricos se deram conta das aporias de tal construção. Abstraindo os intratáveis problemas referentes aos critérios de verificação, confirmação e falsificação da

---

p. 617-30. Para uma apresentação mais vinculada à economia, ver Bruce Caldwell, *Beyond Positivism: Economic Methodology in the Twentieth Century* (Londres, Allen & Unwin, 1982). Para uma exposição crítica mais extensa, ver Mario Duayer, João Leonardo Medeiros e Juan Pablo Painceira, "A miséria do instrumentalismo na tradição neoclássica", *Estudos Econômicos*, v. 31, n. 4, 2001, p. 723-83.

92 / Teoria social, verdade e transformação

teoria pela evidência observacional, para mencionar apenas um muito mais fundamental, deve-se notar a circularidade envolvida na noção de experiência sensorial,
que, embora subentenda um acesso direto, não mediado, à realidade e, portanto,
um empirismo ingênuo, está em flagrante contradição com a própria estrutura
hipotético-dedutiva do H-D. De fato, se as teorias são estruturas axiomáticas, ou
seja, são formuladas a partir de premissas extraídas do repertório cognitivo (teórico
ou não) de uma época, sociedade, comunidade interpretativa etc. cuja procedência
não se investiga, posto que são tidas como autoevidentes, não há como assegurar
seu vínculo imediato (não mediado) à experiência sensorial, ao empírico. Sucede
precisamente o oposto, a saber, a experiência sensorial está predicada à estrutura
conceitual da teoria. Dito de outro modo: em lugar de os sentidos fornecerem
o *input* empírico a partir do qual a teoria é construída, é a teoria que determina o
"empírico" dos sentidos. E se as coisas funcionam dessa maneira com respeito ao
momento fundante da teoria, o mesmo se passa em seu momento de justificação,
pois a evidência observacional convocada a validar a teoria é recolhida na região
empírica traçada pela própria teoria[3].

Repleto de inconsistências dessa natureza, o positivismo lógico não pôde resistir
ao assalto dos críticos. De todo modo, antes de passar aos últimos, é absolutamente
crucial ter presente que o positivismo lógico, embora insinuasse de maneira vaga e
ambígua o enraizamento das teorias na empiria, na verdade implicava precisamente o oposto. De fato, teoria, no positivismo lógico – isto é, a noção de teoria como
cálculo axiomático-dedutivo –, em lugar de ser expressão generalizante das impressões que o mundo deixa em nossos sentidos, é na verdade uma *interpretação* do
mundo. O modelo H-D nada mais significa que a ideia de que teorias são ficções
sobre o mundo (ou de um setor dele) elaboradas por comunidades interpretativas
específicas – isto é, de cientistas. Da totalidade das crenças compartilhadas sobre
o mundo, os participantes dessas comunidades interpretativas extraem os axiomas
que servem de elementos estruturais da teoria, que é então tecida por sucessivos
processos dedutivos. O conjunto das sentenças assim articuladas plasma a teoria,
que constitui, por conseguinte, uma totalidade interpretativa. Vale dizer, em lugar
de os fenômenos captados pelos sentidos se converterem naturalisticamente em
teoria por uma espécie de processo mecânico, é a teoria que confere sentido aos
fenômenos apreendidos pelo aparato sensorial. Teoria, enfim, é uma novela, um
romance sobre os fenômenos e suas relações, que, fora do sentido provido pela teoria, seriam ininteligíveis, da mesma maneira que um conjunto de pessoas flagradas
casualmente em uma rua qualquer não pode constituir um episódio de uma trama.

---

[3] Sobre a ambiguidade do uso da evidência observacional na filosofia da ciência, ver Roy Bhaskar,
Scientific Realism and Human Emancipation (Londres, Verso, 1986), cap. 4.

Assim como os romances e as novelas, portanto, a teoria tem de ter alguma plausibilidade. Tem de demonstrar que a história que conta sobre os fenômenos é verossímil. E não chega a ser surpresa o fato de que a teoria, tal como concebida pelo positivismo lógico, pode se autovalidar. Por um lado, é construída com tal propósito; por outro – e por essa razão –, traz consigo o próprio critério de validação, como se sublinhou acima. Em conformidade com a epistemologia empirista do positivismo lógico, para a qual conhecimento válido é conhecimento baseado na experiência sensorial, a teoria, que supostamente partiu dos dados empíricos, tem de se justificar com base nos mesmos dados empíricos.

Compreendida dessa forma, portanto, a atividade da ciência resume-se à construção de sistemas teóricos que buscam capturar relações estáveis entre fenômenos de interesse. Como a estabilidade relacional dos fenômenos pressupõe estruturas fechadas – caso contrário, a estabilidade não se verificaria –, segue-se que as teorias científicas descrevem o mundo como um sistema fechado. Em uma palavra, um mundo sempre o mesmo, sem alterações, onde nada de fundamentalmente novo pode ocorrer. Desse modo – sendo a busca de relações estáveis a finalidade exclusiva da ciência –, é um truísmo afirmar que teoria bem-sucedida é teoria corroborada pela evidência observacional. Ou seja, enquanto os fenômenos apresentarem a regularidade postulada pela teoria, a teoria funciona e é válida. Todo esse aparato teórico serve para o trivial propósito de justificar a ideia de que as teorias científicas nada mais fazem do que expressar regularidades empíricas (entre fenômenos) e que, nessa medida, são socialmente úteis por sua capacidade preditiva. A sua função social se esgota em sua preditibilidade, pois quanto maior a sua capacidade preditiva, melhor uma teoria funciona como instrumento da manipulação (gerenciamento) dos fenômenos.

Com essa descrição sumária pode-se evidenciar agora de que consiste a operação ideológica da concepção de ciência e de explicação científica da tradição positivista. Mantendo a noção de que conhecimento válido é conhecimento fundado na e justificado pela experiência sensorial, mas ignorando-a totalmente a montante para considerá-la exclusivamente a jusante, ou seja, em seu momento "prático", o positivismo lógico apresenta a ciência como mero instrumento prático-operatório, cujo critério de justificação, exatamente por essa razão, só pode ser a eficácia instrumental (preditibilidade). Nessa descrição, a ciência, presumidamente livre de lixos metafísicos, expressa tão somente o mundo das regularidades empíricas – o único mundo que, de acordo com a tradição positivista, a ciência pode legitimamente considerar. A ciência estaria livre assim de qualquer tematização do ser (do mundo), em total conformidade, portanto, com a interdição positivista da metafísica (ontologia). O que equivale a dizer que, sob esse prisma, a ciência, como simples instrumento da prática, não integra o sistema de crenças por meio do qual os sujeitos significam o mundo – e necessariamente têm de fazê-lo. A ciência seria assim mero instrumento para práticas em um mundo significado em outras esferas.

Tal argumento é duplamente absurdo. Por um lado, pressupõe que a ciência, ao tomar seus axiomas do repertório cognitivo existente, não traz com eles nenhuma descrição do mundo, nenhuma ontologia. Como se tal base axiomática fosse axiologicamente neutra. Por outro, pressupõe que a teoria formulada a partir de tais axiomas não retorna ao mundo, significando-o agora com as credenciais da ciência; ou seja, presume que a forma de pensamento mais elaborada, sistemática etc., o pensamento científico, não tem qualquer papel nas representações que os sujeitos fazem do mundo, misteriosamente formadas em outras esferas.

A verdade, contudo, é bem outra, e muito simples, aliás. Sob o pretexto de interditar a ontologia (metafísica), o positivismo lógico (e a tradição positivista em geral) simplesmente está fundado em uma ontologia implícita. O mundo, nessa ontologia, é o mundo de regularidades empíricas apreendidas pelo sujeito, que, em face desse mundo totalmente subjetivado, colapsado em suas próprias percepções ou da comunidade de sujeitos constituindo a ciência, não pode senão se conformar a tais regularidades e, com o providencial auxílio instrumental da teoria, fazê-lo com eficácia. Em lugar de negação da ontologia, tem-se a geração de uma ontologia que, acrítica e inconscientemente, fundamenta uma determinada concepção de ciência e de explicação científica, e na qual os sujeitos não podem ter outra atitude a não ser de conformismo, ou seja, se ajustar ao existente.

É crucial perceber a operação ideológica – ideologia, aqui, positivamente entendida – implicada por esse esquema teórico. O seu apelo ao empírico, à experiência sensorial, à autoridade conferida aos nossos conhecimentos por nossa prática no mundo é decerto sedutor e convincente. Como mostrou Lukács, aquilo que, para um marxista, é um truísmo, ou seja, que a prática é o critério da teoria, converte-se em uma falácia reducionista, a saber, que o critério da teoria é a *prática imediata*[4]. A circularidade do procedimento consiste em reduzir o mundo ao mundo tal como percebido pelos sujeitos, ao mesmo tempo que subentende que se tem nesse caso duas coisas distintas, a saber, o mundo e os sujeitos com sua percepção, obliterando o fato evidente de que a percepção dos sujeitos do mundo imediatamente dado é percepção conformada no seu trato com o mundo e, em consequência, é pressuposto da prática imediata, e não percepção externa à prática, inata ou algo do gênero. Por conseguinte, *a certeza da prática imediata é comprada ao preço do ceticismo em relação a tudo que vai além de seu estreito horizonte*. Fica desvendado assim o

---

4   György Lukács, *Para uma ontologia do ser social I* (trad. Carlos Nelson Coutinho, Mario Duayer e Nélio Schneider, São Paulo, Boitempo, 2012), p. 56.

mistério da paradoxal combinação de certeza e ceticismo que marca o pensamento contemporâneo, como afirmado no início.

O RELATIVISMO PÓS-POSITIVISTA

Acredito que com essa caracterização das concepções de ciência e da explicação científica da tradição positivista, em particular do positivismo lógico, é possível tratar das correntes pós-positivistas hoje predominantes na filosofia da ciência. Pós-positivistas porque, como se disse anteriormente, emergiram da crítica ao positivismo. Todavia, pretendo sustentar que essas correntes, apesar da relevância de algumas de suas críticas, longe estão de representar uma crítica efetiva às posições identificadas como positivistas. Na verdade, como argumento em seguida, do ponto de vista substantivo mal se pode diferenciar a teoria crítica da teoria criticada. Para demonstrar isso, me concentrarei nos autores cujas obras são mais emblemáticas do pós-positivismo na filosofia da ciência: Kuhn e Lakatos. A sua influência se estende naturalmente para além da filosofia da ciência. Por muito distante que estejam das ciências naturais, ciências priorizadas por aqueles autores, correntes teóricas que predominam na teoria social, tais como culturalismo, pós-modernismo, pragmatismo, construtivismo, perspectivismo, inspiram-se direta ou indiretamente nas ideias deles, em particular no relativismo no atacado associado a suas teorias[5].

A teoria de Kuhn, em sua recepção padrão, é tão disseminada que quase dispensa apresentação. Por isso, permito-me destacar, dos seus elementos essenciais, exclusivamente os aspectos que são relevantes para as questões aqui tratadas. Como se sabe, do exame "empírico"[6] da história das ciências paradigmáticas, da física em especial, Kuhn considera ter recolhido material suficiente para se contrapor à noção de desenvolvimento linear e cumulativo das ciências presente no positivismo. Na verdade, afirma ele, o desenvolvimento das ciências é farto de descontinuidades e mudanças. Exibe um padrão mais ou menos regular, alternando momentos de crescimento, crise e transformação. Nos momentos de crescimento, cumulativos, os cientistas compartilham um corpo teórico razoavelmente uniforme que inclui o complexo conceitual da ciência, suas teorias, seus métodos e critérios de validação do conhecimento e, é claro, a demarcação do campo fenomênico específico da ciência em questão. Mas compartilham também um conjunto de ideias, premissas, preconceitos etc. que, embora constitua o fundamento de sua ciência, não é

---

[5] A frase de Nelson Goodman citada na epígrafe deste artigo constitui, a meu ver, a ilustração insuperável desse relativismo no atacado.

[6] Como ficará claro adiante, para um relativista é sempre uma contradição em termos pretender oferecer provas empíricas para sustentar sua teoria.

96 / Teoria social, verdade e transformação

explicitado em suas hipóteses ou teorias. A esse conjunto heterogêneo de crenças, consciente e inconscientemente comungado pelos cientistas, Kuhn dá o nome de paradigma. Para ele, portanto, toda ciência, a qualquer tempo, está fundada em um paradigma, uma descrição peculiar do mundo, incluído o papel do cientista, a natureza da ciência etc. Enfim, em uma ontologia.

Em seus momentos de crescimento, a rotina da ciência, da *ciência normal*, no jargão kuhniano, consiste basicamente de polimento teórico, isto é, aperfeiçoamento de teorias e métodos, com a principal finalidade de expandir o domínio empírico coberto pela ciência. Portanto, a lógica da ciência normal é a colonização de um território empírico sempre mais extenso. Nada de realmente novo acontece aqui, segundo Kuhn. O mesmo aparato teórico experimenta sucessivas alterações com a finalidade de apreender (criar) novos fenômenos e suas relações para a ciência, ampliando assim a sua jurisdição. É importante notar que, na descrição de Kuhn, a ciência normal procede em conformidade com o modelo H-D da estrutura do discurso científico e, em consequência, com a concepção de explicação científica que subentende. Em outras palavras, as teorias são elaboradas com base em um conjunto de axiomas (paradigma, na nomenclatura kuhniana) e se resolvem em proposições observacionais que, em seguida, são cotejadas com as evidências empíricas. A única diferença, sob esse aspecto, é que, na teoria de Kuhn, a dinâmica necessariamente expansionista da ciência normal a conduz inexoravelmente à sua própria refutação pela evidência empírica, patenteando desse modo a sua insuficiência. Nesse momento, inaugura-se um período de crise que abre espaço para teorias alternativas, que passam a disputar a hegemonia interpretativa da ciência normal em crise. De acordo com Kuhn, a ciência experimenta nesse caso um processo revolucionário ao fim do qual o paradigma até então prevalecente é substituído por outro, sustentando uma nova ciência normal, que fatalmente repetirá o mesmo ciclo de sua predecessora.

Dois aspectos devem ser destacados na formulação de Kuhn. Em primeiro lugar, as mudanças revolucionárias representam transformações paradigmáticas substantivas. Depois de uma revolução, afirma Kuhn, os cientistas vivem em *outro mundo*, posto que sua ciência agora está fundada sobre outro paradigma. Desse modo, a história de qualquer ciência é interpretada como uma sucessão de paradigmas, de descrições radicalmente distintas do mundo. Diagnóstico que subentende a incomensurabilidade dos paradigmas e, por conseguinte, a irracionalidade do desenvolvimento da ciência. Pode-se argumentar que a ciência mais recente, com sua ontologia radicalmente distinta, é melhor do que a que a antecedeu. No entanto, dada a incomensurabilidade dos paradigmas (das ontologias), não existe critério para justificar racionalmente que ela é mais verdadeira, mais objetiva, ou que é uma descrição que se aproxima mais da verdade do que a outra. O que implica afirmar que, como quer que esteja articulada às outras ideias de qualquer sociedade em qualquer época, uma ciência compõe com elas um complexo mais ou menos articulado de crenças que significa o mundo para os sujeitos – uma ontologia – e às quais ela empresta o apreciável aval de sua autoridade. Mas implica, sobretudo, que as concepções de mundo, os sistemas de crenças ou as coordenadas ideológicas de qualquer sociedade em qualquer época, não importa se construídos com o concurso da ciência ou não, não são mais verdadeiros, objetivos, do que os de qualquer outra sociedade, ou dela mesma em outra época. Trata-se de um *relativismo* no atacado que, em geral, vem apresentado na seguinte fórmula: sempre que temos o mundo, nós o temos segundo uma descrição, esquema conceitual etc. particular. Verdade que se converte na seguinte falácia: como só temos o mundo sob uma descrição, todas as concepções de mundo, esquemas conceituais, sistemas de crenças ou coordenadas ideológicas, sendo descrições, são igualmente válidos. Doutrina que, para tomar de empréstimo um diagnóstico de Lukács sobre o neopositivismo, nega "por princípio que da totalidade das ciências, de suas inter-relações, da complementação recíproca de seus resultados e da generalização dos métodos e das conquistas científicas possa surgir um espelhamento adequado da realidade em si, uma imagem do mundo"[7].

Compreende-se, assim, o segundo aspecto da teoria de Kuhn que desejo enfatizar. Se ao conhecimento científico está vedado o acesso à realidade tal como é em si mesma, segue-se que as ontologias (paradigmas) sobre as quais qualquer ciência sempre está fundada são meros construtos, descrições que não têm como reivindicar uma apreensão da objetividade, de alguma verdade da realidade. É precisamente por essa razão que, no esquema kuhniano, a ciência funciona da mesma maneira que no positivismo lógico. Vale dizer, teorias são cálculos axiomáticos-dedutivos construídos para apreender regularidades empíricas entre fenômenos e são validadas quando tais regularidades postuladas são corroboradas pela evidência observacional. O que pressupõe, como na tradição positivista, que a função exclusiva da ciência é prover teorias com capacidade preditiva para funcionar como instrumentos da prática imediata. Claro, na concepção kuhniana é explicitamente admitido que a ciência sempre está fundada em uma ontologia, ou seja, em uma descrição de mundo que provê sentido para tudo o que a ciência é ou faz, inclusive a sua utilidade instrumental. No entanto, como a incomensurabilidade dos paradigmas é sinônimo de equiparação das ontologias, visto que nunca temos acesso à realidade, a admissão da ontologia como elemento constitutivo ineliminável do discurso científico é absolutamente irrelevante.

---

[7] György Lukács, *Para uma ontologia do ser social I*, cit., p. 51.

98 / Teoria social, verdade e transformação

Lakatos é outro autor crítico do positivismo com presença assídua nas discussões atuais sobre filosofia da ciência. Sem minimizar as diferenças entre suas concepções e as de Kuhn, pretendo mostrar que em seus aspectos substantivos, referentes à natureza da ciência e da explicação científica, do uso e finalidade social da ciência, suas teorias são praticamente indistinguíveis. Enfatizando igualmente o momento de descontinuidade do desenvolvimento das ciências, Lakatos procura superar o irracionalismo contido na ideia de incomensurabilidade da teoria de Kuhn. Imagina obter esse resultado substituindo a polaridade de ciência normal e ciência revolucionária do esquema kuhniano – pouco matizada e, por isso, incapaz de assimilar a coexistência de várias correntes teóricas em disputa pela hegemonia explicativa em uma ciência específica – pela ideia de *programas de pesquisa científica*. Na versão lakatosiana, a ciência deve ser compreendida como consistindo de sistemas ou famílias de teorias, em lugar de teorias isoladas. A ciência, sob essa ótica, funciona como um sistema de teorias em permanente processo de aperfeiçoamento e transformação. Tais sistemas ou tradições teóricas, em cada ciência particular, constituem um programa de pesquisa cientifica (PPC), de modo que é possível haver em uma dada ciência uma variedade de tradições teóricas, cada qual evolvendo de acordo com os protocolos de seu PPC. Em linhas gerais, na explanação lakatosiana os PPCs são constituídos por dois tipos de regras metodológicas, uma heurística negativa e uma positiva. A heurística negativa de um PPC estabelece as investigações impróprias em seu interior, especificamente desautoriza a investigação do *núcleo duro* do PPC, ou seja, o conjunto de axiomas que compõem a sua parte *irrefutável*. A heurística positiva define as linhas de pesquisa legítimas, abonadas pelo PPC, representando o conjunto de indicações para aperfeiçoar e modificar as teorias que orbitam o núcleo rígido, compondo o cinturão protetor do PPC, sua parte refutável.

Convertida em imagem, a teoria de Lakatos oferece o seguinte quadro do desenvolvimento da ciência: em cada ciência, no curso de sua evolução, há vários PPCs concorrentes, cada um com seu núcleo rígido, do qual se irradiam teorias cada vez mais complexas e abrangentes. Como os núcleos rígidos são irrefutáveis, segue-se que cada PPC está fundado em uma ontologia que lhe é específica, uma descrição do mundo própria que o diferencia dos demais. Dada a imutabilidade do núcleo rígido, a dinâmica dos PPCs recai sobre as teorias continuamente criadas, aperfeiçoadas e transformadas que orbitam o núcleo rígido. De maneira similar à teoria de Kuhn, a sobrevivência de um PPC depende exclusivamente de sua dinâmica expansionista, que, também aqui, se resolve na capacidade de suas teorias de colonizar um território empírico cada vez mais extenso. Por conseguinte, em Lakatos a natureza da ciência e da explicação científica está baseada no modelo H-D de extração positivista: as teorias do cinturão protetor são elaboradas sobre a base axiomática do núcleo rígido com a finalidade de apreender regularidades empíricas de um número crescente de fenômenos, ampliando o território em que impera a interpretação do PPC. Portanto, teorias e, por extensão, PPCs legitimam-se por sua capacidade preditiva. Resultado em tudo semelhante ao de Kuhn.

Faltaria agregar que, na teoria de Lakatos, a possibilidade de coexistência de PPCs concorrentes parece oferecer uma alternativa ao irracionalismo da incomensurabilidade dos paradigmas defendida por Kuhn. A racionalidade da ciência estaria preservada porque, em sua teoria, Lakatos propõe um critério para avaliação dos PPCs. De acordo com ele, os PPCs concorrentes de uma mesma disciplina científica encontram-se a cada momento em estágios distintos de sua evolução: há PPCs progressivos, cujas teorias do cinturão protetor dilatam sua fronteira empírica, e há PPCS degenerativos, cujas teorias são incapazes de descobrir fatos novos, ou seja, capturar novos fenômenos sob sua descrição. O critério racional de avaliação seria, naturalmente, o que prioriza o PPC progressivo. E a racionalidade do empreendimento científico estaria assegurada, pois, segundo essa explicação, o PPC progressivo termina por prevalecer até o momento em que, em decadência, é substituído por outro. De modo que a lógica do desenvolvimento da ciência consiste em fornecer teorias com maior poder de explicação, entendido como capacidade preditiva sempre mais compreensiva. E, assim como Kuhn, a ontologia, sob a figura de núcleo rígido irrefutável, é admitida como elemento constitutivo da ciência, mas é igualmente irrelevante, pois os PPCs não se medem por suas ontologias, incomensuráveis, mas pela eficácia preditiva de suas teorias.

Examinadas as teorias de dois autores pós-positivistas notáveis, é fácil perceber que, de um ponto de vista substantivo, suas teorias se diferenciam escassamente das positivistas. A ciência funciona tal como preconizado pelo modelo H-D e, em consequência, suas teorias são construídas tendo em vista exclusivamente sua capacidade preditiva. Assim como no positivismo, teorias científicas são instrumentos de manipulação prático-operatória de todos os domínios da realidade. É verdade que, diferentemente da tradição positivista – ao menos em seus momentos mais cândidos, as concepções dos dois autores refutam de maneira explícita a cruzada antimetafísica daquela tradição. Afinal, paradigma e núcleo rígido são codinomes para ontologia. São o reconhecimento explícito de que toda ciência é uma interpretação do mundo – uma ontologia – *antes* de ser uma caixa de apetrechos cognitivos para manipulá-lo. É significação do mundo *antes* de ser um instrumento para lidarmos com ele.

A interdição da ontologia no pensamento contemporâneo, que vigora há séculos no pensamento ocidental, pode ser resumida em uma fórmula rápida. Na tradição positivista a interdição é *positiva*: não há ontologia ou problemas ontológicos que mereçam ser levados em conta. Nas correntes pós-positivistas contemporâneas

100 / Teoria social, verdade e transformação

a interdição é *negativa*: a vida social sempre está apoiada em ontologias, todas *relativas* às formas de vida correspondentes e, portanto, inescrutáveis. É preciso sublinhar enfaticamente o absurdo que tal concepção contém e difunde. Significa afirmar que todas as nossas crenças científicas, morais, sociais, estéticas etc. são relativas à forma de vida em que estão a cada vez encerradas. E que crenças ou valores de formas de vida diferentes são incomunicáveis, são igualmente verdadeiros em relação à respectiva forma de vida. Mundos diferentes são mundos incomunicáveis. Transposto em linguagem corrente, o argumento pode ser lido da seguinte maneira: não é possível oferecer argumentos cognitivos a favor ou contra qualquer crença sobre o mundo. A crítica é impossível, pois todas as crenças são igualmente válidas relativamente às práticas e relações das quais são crenças.

Essa é a atmosfera espiritual da nossa época. Argumentos filosóficos sofisticados desfilam ante nossos olhos assegurando o inverossímil, ou seja, que nossas crenças mais substantivas sobre o mundo – social e natural – não têm qualquer objetividade, são simples hábitos de ação[8] em um mundo que encontramos pronto e ao qual não podemos senão nos ajustar. Argumentos, enfim, que nos proíbem de pensar o mundo para além do perímetro de sua configuração atual. Traduzida em *slogan*, essa concepção pode ser lida como se segue: *tudo é relativo,* só há um absoluto, o mundo regido pelo capital, pelo valor que se autovaloriza. Justamente o aspecto capturado pela ironia de Žižek, com a qual iniciamos este artigo.

CONTRA O RELATIVISMO: REALISMO CRÍTICO E A DESINTERDIÇÃO DA ONTOLOGIA

O espaço de um artigo não permite sequer traçar em linhas gerais as concepções dos autores que, em minha opinião, fornecem uma crítica sistemática e substantiva ao relativismo, Lukács e Bhaskar. Por isso, no que se segue, concentro-me no realismo crítico, corrente teórica surgida na Inglaterra e desenvolvida originalmente por Bhaskar, e procuro delinear os principais aspectos de sua teoria. Como o realismo crítico foi construído na investigação e crítica detalhadas das diversas correntes da filosofia da ciência contemporânea, há nele respostas em todos os âmbitos e de grande profundidade teórica e filosófica ao relativismo atual. Sob esse aspecto, portanto, o aparato teórico que fornece é mais adequado e direto, comparativamente com a obra de Lukács, na refutação às posições relativistas. No entanto, é

---

[8]   Richard Rorty, "Is Natural Science a Natural Kind?", em *Objectivity, Relativism, and Truth: Philosophical Papers*, v. I (Cambridge, Cambridge University Press, 1991), p. 10 [ed. bras.: *Objetivismo, relativismo e verdade*, trad. Marco Antônio Casanova, 2. ed., Rio de Janeiro, Relume--Dumará, 2002].

Relativismo, certeza e conformismo: para uma crítica das filosofias da perenidade do capital / 101

preciso enfatizar que Lukács, em sua obra póstuma, *Para a ontologia do ser social*, não só antevê a moda relativista atual, como demonstra que a redução da ciência a instrumento da manipulabilidade de todas as esferas da vida social – promovida e celebrada abertamente pelo neopositivismo (positivismo lógico) e de maneira velada pelas correntes pseudocéticas contemporâneas – não é a essência nem o papel exclusivo da ciência, mas um *imperativo* do capital.

Antes de expor os aspectos mais relevantes do realismo crítico para os propósitos deste artigo, parece-me importante salientar o caráter contrafactual do relativismo, antes de tudo nas ciências naturais. Mesmo aqueles de nós que somos semi-ignorantes nessas ciências (e aqui falo de mim, pelo menos), sabemos que o conhecimento da natureza experimentou um aprofundamento e extensão notáveis, não obstante todas as descontinuidades e mudanças radicais por que passaram suas descrições do mundo, as ontologias em que estiveram fundadas. Hoje certamente é senso comum a convicção de que ciências como a física, a cosmologia, a química, a biologia etc. conhecem as estruturas do mundo físico de maneira muito mais acurada do que há cem anos. Claro, esse conhecimento, sendo humano, social, é sempre relativo. Em outros termos, é falível. Mas, ao contrário do que pretendem os relativistas, é sua falibilidade que assegura sua objetividade. É o seu caráter falível, aberto à crítica, que permite assimilar novas descobertas e descartar ideias equivocadas do passado.

Nesse particular, aliás, não deixa de ser interessante notar que o relativismo, ao contrário, com sua ênfase no contingente acusa a rigor uma espécie de carecimento de Deus, do absoluto[9], que, não podendo ser humanamente alcançado, priva todos os conhecimentos mundanos de qualquer objetividade. Em consequência, os conhecimentos não são criticáveis, dado que não são objetivos, mas meros construtos subjetivos.

Com respeito à ciência social, mas igualmente às crenças e valores da vida cotidiana, também sabemos que o relativismo é contrafactual. Com o conhecimento que temos hoje da sociedade, de suas estruturas e, por que não, de sua historicidade, podemos refutar com objetividade ideias que, por exemplo, afirmam que

---

[9] Carecimento que se pode observar, por exemplo, em Rorty, com a sua insistência de que não dispomos de um "gancho celeste" para nos alçarmos por sobre a nossa cultura e, desse ponto de vista privilegiado (divino), podermos julgar a verdade de nossas crenças; Richard Rorty, *Objectivity, Relativism, and Truth*, cit.. Esse mesmo carecimento de Deus pode ser observado nos chamados debates metodológicos na literatura econômica. Para uma ilustração exemplar, ver o debate entre Donald McCloskey ("Modern Epistemology against Analytic Philosophy: A Reply to Mäki", *Journal of Economic Literature*, v. 33, 1995, p. 1.319-23) e Uskali Mäki ("Diagnosing McCloskey", *Journal of Economic Literature*, v. 33, 1995, p. 1.300-18), no qual os autores discutem com toda a seriedade as diferenças entre Verdade (com V maiúsculo) e verdade.

102 / Teoria social, verdade e transformação

os homens são superiores às mulheres, que os traços étnicos, isto é, naturais, explicam as diferenças sociais e assim por diante. É com base no conhecimento da objetividade social que podemos refutá-los e, salvo regressões dramáticas – sempre possíveis, é bom reconhecer –, assegurar que não são mais defensáveis. Crítica que demonstra em termos objetivos, embora, como se afirmou, humanos, o caráter absolutamente insustentável das posições que defendem a incomunicabilidade das formas de vida, de culturas, de esquemas conceituais, de ontologias etc. As críticas não são feitas de um ponto de vista divino, absoluto, mas de objetividades decantadas no curso do desenvolvimento do ser social.

Se nossos sistemas de crença não são incomensuráveis, incomunicáveis, e, por isso, podem ser submetidos à crítica, ao escrutínio da razão, segue-se que a ciência não está restrita ao seu papel instrumental no perene gerenciamento do existente, que, aliás, se não se torna perene, pois isso seria absurdo, ao menos tem sua sobrevivência estendida com o patrocínio da ciência, caso esta assimile a lógica relativista. E se a ciência não é serviçal do existente, com seus poderes e, em especial, seus interesses, ela pode e deve integrar um sistema de crenças que, agregando os valores apreendidos em outras esferas da vida social, conceba o mundo social na sua historicidade efetiva e, com isso, devenha elemento constitutivo e autoconsciente dessa historicidade. Que, portanto, não tome a história como eterna fatalidade, mas como autoconstrução consciente de homens e mulheres.

Todavia, para a ciência desempenhar esse papel, assumir outras finalidades, o pressuposto necessário é a suspensão da interdição à ontologia, em particular de sua encarnação relativista. Pois é justamente a noção de que o conhecimento objetivo é impossível que aprisiona a ciência no circuito do existente, com seus imperativos sempre urgentes, e desautoriza, como especulativa, qualquer tentativa de apreendê-lo em sua transitividade. Nesse sentido, o realismo crítico constitui um referencial teórico fundamental, uma vez que se instaura precisamente com a proposta de revogar a interdição à ontologia. A exposição de seus elementos centrais vai mostrar que, ao fazê-lo, o realismo crítico não só amplia o descortino da prática científica, mas também resolve aporias em que a filosofia da ciência está estacionada há décadas.

Dada a complexidade da teoria e a natureza do presente artigo, talvez seja aconselhável iniciarmos por uma afirmação ontológica que caracteriza o realismo crítico e opera como heurística essencial de sua construção, a saber, a proposição de que toda "teoria do conhecimento de objetos pressupõe uma teoria dos objetos do conhecimento, ou seja, toda teoria do conhecimento científico pressupõe logicamente uma teoria do modo como o mundo tem de ser para ser possível o conhecimento, sob as descrições elaboradas pela teoria"[10]. O que equivale a dizer que a

---

[10] Roy Bhaskar, *Scientific Realism and Human Emancipation*, cit., p. 7.

Relativismo, certeza e conformismo: para uma crítica das filosofias da perenidade do capital / 103

ontologia não é opcional – e aqui, como é fácil notar, não há muita diferença entre realismo crítico e autores relativistas como Kuhn e Lakatos, cujas teorias, como se viu anteriormente, sustentam que toda teoria científica está fundada em uma ontologia. Entretanto, ao contrário destes últimos, o realismo crítico não dissolve a admitida presença incontornável da ontologia na imponderabilidade do relativismo.

Ela propõe, em lugar disso, uma diferenciação entre relativismo epistemológico e relativismo julgamental. Tal diferenciação, por sua vez, está predicada ao reconhecimento: 1) do caráter social da ciência e, portanto, de seus produtos; 2) da independência dos objetos do conhecimento científico em relação à ciência[11]. A mesma ideia é defendida por Lukács ao analisar o reflexo da realidade como momento necessário do trabalho (e da práxis social de modo geral). Segundo ele, a análise do reflexo evidencia a emergência de uma nova forma de objetividade. No reflexo, a consciência converte a realidade reproduzida em sua própria "realidade" – a realidade como "possessão espiritual". Embora seja uma objetividade, a "realidade" reproduzida, por ser constituída na consciência, não é a realidade. Como uma reprodução na consciência, ela não pode possuir a mesma natureza ontológica do que está reproduzindo, muito menos ser idêntica a ele. Portanto, da distinção ontológica entre realidade e "realidade" – resultante dos modos diversos de considerar a realidade no reflexo – derivam os dois modos heterogêneos em que se divide o próprio ser social: o ser e o seu reflexo na consciência. Do ponto de vista do ser, esses dois modos se confrontam como coisas que são não só heterogêneas, mas absolutamente antitéticas[12].

Assim como Lukács, portanto, o realismo crítico propõe uma desantropomorfização explícita de nossa concepção do mundo e de nosso lugar nele. O mundo, nesse caso, é mais do que aquilo que podemos perceber e/ou conhecer dele. Em consequência, nosso conhecimento, sendo finito, social e, portanto, histórico, é sempre relativo. Para o realismo crítico, contudo, admitir esse relativismo epistemológico, isto é, a ideia de que não há ponto de vista absoluto para julgar a verdade de nossas teorias, não é a mesma coisa que defender o relativismo julgamental, ou seja, a noção de que é impossível oferecer argumentos racionais para decidir entre teorias (ideias) conflitantes.

Na verdade, talvez seja possível dizer que o realismo crítico se distingue das concepções relativistas fundamentalmente por sua defesa da *racionalidade julgamental* contra o relativismo julgamental. Porém, como ele admite o relativismo epistemológico,

---

[11] Idem, *A Realist Theory of Science* (Londres, Verso, 1977), p. 21.

[12] György Lukács, *Prolegômenos para uma ontologia do ser social: questões de princípios para uma ontologia hoje tornada possível* (trad. Lya Luft e Rodnei Nascimento, São Paulo, Boitempo, 2010), p. 59. Dito seja de passagem, essa é tese básica do materialismo, como sublinha o próprio Lukács.

104 / Teoria social, verdade e transformação

segue-se que a diferença só pode resultar da ontologia em que está fundado. Tal contraste pode ser entendido quando se examina a crítica de Bhaskar às filosofias da ciência hegemônicas, em sua nomenclatura, empirista e idealista transcendental. Segundo ele, tanto os empiristas como os idealistas transcendentais herdam de Hume: 1) a epistemologia reducionista, já considerada antes, bastando recordar que envolve a noção de que nosso conhecimento tem origem e se esgota na experiência sensorial; 2) a ontologia empirista, na qual os objetos da experiência sensorial consistem de eventos atomísticos e de sua coexistência regular no tempo e no espaço[13].

Essa ontologia empirista, por sua vez, foi implicitamente tratada nas seções precedentes. Como vimos, tanto o positivismo-lógico quanto seus críticos "pós-positivistas", Kuhn e Lakatos, sustentam a ideia de que teorias científicas procuram capturar regularidades empíricas entre fenômenos e se validam quando as regularidades postuladas são corroboradas pela evidência observacional. Essa concepção de ciência, sublinha Bhaskar, tem por pressuposto necessário a ideia de que o mundo é constituído por eventos atomísticos, pois só em um mundo assim constituído os padrões estáveis de associação dos eventos expressos pela teoria poderiam ser totalmente subjetivos. Em outras palavras, só em tal mundo objetos e fenômenos não estão em relação uns com os outros, de modo que as relações, quando existem, são postas pelo sujeito cognoscente. Portanto, se a ontologia não é facultativa, essas concepções de ciência e de explicação científica partilham de uma ontologia plana, unidimensional, de objetos atomísticos.

Ao contrário dessa ontologia rasa, desse realismo que colapsa o mundo nas impressões dos sujeitos, a desantropomorfização efetuada pelo realismo crítico possibilita conceber a realidade estruturada nos domínios do real, do efetivo e do empírico. Desse modo, pode-se mostrar que

as estruturas causais e os mecanismos generativos da natureza têm de existir e agir independentemente das condições que permitem aos seres humanos terem acesso a eles, de modo que é preciso supô-los como estruturados e intransitivos, isto é, relativamente independentes dos padrões de eventos e, da mesma forma, das ações humanas. De maneira similar, [...] os eventos têm de ocorrer independentemente das experiências em que são apreendidos. Por conseguinte, estruturas e mecanismos são reais e distintos dos padrões de eventos que geram; da mesma forma, os eventos são reais e distintos das experiências em que são apreendidos. Mecanismos, eventos e experiências, portanto, constituem três domínios superpostos da realidade, a saber, os domínios do *real*, do *efetivo* e do *empírico*.[14]

---

[13] Roy Bhaskar, *Scientific Realism and Human Emancipation*, cit., p. 39.
[14] Idem, *A Realist Theory of Science* (Londres, Verso, 1997), p. 13.

Relativismo, certeza e conformismo: para uma crítica das filosofias da perenidade do capital / 105

É precisamente a diferença ontológica desses três domínios – e, portanto, sua dessincronia – que permite a crítica. Combinações complexas de mecanismos generativos produzem o fluxo de eventos, mas não coincidem com ele; da mesma maneira, parte do fluxo de eventos é apreensível pela experiência sensorial, mas não coincide com ele. Por isso, o fluxo de eventos pode dar origem a experiências empíricas distintas e, a partir delas, a diferentes ideias acerca da realidade, de suas estruturas e mecanismos generativos. No entanto, é a independência da realidade (mecanismos e estruturas) em relação às nossas percepções e representações que constitui o fundamento objetivo da crítica. Por serem sempre percepções e representações de objetos, estruturas, relações etc. delas independente, podem ser criticadas a partir da óptica, naturalmente, de outras percepções e representações da mesma realidade.

A essa condição geral ou possibilidade objetiva da crítica Bhaskar agrega, no caso da crítica teórica, os procedimentos que ela deve observar para garantir a sua legitimidade. Como não temos acesso ao mundo senão mediado por uma cultura, uma linguagem, um esquema conceitual etc., nossas ideias sobre o mundo jamais são elaboradas tendo, de um lado, o mundo e, de outro, nossas ideias. Se nossas imagens do mundo se alteram, só podem fazê-lo por meio de crítica. Ou seja, sempre produzimos ideias com base em ideias. E se as últimas representam uma negação radical do ponto de partida, certos protocolos têm de ser observados. Em primeiro lugar, a crítica teórica tem de mostrar que a teoria criticada, nos termos de sua própria descrição, é fatalmente inconsistente, falsa, superficial etc. Em segundo, tem de prover uma descrição alternativa na qual demonstra a objetividade e a necessidade da teoria criticada. Deve oferecer, portanto, uma descrição na qual o momento crítico não apaga idealmente o objeto da crítica, mas, ao contrário, reconhece sua objetividade. Por conseguinte, é capaz de demonstrar que as concepções e teorias criticadas são formas de pensamento que, embora falsas, imaginárias, superficiais etc., são formas de pensamento socialmente válidas, úteis e eficazes. De modo que a crítica se desloca imediatamente das formas de pensamento para as estruturas sociais que suscitam e necessitam ideias falsas nos sujeitos.

Quem tem alguma familiaridade com o pensamento de Marx concordará, decerto, que esse tipo de procedimento constitui uma espécie de heurística, de orientação geral que organiza toda a sua obra. E que se trata de uma heurística que pressupõe diretamente a crítica ontológica, porque, de um lado, admite a objetividade e a eficácia social das ideias criticadas, seu enraizamento na sociedade, e, por outro, o caráter histórico e, por isso, transitivo não só das ideias, como também das estruturas sociais que as possibilitam e exigem. Crítica ontológica que, é preciso frisar, está sempre presente na dinâmica de nossas crenças, mas que, na teoria de Marx, é autorreflexivamente incorporada à teoria.

106 / Teoria social, verdade e transformação

Por essa razão, não é possível falar de Marx, analisar sua teoria, sem antes suspender os embargos positivistas e pós-positivistas à ontologia. Porque, contra toda ideia de incomunicabilidade e incomensurabilidade entre ontologias, Marx constrói sua obra por meio do cotejamento crítico exaustivo com as ideias de sua época, e sua respectiva ontologia. E ele a constrói precisamente, como mostra Lukács, como uma ontologia alternativa do ser social, como crítica ontológica da sociabilidade do capital.

Para precisar um pouco mais a crítica ontológica de Marx, pode-se dizer que ela está fundada na categoria do valor. É crítica ontológica do valor. A teoria marxiana, equivocadamente compreendida, por adversários e simpatizantes, como ciência econômica, ao tomar o valor como categoria fundante nada mais faz do que mostrar que toda a sociabilidade da moderna sociedade capitalista está fundada no trabalho. Mas não em qualquer trabalho, trabalho sem mais. É antes o trabalho absolutamente estranhado dos sujeitos – trabalho assalariado. A categoria valor nada mais é, nesse sentido, do que a expressão social do fato de que, nesta sociedade, os sujeitos são reduzidos a trabalho. O trabalho, se não é a única forma de socialização, é a fundamental, básica, incondicional, da qual todas as outras dependem, e sem a qual os sujeitos perdem não só a sua sociabilidade, mas também a sua humanidade e, no limite, a sua existência física.

O valor, na teoria de Marx, é esse poder exclusivo da espécie humana, esse notável poder social de associação, o trabalho social, que, emergindo na história nas circunstâncias em que o fez – e que poderiam ter sido outras, quem sabe –, constitui-se em poder que escapa ao controle dos sujeitos e, mais do que isso, subordina-os à sua lógica. E por isso tem de se apresentar como valor, como poder das coisas, em lugar de força diretamente social dos sujeitos. É só isso o valor em Marx, e, se sua teoria apanha o real com alguma objetividade, é isso que o valor significa para nós, para a vida da humanidade.

Marx, contudo, não se limitou a desvendar o caráter do valor como trabalho social estranhado. Ele investigou sua lógica, sua dinâmica. Em particular, explicou suas contradições. E, novamente, seus efeitos sobre a humanidade. Penso que posso me restringir a uma dessas contradições. Refiro-me à tendência crescente da produtividade do trabalho sob o capital, forma acabada do valor. Crescente produtividade do trabalho, é preciso lembrar, é coisa ótima abstratamente considerada. Expressa simplesmente o fato de que se consegue o mesmo efeito útil com menos dispêndio de trabalho: enfim, poupança de trabalho. No entanto, essa crescente produtividade do trabalho social, quando acionada cegamente pelo capital – o que para o capital, como demonstra Marx, é um imperativo –, tem um resultado trágico: a riqueza social, crescente com a produtividade, passa a prescindir de parcelas crescentes da humanidade para a sua produção. E frações aumentadas da humanidade, tornadas supérfluas pela própria lógica de seu produto, ficam sem acesso ao produto, pura e simplesmente porque não o produziram e, dada a natureza da categoria valor, ou seja, da sociabilidade fundada no trabalho, ao ficarem sem trabalho, são dessocializadas e, na sequência, desumanizadas. Sempre resta, é verdade, um resto de humanidade nos *ainda* não redundantes, de forma que os dessocializados e desumanizados podem contar com políticas compensatórias, uma filantropia aqui, uma inclusão social acolá.

Se a teoria de Marx é minimamente elucidada por essas breves considerações, parece-me bastante clara a crítica ontológica que ela subentende. Não pode ser teoria para administrar este mundo. É sua negação e, por essa razão, é afirmação de sua historicidade e transitoriedade. Mas não sendo teoria de gerenciamento, nem por isso esquece o papel do sujeito. Ao contrário, pretende-se teoria em que o sujeito tem um verdadeiro papel de sujeito: o de construir autoconscientemente a sua história, em lugar de ser o seu eterno espectador. Espectador da história como absoluta contingência.

Para finalizar, diria que, na crítica ontológica de Marx, as ciências sociais, em lugar do eterno aperfeiçoamento deste mundo, cada vez mais inalcançável, implausível, papel que elas assumem com triste ou animada (e bem remunerada) resignação, deveriam contribuir para a tarefa que é hoje um imperativo, a saber, reconstruir o sistema de crenças em que outro mundo pode ser descortinado, concebido.

Aquilo que, nas posições teóricas relativistas contemporâneas, aparece como total liberdade da consciência, da subjetividade, na "construção" do objeto e, por conseguinte, em seu trato com ele, é, na verdade, precisamente o inverso. É a total submissão da consciência, da subjetividade, do sujeito, à forma existente do objeto. Quando o objeto é a sociedade, na qual o sujeito existe, transita, e que, portanto, ele tem de conceber de alguma forma, o corolário de tais concepções supostamente libertárias é evidente: o sujeito tem toda liberdade para "construir" (conceber) a sociedade e suas relações como o desejar, segundo seus interesses e condições – desde que, é claro, esses "construtos" arbitrários se circunscrevam ao existente e, consequentemente, se resolvam em uma interpretação –, e o correspondente *kit* instrumental para o sujeito se movimentar com alguma eficácia em um mundo social que se apresenta para ele como algo externo, quando não extremamente hostil. E a ciência, ao referendar tal externalidade do mundo, paradoxalmente vê como algo externo um mundo do qual faz parte e de cuja perenização é instrumento, consciente ou não.

REFERÊNCIAS BIBLIOGRÁFICAS

BHASKAR, Roy. *A Realist Theory of Science*. Londres, Verso, 1977.

_____. *A Realist Theory of Science*. Londres, Verso, 1997.

_____. *Scientific Realism and Human Emancipation*. Londres, Verso, 1986.

108 / Teoria social, verdade e transformação

CALDWELL, Bruce. *Beyond Positivism: Economic Methodology in the Twentieth Century*. Londres, Allen & Unwin, 1982.

DUAYER, Mario; MEDEIROS, João Leonardo; PAINCEIRA, Juan Pablo. A miséria do instrumentalismo na tradição neoclássica. *Estudos Econômicos*, v. 31, n. 4, 2001, p. 723-83.

LUKÁCS, György. *Para uma ontologia do ser social I*. Trad. Carlos Nelson Coutinho, Mario Duayer e Nélio Schneider, São Paulo, Boitempo, 2012.

_____. *Prolegômenos para uma ontologia do ser social:* questões de princípios para uma ontologia hoje tornada possível. Trad. Lya Luft e Rodnei Nascimento, São Paulo, Boitempo, 2010.

MÄKI, Usakli. Diagnosing McCloskey. *Journal of Economic Literature*, v. 33, 1995, p. 1.300-18.

MCCLOSKEY, Donald. Modern Epistemology against Analytic Philosophy: A Reply to Mäki. *Journal of Economic Literature*, v. 33, 1995, p. 1.319-23.

MEAD, Rebecca. The Marx Brother: How a Philosopher from Slovenia Became an International Star. *The New Yorker*. Disponível em: <http://www.lacan.com/ziny.htm>. Acesso em: 10 fev. 2023.

RORTY, Richard. *Objectivity, Relativism, and Truth*. Cambridge, Cambridge University Press, 1990 [ed. bras.: *Objetivismo, relativismo e verdade*. Trad. Marco Antônio Casanova, 2. ed., Rio de Janeiro, Relume-Dumará, 2002].

SUPPE, Frederick. Afterword. In: _____ (org.). *The Structure of Scientific Theories*. Chicago, University of Illinois Press, 1977, p. 617-30.

5

Jorge Luis Borges, filosofia da ciência e crítica ontológica: verdade e transformação social[*]

> Pensei que Argos e eu participávamos de universos diferentes; pensei
> que nossas percepções eram iguais, mas que Argos as combinava de
> outra maneira e construía com elas outros objetos; pensei que talvez
> não houvesse objetos para ele, mas um vertiginoso e contínuo jogo
> de impressões brevíssimas.
>
> Jorge Luis Borges, "O imortal"

INTRODUÇÃO

O artigo procura sustentar que um dos aspectos centrais da falta de saída, de alternativa, nas diversas crises experimentadas em inúmeros países nos últimos tempos é a ausência de uma ontologia crítica em que seja descortinável outro mundo social, mais digno do humano e capaz de seduzir as pessoas. Para sustentar o caráter incontornável da crítica ontológica para a práxis transformadora, o artigo explora, em primeiro lugar, ensaios de Jorge Luis Borges em que o escritor, a seu modo, mostra como toda atividade humano-social subentende noções ontológicas e, diferentemente do que Michel Foucault parece inferir de seus ensaios, sublinha sua objetividade, sempre sujeita, é evidente, à refutação. Da literatura à filosofia da ciência, o artigo argumenta que a ciência também não pode funcionar em um vácuo ontológico. O exame sucinto das concepções de ciência e explicação científica do positivismo lógico, de Kuhn e Lakatos, permite demonstrar essa afirmação, apesar do desprezo e indiferença dessas teorias por questões ontológicas. Por último, recorre à *Ontologia* de Lukács para demonstrar que a genuína ciência orienta-se por necessidade para o ser das coisas, ou seja, para a verdade. No caso de uma ciência social, que, sendo ciência, também não pode operar em um vácuo ontológico, orientar-se para o ser das coisas significa conceber o que é sociedade, fundar e estar fundada, explícita ou implicitamente, em uma ontologia do ser social. E se

---

[*] Uma versão deste texto foi publicada pela primeira vez, com o mesmo título, em *Margem Esquerda*, São Paulo, Boitempo, n. 24, 2015, p. 87-110. (N. E.)

110 / Teoria social, verdade e transformação

a teoria social é parte da sociedade, se cria uma inteligibilidade com base na qual os sujeitos agem preservando ou transformando as formas sociais, pode-se afirmar que disputa entre teorias e práticas respectivas é disputa ontológica; que, portanto, a crítica ontológica é um imperativo de qualquer emancipação de estruturas sociais que oprimem, constrangem e amesquinham o humano.

BORGES E A ONTOLOGIA

Antes de justificar a afirmação de que as questões ontológicas constituem um tema central para Borges, parece-me importante advertir que a interpretação apresentada a seguir não é elaborada por um especialista em Borges, muito menos por um crítico literário. É mais o resultado da impressão causada pelos textos do autor, em particular por abordarem em ficção as complexas relações entre palavra e conceito, pensamento conceitual e linguagem. Não sendo tema explícito na própria filosofia, seria um despropósito exigir que Borges considerasse as questões ontológicas de forma explícita e sistemática. No entanto, parece-me inegável que elas figuravam entre as principais inquietações do autor. Para demonstrá-lo, acredito que alguns de seus textos são suficientes. Pretendo concentrar-me particularmente em dois deles: "O idioma analítico de John Wilkins" e "Funes, o memorioso". Não obstante, uma breve menção a "O Aleph" e "Sobre o rigor na ciência" pode funcionar bem à guisa de introdução ao assunto.

No conto "O Aleph" o narrador relata o episódio de um personagem, escritor de um infindável poema, que reside em uma casa em cujo porão há um ponto, o Aleph, precisamente no 19º degrau, que, visto de certo ângulo, é "o lugar onde estão, sem se confundirem, todos os lugares do orbe, vistos de todos os ângulos". Cético, quando tem acesso ao porão, o narrador vê, pasmo, o Aleph, o infinito, aquele objeto de não mais de três centímetros de diâmetro, no qual, entretanto, estava o "espaço cósmico, sem diminuição de tamanho. Cada coisa [...] era infinitas coisas", porque, assegura o narrador, ele a via de todos os pontos do universo. Em um "gigantesco instante" assistiu ao vertiginoso fluxo extensivo e intensivo de todas as coisas:

> o populoso mar, [...] a aurora e a tarde, [...] as multidões da América, [...] uma prateada teia de aranha no centro de uma negra pirâmide, [...] cachos de uva, neve, tabaco, veios de metal, vapor de água, [...] convexos desertos equatoriais e cada um de seus grãos de areia, [...] ao mesmo tempo, cada letra de cada página [...], a noite e o dia contemporâneo, [...] tigres, êmbolos, bisões, marulhos e exércitos, [...] todas as formigas que existem na terra, [...] a engrenagem do amor e a modificação da morte [...].[1]

---

[1] Jorge Luis Borges, "O Aleph", em *Obras completas*, v. I (trad. Flávio José Cardozo, São Paulo, Globo, 1998), p. 93.

Tendo sido o espectador de tudo isso, o narrador manifesta seu desespero como escritor: pois como seria possível contar aos outros o infinito, se a linguagem é um "alfabeto de símbolos" que tem por pressuposto um passado compartilhado pelos seus falantes? Se a linguagem é sucessiva, como transcrever o simultâneo capturado da experiência? Como contornar o insolúvel problema de enumerar um conjunto infinito? Além de incomunicável, ou por ser incomunicável, o infinito parece paralisar a mente com a densidade atordoante de seu fluxo de eventos. Talvez por isso o narrador confesse que só retomou o controle de si após noites de insônia, revivendo o que fora visto no Aleph, quando "agiu outra vez sobre [ele] o esquecimento"[2].

Pode-se dizer que a questão central do conto é a infinitude do mundo e nosso acesso a ele. O mundo é obviamente inapreensível em sua totalidade intensiva e extensiva de coisas, processos e eventos. O mágico e imediato acesso a tal infinito, como supostamente permitiu o Aleph, mais está para a insciência do que para o seu conhecimento, pois os infinitos detalhes do infinito são o que são, isto é, a sucessão instantânea e, paradoxalmente, simultânea de eventos, objetos etc. singulares que, por si sós, como singulares, não dão a conhecer a totalidade. Para fazer um paralelo, sua profusão se assemelha ao colapso súbito e infindável das prateleiras de um enorme e variado almoxarifado: um embaralhado de coisas.

O conhecimento do mundo, ao contrário, não se resume à identificação de singulares, mas consiste no reconhecimento das determinações universais e particulares dos singulares, das categorias que enfim especificam os efeitos que produzem no mundo e que o mundo neles produz. Em outras palavras, Borges, em "O Aleph", realiza uma crítica notável a um dos momentos do conhecimento: a análise, que o absolutiza, justamente insinuando, primeiro, que conhecer é ter acesso aos infinitos detalhes de tudo o que existe e acontece, para, em seguida, dar a entender que conhecer é esquecer os detalhes, enfim, é sintetizar – o outro movimento do conhecer.

Não é difícil perceber que em "Sobre o rigor na ciência" Borges lida com o mesmo problema. Trata-se de um texto muito difundido, muito usado como, digamos, epígrafe "metodológica" de artigos científicos de diferentes áreas do conhecimento, mas também objeto de análises literárias propriamente ditas. A curta narração é sobre um suposto império em que a cartografia havia atingido tamanha perfeição que seus mapas eram confeccionados em uma escala gigantesca: o mapa de uma província cobria toda uma cidade; o mapa do império se estendia por toda uma província. Frustrados com a imprecisão desses exorbitantes mapas, os colégios de cartógrafos deliberaram construir um mapa em escala 1:1, de modo que o mapa do

---

[2] Idem.

112 / Teoria social, verdade e transformação

império tinha o exato tamanho do império. Mapa que, por inútil para as gerações seguintes, foi abandonado à ação degenerativa do tempo[3].

Como se pode constatar, o autor aborda aqui novamente o problema da abstração, da separação sujeito/objeto, do distanciamento do sujeito em relação ao objeto que constitui o pressuposto da prática. Mesmo em se tratando de uma apropriação mental específica da realidade, um mapa, representação gráfica de uma extensão qualquer, o sentido do texto vale para qualquer tipo de representação e para qualquer setor da realidade, natural e social. Em uma palavra, como resume Borges em outro conto, pensar é abstrair. E na abstração, como observa Lukács, a realidade é "realidade" como possessão espiritual e, por isso, constitui

> uma nova forma de objetividade, mas não uma realidade, e – exatamente em sentido ontológico – não é possível que a reprodução seja semelhante àquilo que ela reproduz e muito menos idêntica a isso. Pelo contrário, no plano ontológico o ser social se subdivide em dois momentos heterogêneos, que do ponto de vista do ser não só estão diante um do outro como heterogêneos, mas são até mesmo opostos: o ser e seu espelhamento na consciência.[4]

No conto "Funes, o memorioso", o narrador toma como personagem um indivíduo peculiar, o próprio Irineu Funes, que costumava divertir e encantar a quantos encontrasse com sua curiosa habilidade de perceber exatamente as horas do dia[5]. Ocorre que certa vez derrubou-o um cavalo e ele ficou paralítico. O que era pitoresco em Funes transformou-se, após a invalidez, em assombrosa capacidade. Os seus sentidos se aguçaram ao paroxismo, ao que sua memória respondeu hipertrofiando-se para registrar o volume imensurável de informações servido pelos sentidos. Por efeito do acidente, ele agora era capaz de perceber

> todos os rebentos e cachos e frutos que comporta uma parreira. Sabia as formas das nuvens austrais do amanhecer do trinta de abril de mil oitocentos e oitenta e dois e podia compará-las na lembrança com as listras de um livro espanhol encadernado que vira somente uma vez [...] Essas lembranças não eram simples; cada imagem visual estava ligada às sensações musculares, térmicas etc. Podia reconstruir todos os sonhos, todos os entressonhos. Duas ou três vezes havia reconstruído um dia inteiro [...] cada reconstrução, porém, tinha requerido um dia inteiro [...].[6]

---

3 Idem, "Sobre o rigor na ciência", em *História universal da infâmia* (trad. Alexandre Eulálio, São Paulo, Globo, 2001), p. 117.

4 György Lukács, *Para uma ontologia do ser social II* (trad. Nélio Schneider, São Paulo, Boitempo, 2013), p. 66.

5 Jorge Luis Borges, "Funes, o memorioso", em *Ficções* (trad. Carlos Nejar, São Paulo, Globo, 1989), p. 93.

6 Idem.

Jorge Luis Borges, filosofia da ciência e crítica ontológica: verdade e transformação social / 113

Tão prodigiosos eram os sentidos de Funes que o sistema de numeração decimal parecia-lhe excessivamente prolixo. É compreensível, portanto, que ele chegou a pôr-se a tarefa de desenvolver outro sistema mais sintético em que a cada número correspondia uma palavra. Outro projeto que sua prodigiosa memória demandara foi o de um idioma em que cada singular ("cada pedra, cada pássaro e cada ramo") recebia um nome próprio. Tem razão o narrador ao ponderar que esses dois projetos, embora insensatos,

> [d]eixam-nos vislumbrar ou inferir o vertiginoso mundo de Funes. [...] [Ele] discernia continuamente os tranquilos avanços da corrupção, das cáries, da fadiga. Notava os progressos da morte, da umidade. Era o solitário e lúcido espectador de um mundo multiforme, instantâneo e quase intoleravelmente exato. [...] ninguém sentiu o calor e a pressão de uma realidade tão infatigável como a que dia e noite convergia sobre o infeliz Irineu, em seu pobre arrabalde sul-americano. Era-lhe muito difícil dormir. Dormir é distrair-se do mundo.[7]

Indivíduo de "mente tumultuadíssima", percebemos que Funes era incapaz de ideias gerais e que, por essa razão, para ele era de todo inconcebível que, por exemplo, "o símbolo genérico *cão*" pudesse designar não somente toda a quantidade e variedade de cães, mas também cada um dos cães nas infinitas circunstâncias de suas vidas. Espectador incansável e obcecado do singular, Funes conservava na memória todos os detalhes de tudo a que seus sentidos lhe davam acesso e de tudo que imaginava. Apesar disso, entretanto, Borges diz suspeitar que ele era incapaz de pensar, pois pensar é "esquecer diferenças, é generalizar, abstrair. No abarrotado mundo de Funes não havia senão pormenores, quase imediatos"[8].

Dispensa sublinhar que os problemas tratados nesse conto são essencialmente os mesmos do conto comentado antes, "O Aleph". Será visto depois que, nos dois casos, a observação e a identificação dos infinitos singulares têm por pressuposto uma ontologia subentendida na taxonomia a partir da qual cada um dos singulares é identificado, visto. Se é assim, é mais do que evidente a ilusão de que no Aleph só se veem singulares, ou que a Funes só importam os singulares. De fato, a taxonomia por intermédio da qual cada singular é capturado, visto, identificado, implica, com suas categorias do particular e do universal, relações de identidade e diferença entre os singulares, suas propriedades específicas, seus nexos recíprocos etc. Em outras palavras, pressupõe uma noção do mundo como totalidade, enfim, uma ontologia, mesmo quando, absurdamente, como parece insinuar Borges, a totalidade aparece como um amontoado de singulares atômicos. A afirmação mais

---

[7] Ibidem, p. 95-6.
[8] Ibidem, p. 97.

114 / Teoria social, verdade e transformação

cabal dessa concepção borgeana pode ser constatada em "O idioma analítico de John Wilkins", como veremos a seguir.

Nesse pequeno trabalho, a defesa da objetividade de nosso conhecimento do mundo feita por Borges é tão clara, tão inspirada que poderia rivalizar com um tratado filosófico. O projeto de criar uma linguagem filosófica desenvolvido por John Wilkins, personagem que "abundou em felizes curiosidades", serve de material para discutir a questão. O projeto de Wilkins visava solucionar a natureza indecifrável, inexpressiva das palavras de qualquer idioma, em que pesem as afirmações em contrário. Por exemplo, a Real Academia, ironiza Borges, menciona o pretenso caráter expressivo dos vocábulos da "riquíssima língua espanhola", mas, paradoxalmente, edita um dicionário em que os vocábulos "expressivos" recebem uma definição. Segundo Borges, observando que o "sistema decimal de numeração permite aprender em um único dia a nomear todas as quantidades e escrevê-las em um idioma novo", o dos algarismos, Descartes já havia imaginado, no início do século XVII, algo similar: uma linguagem "que organizasse e abarcasse todos os pensamentos humanos. Empreendimento que, por volta de 1664, acometeu John Wilkins"[9].

Wilkins partiu da suposição de que as pessoas em geral compartilham um mesmo princípio de razão e a mesma apreensão das coisas. Por isso, pareceu-lhe que a humanidade poderia livrar-se da confusão de línguas e suas infelizes consequências se as noções comuns pudessem estar vinculadas a símbolos compartilhados, escritos ou falados. Com esse propósito em vista, Wilkins imaginou, não sem admitida arbitrariedade, que quarenta gêneros básicos, subdivididos em diferenças, por sua vez subdivididas em espécies, formariam os símbolos de uma espécie de inventário do mundo. Para tornar expressiva a sua linguagem artificial, Wilkins fez corresponder um monossílabo a cada um dos quarenta gêneros, uma letra a cada diferença e mais uma a cada espécie. Desse modo, cada sequência de símbolos pronunciável expressaria imediatamente um determinado item do mundo. Borges ilustra assim o dispositivo: *de* corresponde ao gênero elemento; *deb*, acrescida a letra da respectiva diferença, no caso, o primeiro dos elementos, o fogo; adicionada a letra que designa a espécie, tem-se *deba*, uma porção do elemento do fogo, uma chama[10]. Outro exemplo seria o gênero mundo, representado por *da*, que, seguido da letra *d*, que correspondendo à segunda diferença, a qual denota celestial, resulta na noção de céu (*dad*). O símbolo para terra é *dady*, composto pelos mesmos elementos, mas incluindo o símbolo da sétima espécie *y*, denotando esse globo de terra e mar.

---

9 Idem, "O idioma analítico de John Wilkins", em *Outras inquisições* (trad. Sérgio Molina, São Paulo, Globo, 2000), p. 76.

10 Idem.

Jorge Luis Borges, filosofia da ciência e crítica ontológica: verdade e transformação social / 115

Esse é o esquema idealizado por Wilkins. No entanto, o que é essencial, o que importa mesmo, é a interpretação crítica de Borges. O problema que exige resposta, diz ele, é "o valor da tábua quadragesimal que é a base do idioma" de Wilkins. Para oferecer uma resposta, ele expõe a ambiguidade de algumas categorias:

a oitava categoria, a das pedras [...] Wilkins divide-as em comuns (pederneira, cascalho, piçarra), módicas (mármore, âmbar, coral), preciosas (pérola, opala), transparentes (ametista, safira) e insolúveis (hulha, greda e arsênico). Quase tão alarmante como a oitava, é a nona categoria. Esta revela-nos que os metais podem ser imperfeitos (cinabre, mercúrio), artificiais (bronze, latão), recrementícios (limalhas, ferrugem) e naturais (ouro, estanho, cobre). A baleia figura na décima sexta categoria; é um peixe vivíparo, oblongo.[11]

As "ambiguidades, redundâncias e deficiências" dessa classificação trazem à lembrança a classificação dos animais de uma suposta enciclopédia chinesa – *Empório celestial de conhecimentos benévolos* –, citada por Franz Kuhn, inventa Borges. Como será visto, tal classificação dos animais do "empório de conhecimentos" e a de Wilkins, reproduzida acima, oferecem os elementos centrais do argumento de Borges e, por essa razão, muito embora seja muito difundida, requer a transcrição integral abaixo. Os animais são assim discriminados:

a) pertencentes ao Imperador
b) embalsamados
c) amestrados
d) leitões
e) sereias
f) fabulosos
g) cães soltos
h) incluídos nesta classificação
i) que se agitam como loucos
j) inumeráveis
k) desenhados com um finíssimo pincel de pelo de camelo
l) *et cetera*
m) que acabam de quebrar o vaso
n) que de longe parecem moscas[12]

Prescindindo da declaração mais direta de Borges, a ser vista adiante, as passagens acima já indicam de maneira inequívoca sua convicção na objetividade de nosso conhecimento e, por extensão, na objetividade da ontologia que ele sempre subentende. De fato, a ambiguidade, a deficiência e, sobretudo, o antropomorfismo das classificações expressam o caráter social, histórico e, portanto, falível das noções ontológicas nas quais, a cada vez, nossa prática está baseada[13]. Todavia, sua

---

[11] Ibidem, p. 77.

[12] Ibidem, p. 77-8.

[13] Como momento da prática, condicionada por suas finalidades, a antropomorfização tem de possuir alguma objetividade a despeito de sua falsidade em termos ontológicos. Tal objetividade, sublinhada por Borges, também é corroborada por Keith Thomas ao salientar que, no "início do período moderno, mesmo os naturalistas viam o mundo de uma perspectiva essencialmente humana e tendiam a classificá-lo menos com base em suas qualidades intrínsecas que na relação

116 / Teoria social, verdade e transformação

falibilidade não contradiz sua objetividade, sendo antes seu pressuposto. A menção à baleia, definida como peixe vivíparo, oblongo na taxonomia de Wilkins, não é gratuita. Com tal recurso Borges força o leitor a uma reflexão involuntária. Leva o leitor a perceber imediatamente que a classificação não captura de maneira correta, objetiva, a estrutura anatômico-fisiológica da baleia – um mamífero – e que, portanto, é falsa, mas ao mesmo tempo e no mesmo ato faz o leitor afirmar a objetividade de seu próprio conhecimento, ou de sua própria taxonomia, pois ele só pode flagrar um erro de um ponto de vista tido como verdadeiro. Do que é possível concluir que nossas classificações baseadas em observações superficiais, da prática cotidiana – por exemplo, animal que nada e vive submerso é peixe – podem ser superficiais, falsas e podem (e devem) ser corrigidas, mas são objetivas em algum grau, afinal é nelas em que se baseia a prática cotidiana. Borges emprega o mesmo expediente ao recorrer à classificação da enciclopédia chinesa, que só arranca risos precisamente porque o leitor percebe seu absurdo, mas ele o faz, é evidente, sob a óptica de sua própria classificação, assumida como verdadeira, objetiva.

Borges finaliza o ensaio de maneira menos alusiva quando declara, a propósito das ambiguidades das classificações citadas, que todas as classificações do universo são arbitrárias[14]. Não obstante, adverte: a "impossibilidade de penetrar o esquema divino do universo não pode, contudo, dissuadir-nos de planejar esquemas humanos, mesmo sabendo que eles são provisórios"[15].

Sendo humano, o conhecimento não pode ter acesso ao "divino", ao absoluto. Entretanto, como a prática humana é teleológica, finalística, o conhecimento do mundo é seu pressuposto necessário e, em consequência, nada pode mesmo "dissuadir-nos de planejar esquemas humanos". E se os esquemas humanos são condição insuprimível da prática, segue-se que, embora provisórios, falíveis, são objetivos.

Essa interpretação de Borges, é preciso dizer, discrepa totalmente da sustentada por Foucault com base no último ensaio. Na verdade, seria impossível garantir categoricamente, mas "O idioma analítico de John Wilkins" parece dever grande parte de sua difusão ao fato de que Foucault, no prefácio de *As palavras e as coisas*, revela que o livro nasceu da leitura do ensaio de Borges[16]. Segundo Foucault, a classificação dos

---

com os homens. As plantas, por exemplo, eram estudadas principalmente em vista de seus usos humanos, e percebidas da mesma maneira. Havia sete tipos de ervas, afirmava William Coles, em 1656: ervas de vaso; ervas medicinais; cereais; legumes; flores; capim e ervas daninhas"; Keith Thomas, *O homem e o mundo natural* (trad. João Roberto Martins Filho, São Paulo, Companhia das Letras, 1988), p. 63.

[14] Jorge Luis Borges, "O idioma analítico de John Wilkins", cit., p. 78.

[15] Idem.

[16] Michel Foucault, *As palavras e as coisas: uma arqueologia das ciências humanas* (trad. Salma Tannus Muchail, São Paulo, Martins Fontes, 2000), p. ix.

animais da suposta enciclopédia chinesa o fez "rir durante muito tempo, não sem um mal-estar evidente e difícil de vencer"[17]. Não obstante, são risos muito distintos os provocados pela taxonomia. O primeiro, sugerido antes, é um riso que encontra uma graça na insensatez do esquema, que julga, não sem condescendência, a partir da objetividade experimentada da própria ontologia; o segundo é um riso de perplexidade, de espanto diante de uma taxonomia que presumivelmente demonstra o irremediável contrassenso de nossos esquemas mentais, diante da impossibilidade de alcançarmos um conhecimento objetivo do mundo. De acordo com Foucault, tal riso

> perturba todas as familiaridades do pensamento – do nosso: daquele que tem nossa idade e nossa geografia –, abalando todas as superfícies ordenadas e todos os planos que tornam sensata para nós a profusão de seres, fazendo vacilar e inquietando [...] [No] deslumbramento dessa taxonomia, o que de súbito atingimos, o que, graças ao apólogo, nos é indicado como encanto exótico de um outro pensamento, é o limite do nosso: a impossibilidade patente de pensar isso.[18]

Impressão de leitura essa que parece uma manifestação do que, a propósito das ideias do filósofo neopragmático Richard Rorty, denominei em outro trabalho carecimento de Deus[19]. Posição que, a partir da constatação algo trivial de que todo conhecimento, sendo humano, social, é sempre relativo, mistura o objetivo com o absoluto e, inalcançável o último, defende o relativismo no atacado. Portanto, frustrada a aspiração megalômana de tudo saber, privam-se todos os conhecimentos mundanos de qualquer objetividade.

É importante explorar os sentidos mais profundos dessa diferença de leitura, e não, é claro, no campo específico da crítica literária, mas pelas sérias repercussões do ceticismo subjacente à interpretação de Foucault. Na prática, independentemente da intenção de quem o advoga, o ceticismo significa tácita aquiescência com o *status quo*. Tal ceticismo não passa despercebido por Christopher Norris, para quem a passagem de Borges utilizada por Foucault demonstra de maneira irretorquível seu ponto de vista antirrealista, convencionalista e nominalista. De fato, afirma ele, para Foucault a classificação dos animais da "enciclopédia chinesa" vale como índice do caráter paroquial, cultural-determinado de nossos conceitos e categorias. Em sua crítica à leitura de Foucault, Norris concorda com a interpretação aqui defendida, assinalando que a "possibilidade de pensar sobre tais exóticas classificações indica nossa capacidade de percebê-las como uma instância de categorização

---

[17] Ibidem, p. xii.
[18] Ibidem, p. x.
[19] Ver Mario Duayer, "Relativismo, certeza e conformismo: para uma crítica das filosofias da perenidade do capital", neste livro, p. 101.

118 / Teoria social, verdade e transformação

extravagante e tola", além de imaginar que constituem uma alusão ficcional "aos nossos hábitos naturalizados de pensamento e percepção". Justamente por isso, argumenta Norris, é um total equívoco pretender, como quer Foucault, que a simples possibilidade de pensar e, no caso de Borges, inventar tais "pensamentos completamente impossíveis" serve de base suficiente para sugerir que "*todos* os nossos conceitos, categorias, compromissos ontológicos etc. são igualmente construtos ficcionais extraídos de um ou de outro discurso 'arbitrário'"[20].

Na opinião de Norris, essas ideias compõem a premissa implícita de todo o projeto foucaultiano, já no seu ponto de partida na "arqueologia" do conhecimento, de corte estruturalista, até o enfoque genealógico (pós-1970) de matriz nietzschiana, e que decerto alimentam as agendas do pós-moderno, do neopragmatismo e adjacências. Ainda segundo Norris, tal premissa pode ser pensada como um *reductio ad absurdum* da proposta antirrealista, que "inicia por localizar a verdade nas proposições sobre as coisas, em lugar de localizá-las nas próprias coisas, e termina (com Quine, Kuhn, Rorty, Lyotard etc.) por relativizar holisticamente a 'verdade' a qualquer tipo de jogo de linguagem que calha desfrutar tal título"[21].

Como se pode constatar, a utilização dos textos de Borges aqui analisados serve a propósitos teóricos – e políticos – muito distintos. Podem ilustrar a concepção, aqui defendida, de que nunca podemos pensar e agir "de lugar nenhum", que nossa prática e o pensamento que a dirige se baseiam em caracterizações gerais do mundo, em ontologias, que, como se viu com Borges, são provisórias, falíveis, mas têm sua objetividade corroborada pelas práticas que elas informam. Mas podem também ser tomadas como exemplo da noção de que todas as nossas crenças, teóricas ou não, são equiparáveis, posto que a verdade – objetividade – é tida por inalcançável. Portanto, as leituras dos textos, destes e de outros, suas interpretações, criam, reforçam ou refutam, estimulam ou inibem, as ideias correntes. Não há como ser indiferente a leituras discrepantes, conflitantes, uma vez que elas expressam disputas ontológicas cujo impacto na prática é impossível negligenciar, pois é nas caracterizações gerais do mundo que vamos buscar nossas ideias sobre o desejável, o possível, o factível.

A FILOSOFIA DA CIÊNCIA E A ONTOLOGIA

Tal como anunciado na introdução, passamos agora da literatura à filosofia da ciência e tentamos mostrar que também a ciência, a despeito de tantos protestos ao contrário, não pode funcionar em um vácuo ontológico. O exame sucinto das concepções de ciência e de explicação científica do positivismo lógico, de Kuhn e

---

[20] Christopher Norris, *Reclaiming Truth*, cit., p. 169.
[21] Idem.

de Lakatos, permite demonstrar essa afirmação, apesar do desprezo e indiferença de suas teorias por questões ontológicas. Para tal demonstração, vale advertir, serão utilizados alguns esquemas que procuram mostrar graficamente o embargo às questões ontológicas na filosofia. Nesse sentido, antes de alimentar a intenção de elaborar uma análise exaustiva de correntes e autores, as considerações que se seguem tomam as formulações das principais correntes e/ou autores da filosofia da ciência ortodoxa para ilustrar como neles a interdição à ontologia é puramente nominal[22].

Para iniciar, na figura abaixo tem-se a representação esquemática de como o empirismo mais tosco concebe o processo de conhecimento[23]. O interior das linhas paralelas horizontais representa o fluxo de eventos, ou seja, tudo o que está acontecendo no mundo. Se o conhecimento, para o empirismo, é generalização do que o aparato sensorial permite apanhar do mundo, no esquema esse processo é ilustrado pelo movimento que inicia na parte superior da linha diagonal e que, ao longo dela, "atravessa" o fluxo de eventos. Cada um dos recorrentes percursos ao longo da linha permite capturar novos fatos empíricos e proceder à sua generalização, conformando assim o conhecimento que a prática pressupõe e produz. Salvo equívocos no processo de generalização do empírico experimentado pelos sentidos, livre de especulações metafísicas – ideias sem procedência estritamente empírica –, erros que à ciência caberia evitar, esse processo cumulativo implicaria um conhecimento cada vez mais abrangente do mundo, ou seja, "sistemas de crenças", "coordenadas ideológicas" ou "esquemas ontológicos" aperfeiçoados empiricamente de maneira continuada, por princípio remissíveis às sensações originárias e, por essa razão, irrefutáveis.

---

[22] Ver Mario Duayer, "Relativismo, certeza e conformismo", cit., para uma explanação mais detalhada dos argumentos elaborados nesta seção. Para uma exposição sintética das concepções de Kuhn e Lakatos, ver Frederick Suppe (org.), *The Structure of Scientific Theories* (Chicago, University of Illinois Press, 1977).

[23] Devo a Rômulo A. Lima a elaboração dos esquemas, a quem sou grato pela contribuição.

120 / Teoria social, verdade e transformação

Infere-se de imediato que essa concepção subentende um sujeito do conhecimento que só pode ser um indivíduo originário, isolado, atômico, pré-adâmico, desprovido de relações não só com outros indivíduos, mas também com a natureza, indivíduo que, por tudo isso, não possui linguagem nem consciência. É esse indivíduo que subitamente passa a interagir com a natureza e dessas experiências sem ideias começa a formá-las ao flagrar as semelhanças e diferenças entre as coisas colhidas aqui e ali por seus sentidos. De maneira gradual, por conseguinte, esse absurdo indivíduo vai construindo particulares e universais, arma para si uma inteligibilidade do mundo, no qual de início transitara "empiricamente", por absurdo que pareça e é, sem qualquer inteligibilidade, às cegas. Por último, uma vez que, de acordo com essa concepção, o conhecimento é um simples efeito mecânico do mundo capturado pelo nosso aparato sensorial – uma espécie de efeito *drive-thru* do mundo atravessando nossos sentidos –, os sistemas de crenças assim formados exclusivamente do empírico estariam livres de toda "metafísica". Não obstante tal pretensão, não é difícil perceber, como demonstrou Bhaskar[24], que essa concepção de conhecimento subentende uma ontologia empirista na qual o mundo achatado, unidimensional, colapsado nas impressões dos sujeitos, é constituído de coisas e eventos atômicos, uma vez que suas eventuais características e relações nada mais são do que meras concomitâncias (semelhanças, regularidades empíricas, padrões de associação) percebidas pelos sujeitos. O atômico sujeito da cognição, por conseguinte, está em conformidade com essa ontologia implícita.

No positivismo lógico, a própria tradição positivista procurou superar as absurdas inconsistências dessa concepção que, para cumprir a depuração do discurso científico de toda metafísica, seu ponto programático central, precisava garantir que todos os itens do conhecimento pudessem ser remontados ao dado empírico bruto. Ideia que subentende, sem enunciar, uma espécie de mito criacionista: o indivíduo isolado da cognição, que não é outro senão o indivíduo isolado superlativo do pensamento liberal, eminência parda de tantas teorias. Para reformular tal posição, o positivismo lógico ao menos admite, ainda que de maneira muito curiosa, que o sujeito que apercebe, que forma ideias, que confere sentido aos dados de suas impressões, nunca existe sem ideias.

O resultado dessa reformulação da concepção de ciência e de explicação científica da tradição positivista está ilustrado no próximo esquema. Em conformidade com a gnosiologia empirista da tradição positivista, para a qual todo conhecimento é derivado da experiência sensorial e justificado com base nela, o positivismo lógico herdou a função sempre reclamada por aquela tradição: operar como supervisor da mente em seus processos de generalização científicos, coibindo especulações

---

[24] Roy Bhaskar, *A Realist Theory of Science* (Londres, Verso, 1977), cap. 1.

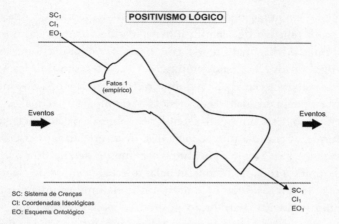

metafísicas e, com isso, mantendo firmes os liames da mente com o mundo, aqui compreendido como a realidade capturada pelo aparato sensorial. Função normativa que o positivismo lógico imaginou desempenhar postulando uma estrutura geral do discurso científico, supostamente característico das ciências paradigmáticas, a física em especial.

De acordo com tal prescrição, todo discurso científico tem de apresentar uma estrutura hipotético-dedutiva, também conhecida como modelo H-D do discurso científico. Dito em poucas palavras, o H-D postula que toda teoria consiste em um cálculo axiomático-dedutivo. O que equivale a dizer que, sob essa ótica, uma teoria nada mais é do que um conjunto de axiomas, incluindo ao menos uma lei geral, igualmente axiomática, conjunto do qual é deduzida uma série de proposições sobre fenômenos observáveis.

Pode-se ver na ilustração acima que, diferentemente do empirismo, o sujeito da cognição não vai mais à prática desprovido de ideias. De modo similar ao esquema anterior, aqui o processo de conhecimento também inicia na parte superior da diagonal e, ao longo dela, "atravessa" o fluxo de eventos, capturando em cada um dos ciclos novos fatos empíricos. No entanto, nesse caso os fatos empíricos não dão origem às generalizações. Ao contrário, as teorias construídas dedutivamente a partir dos axiomas são generalizações postuladas, descrições imaginadas de um setor da realidade que, observada a injunção positivista, só podem consistir em regularidades empíricas entre fenômenos ou relações funcionais estáveis, entre variáveis observáveis da perspectiva oferecida pelas teorias. A condição de validade das teorias, portanto, é a sua corroboração pela evidência observacional. Em síntese, as teorias postulam regularidades empíricas ou conjunções constantes de eventos que são validadas quando as regularidades postuladas são corroboradas pela evidência empírica. Partindo de SC_1, EO_1 ou CI_1, na parte superior da diagonal – ou seja, de

122 / Teoria social, verdade e transformação

uma ontologia, uma figuração particular do mundo –, a teoria "transpassa" o fluxo de eventos com o objetivo de identificar as regularidades empíricas postuladas. A cada ciclo ao longo da diagonal a teoria, com base nos mesmos axiomas estruturais, procura abranger novos fenômenos empíricos, vale dizer, subsumi-los à sua interpretação. O sucesso dessa expansão do domínio empírico da teoria é ao mesmo tempo a validação empírica do "sistema de crenças" – ontologia – no qual está fundada.

Não vem ao caso neste momento estender-se sobre a total ausência, no modelo H-D, de qualquer menção à procedência das ideias que armam esse "sistema de crenças", por assim dizer, arquétipo. Para o argumento defendido no artigo, mais do que dar destaque a todas as inconsistências dessa concepção de ciência e explicação científica, importa sobretudo enfatizar que ela implica uma clara refutação da posição antiontológica da tradição positivista, pois sustentar que o discurso científico é axiomático-dedutivo equivale a dizer que toda teoria está fundada em um "sistema de crenças", "esquema ontológico" ou "coordenadas ideológicas", ou seja, em uma ontologia. Em consequência, teorias não podem mais ser consideradas, como sempre pretendeu a tradição positivista, expressão dos dados brutos da experiência, sendo, na verdade, interpretação do mundo. Portanto, em lugar de os fenômenos captados pelos sentidos se converterem naturalisticamente em teoria por uma espécie de processo mecânico, como subentende o empirismo, nesse caso é a teoria que confere sentido aos fenômenos captados pelo aparato sensorial. Como adverte Bhaskar, "fatos [...] não são o que apreendemos em nossa experiência sensorial, mas resultados de teorias em termos das quais é organizada nossa apreensão das coisas"[25]. Desse modo, para o propósito desse artigo é absolutamente crucial ter presente que o positivismo lógico, embora insinuasse de maneira vaga e ambígua o enraizamento das teorias na empiria, na verdade implicava precisamente o oposto. A pretensa atitude antiontológica dissimula uma ontologia implícita: a ontologia empírica acriticamente herdada do empirismo na qual o mundo consiste de fenômenos atômicos.

Os dois próximos esquemas ilustram a concepção de ciência e de explicação científica das correntes pós-positivistas hoje predominantes na filosofia da ciência. São consideradas pós-positivistas porque se instauram a partir da crítica às concepções positivistas. Todavia, é possível mostrar que, apesar da relevância de alguns de seus argumentos, essas correntes não constituem uma crítica efetiva à tradição positivista. Do ponto de vista substantivo, da forma como concebem a ciência e a explicação científica, mal se diferenciam da concepção de que se imaginam crítica radical. Para sustentar esse argumento, o artigo concentra-se nos autores

---

[25] Idem, *Reclaiming Reality: A Critical Introduction to Contemporary Philosophy* (Londres, Verso, 1989), p. 60-1.

mais emblemáticos do pós-positivismo na filosofia da ciência: Kuhn e Lakatos. Eles focalizam prioritariamente as ciências naturais, mas sua influência pode ser constatada nas correntes teóricas que predominam hoje na teoria social, tais como culturalismo, pós-modernismo, pragmatismo, construtivismo, entre outras, que direta ou indiretamente se inspiram em suas ideias, em particular no relativismo no atacado associado a suas teorias. O exame das concepções dos dois autores a ser visto na sequência procura dar destaque ao papel da ontologia em suas teorias da ciência. No entanto, não deve passar despercebido o fato de que nelas, exatamente como no positivismo lógico, a função da ciência se reduz à busca de regularidades empíricas entre fenômenos (variáveis) e de sua corroboração empírica. A propriedade relevante das teorias científicas, portanto, é a sua capacidade preditiva, e não a de oferecer uma explanação verossímil e objetiva da realidade.

A figura na página a seguir representa as ideias do "pós-positivista" Thomas Kuhn. Como se sabe, o autor sustenta que na dinâmica de toda ciência pode-se observar o padrão exibido no esquema. De acordo com ele, qualquer ciência está fundada em um paradigma (em uma ontologia) – SC_1, CI_1 ou EO_1 – e se aperfeiçoa nos repetidos ciclos ao longo da diagonal. A ciência normal, como a denomina Kuhn, distende seu domínio empírico nesse processo, tal como preconizado pelo positivismo lógico. Como assinalado acima, a ciência aqui tem a exclusiva função de capturar regularidades empíricas entre fenômenos relevantes apanhados por sua malha interpretativa. No entanto, a própria lógica da ciência normal de ampliar continuamente o seu território empírico acaba por fazê-la encontrar um limite. Após certo período, a ciência normal mostra-se inadequada, insuficiente, pois não consegue "explicar" novos fenômenos, ou incorporar novos fenômenos ao seu domínio. Tal estagnação, segundo Kuhn, inaugura um período revolucionário em que novas teorias disputam a hegemonia interpretativa da ciência normal, que, por fim, acaba sendo substituída por outra teoria – no caso do esquema, representada pela área escura. Para o autor, tem-se nesse caso o que ele denominou *shift* paradigmático: a nova ciência normal está fundada em outro paradigma – SC_2, CI_2 ou EO_2 –, outra ontologia, outra figuração do mundo, e apresenta uma dinâmica idêntica à da teoria que substituiu.

Tendo em vista que, de acordo com tal perspectiva, como se disse, o empírico é interno a cada paradigma, nunca é possível justificar empiricamente a supremacia da corrente teórica que, a cada vez, conquistou a hegemonia. De fato, como se pode observar no esquema, a área quadriculada, que indica a interseção dos respectivos "empíricos" das correntes, revela que elas são equivalentes do ponto de vista empírico. Pois o "excesso de empírico" de cada uma é irrelevante para a outra. A supremacia em questão, portanto, só pode ser ontológica, ou seja, da ontologia em que a nova corrente está fundada. E o autor pós-positivista admite

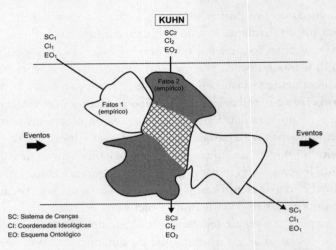

explicitamente o que o positivismo lógico subentendia, a saber, que toda ciência põe e pressupõe uma ontologia. Mais do que isso, mostra que o fundamental na dinâmica das ciências é a mudança radical na figuração do mundo, na ontologia que põem e pressupõem. No entanto, esse expresso reconhecimento da absoluta relevância da ontologia, de seu caráter decisivo nas disputas científicas substantivas, não tem nenhum efeito teórico na concepção de ciência e de explicação científica do autor, porque simplesmente a ontologia jamais é tematizada. Constata-se que os paradigmas, codinomes para ontologia, são elementos estruturais de qualquer ciência, mas jamais se analisa sua procedência e natureza. Por essa razão, pode-se concluir, como fizeram os críticos de Kuhn, que os paradigmas são incomensuráveis e, portanto, a crítica é impossível. Posição teórica cujo corolário é a equiparação de todos os sistemas de crença e, consequentemente, a refutação da objetividade de todo conhecimento. Trata-se de um relativismo no atacado de sentido inequívoco: a verdade não importa, pois é inalcançável. Por conseguinte, a ciência só pode se legitimar por sua eficácia como instrumento da práxis imediata.

A próxima figura ilustra as ideias de Imre Lakatos. Ele substitui a polaridade ciência normal/ciência revolucionária do esquema kuhniano — pouco matizada e, por isso, incapaz de assimilar a coexistência de várias correntes teóricas em disputa pela hegemonia explicativa em uma ciência específica — pela ideia de *programas de pesquisa científica* (PPC). Na versão lakatosiana, a ciência deve ser compreendida como consistindo de sistemas ou famílias de teorias, em lugar de teorias isoladas. A ciência, sob essa ótica, funciona como um sistema de teorias em permanente processo de aperfeiçoamento e transformação. Tais sistemas ou tradições teóricas, em cada ciência particular, constituem um PPC, de modo que é possível haver em uma dada ciência uma variedade de tradições teóricas, cada qual evoluindo de acordo com os protocolos de seu PPC, ilustradas aqui por SC_1, CI_1 ou EO_1 – SC_2, CI_2 ou EO_2 – SC_3, CI_3 ou EO_3.

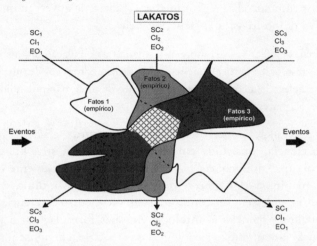

Em linhas gerais, na explanação lakatosiana os PPCs são constituídos por dois tipos de regras metodológicas, uma heurística negativa e uma positiva. A heurística negativa de um PPC estabelece as investigações impróprias em seu interior; especificamente, desautoriza a investigação do *núcleo duro* do PPC – ou seja, o conjunto de axiomas estruturais que compõem a sua parte *irrefutável*, ou seja, SC_1, SC_2 e SC_3. A heurística positiva define as linhas de pesquisa legítimas, abonadas pelo PPC, constituindo o rol de indicações para aperfeiçoar e modificar as teorias que orbitam o núcleo rígido, teorias que compõem o "cinturão protetor" do PPC, ou sua parte refutável.

Excetuando-se a possibilidade de coexistência de diferentes correntes teóricas, a proposta de Lakatos no essencial é praticamente idêntica à de Kuhn. No que diz respeito à dinâmica e função da ciência, pode-se inferir de suas proposições que as teorias são construídas para capturar regularidades empíricas entre os fenômenos e que, portanto, cada sistema de teorias evolui ou não de acordo com sua capacidade de aprender novos fatos empíricos sob sua interpretação. O que implica que a função da ciência é a de operar como instrumento da prática imediata. Por outro lado, assim como Kuhn, Lakatos, apesar de defender que a diferença entre as correntes teóricas é ontológica, cancela *a priori* a possibilidade de se analisar ou discutir os fundamentos ontológicos dos distintos sistemas teóricos, uma vez que os chamados núcleos rígidos são por definição irrefutáveis. Mais uma vez, portanto, se as teorias se legitimam empiricamente e seus núcleos rígidos são irrefutáveis, o resultado dessa concepção é a negação da objetividade do conhecimento científico, enfim, a equiparação de todos os sistemas de crenças, a paridade de todas as ontologias, não importa se baseadas na razão e na ciência ou nas noções superficiais do cotidiano, na superstição, no mágico e místico.

126 / Teoria social, verdade e transformação

Se nem o conhecimento científico é objetivo, a conclusão só pode ser uma: a desqualificação da verdade e a apologia velada do instrumentalismo, da ciência como simples instrumento da prática imediata. Lukács já advertira que esse era o efeito substantivo do positivismo lógico, pois nele

> não se trata mais de saber se cada momento singular da regulação linguística científica [...] conduz a resultados práticos imediatos, mas, pelo contrário, de que o inteiro sistema do saber é elevado à condição de instrumento de uma manipulabilidade geral de todos os fatos relevantes.[26]

Nesse contexto, Lukács poderia ter ressaltado a absurda falácia da posição que pretende que a ciência construída em conformidade com suas prescrições não contribui para plasmar uma concepção de mundo, mas unicamente oferece instrumentos para manipulá-lo. Como se todas as imagens do mundo entretidas na sociedade moderna pudessem ser compostas sem o concurso da ciência!

Por elidir qualquer menção à ontologia em suas formulações, o positivismo lógico podia evocar a neutralidade axiológica da ciência e, em consequência, justificar o seu caráter meramente instrumental. Livre de qualquer ontologia, a ciência não poderia estar a serviço desses ou daqueles valores ou interesses. Artifício que naturalmente está vedado aos autores pós-positivistas examinados, mas que suas concepções de fato subentendem. Trata-se de uma incongruência insanável sustentar que toda ciência está fundada em uma ontologia e, simultaneamente, como fazem Kuhn e Lakatos, circunscrever o papel da ciência a instrumento da prática imediata. Pois a ciência, de acordo com suas formulações, em lugar de ser axiologicamente neutra, sempre funcionaria como instrumento de realização dos valores e interesses próprios da ontologia em que está fundada.

LUKÁCS: TRABALHO, CIÊNCIA E VERDADE

Das considerações precedentes conclui-se que a ontologia é incontornável ou, como escreveu Borges, a "impossibilidade de penetrar o esquema divino do universo não pode, contudo, dissuadir-nos de planejar esquemas humanos, mesmo sabendo que eles são provisórios". Se totalizamos compulsivamente, se a figuração do mundo, a caracterização geral do mundo é momento fundamental da práxis em geral e, portanto, também da prática científica, compreende-se por que Marx, a partir dos *Grundrisse*, inicia a elaboração de uma figuração, sistemática e articulada, da sociedade capitalista, crítica das figurações correntes, científicas ou não, que essa forma

---

[26] György Lukács, *Para uma ontologia do ser social I* (trad. Carlos Nelson Coutinho, Mario Duayer e Nélio Schneider, São Paulo, Boitempo, 2012), p. 58.

social gera e necessita. Ou seja, ele formula uma ontologia da sociedade moderna em tudo distinta da que circunscreve a práxis à contínua reprodução do existente. Como sustenta Lukács logo no primeiro parágrafo do capítulo da *Ontologia* dedicado a Marx,

> quem procura resumir teoricamente a ontologia marxiana encontra-se diante de uma situação um tanto paradoxal. Por um lado, nenhum leitor imparcial de Marx pode deixar de notar que todos os seus enunciados concretos [...] são ditos [...] como enunciados diretos sobre certo tipo de ser, ou seja, são afirmações puramente ontológicas.[27]

A razão dessa necessária *démarche* ontológica o próprio Lukács ajuda a entender. Dentre os inúmeros desenvolvimentos notáveis presentes no seu exame do complexo do trabalho, há indicações fundamentais para compreender a importância da consideração explícita da ontologia. Para expor sinteticamente o ponto, cumpre observar que, na análise desse complexo, Lukács enfatiza a determinação especificamente humana do trabalho e, seguindo Marx, destaca seu caráter teleológico. Para tratar dos pressupostos do pôr finalidade presente no trabalho, Lukács, baseado em Aristóteles e no aditamento às ideias deste último proposto por Hartmann, ressalta os dois momentos centrais do trabalho: o pôr a finalidade e a análise dos meios necessários para efetivá-la. Dois momentos que, no trabalho mais primitivo, mal podem ser distinguidos, mas que no desenvolvimento do ser social acabam por se diferenciar, ponto que interessa aqui salientar. O pôr a finalidade pressupõe, afirma Lukács, uma apropriação espiritual da realidade orientada pelo fim posto, pois só dessa maneira o resultado do trabalho pode ser algo novo, algo que não emergiria de maneira espontânea dos processos próprios da natureza. No entanto, por contraste, assinala Lukács, o reordenamento dos materiais e processos naturais requerido para que eles possam dar origem ao fim posto exige um conhecimento o mais adequado possível desses objetos e processos, precisamente para convertê-los de legalidades (processos) naturais em legalidades postas. Ao contrário do antropomorfismo próprio da possessão espiritual da realidade condicionada pela finalidade planejada, aqui há de prevalecer o máximo de desantropomorfização, pois a consecução do fim não seria possível sem o conhecimento das propriedades dos objetos e processos envolvidos na transformação das causalidades naturais em causalidades postas.

Desse modo, se o exame do complexo do trabalho permite demonstrar a gênese do conhecimento no trabalho, não é difícil compreender que esses dois momentos do trabalho – pôr a finalidade e investigação dos meios – acabam por se tornar relativamente autônomos com o aperfeiçoamento e a complexificação dos processos

---

[27] Ibidem, p. 281.

128 / Teoria social, verdade e transformação

de trabalho, ou da produção e reprodução das condições materiais da vida com o desenvolvimento do ser social. Na elaboração lukacsiana, a ciência, cuja gênese pode ser remetida aos trabalhos mais rudimentares, é o momento da investigação dos meios progressivamente autonomizados em relação às finalidades dos processos de trabalho particulares. Em consequência, mesmo sem descolar por completo da determinação social dos fins, ao se afirmar como esfera relativamente autônoma a ciência passa a ter como finalidade específica a verdade, ou seja, o conhecimento mais adequado possível da realidade em si mesma. Num aparente paradoxo, portanto, mesmo tendo sua origem vinculada às finalidades (aos valores) postas pelos sujeitos, a ciência busca a verdade das coisas para, sem persegui-los imediatamente, contribuir para a efetivação dos valores.

Explica-se, desse modo, a orientação obrigatoriamente ontológica da genuína ciência, que, para formular em *slogan*, poderia ser: conhecer o mundo tal como ele é para mudá-lo em nosso (humano) proveito. Se for possível admitir tal interpretação, pode-se entender porque, para Lukács, os enunciados de Marx são "afirmações puramente ontológicas" e, nessa medida, são crítica ontológica. A crítica da economia política, em Marx, tem a marca da orientação ontológica da genuína ciência: interessa-lhe o conhecimento mais correto possível da formação social regida pelo capital. Mundo social que, sendo histórico, muda necessariamente. Por conseguinte, a teoria social adequada a esse mundo tem de consistir em uma crítica das teorias que, por estarem fundadas em uma ontologia que trunca a historicidade, não podem senão se circunscrever à investigação da estrutura da sociedade moderna, de seu funcionamento, com o que corroboram e infundem a impressão de sua perenidade e, em conformidade, condicionam e habilitam os sujeitos a responderem de maneira passiva a seus imperativos.

A crítica a esse tipo de concepção consiste sobretudo em restituir ao objeto, à sociedade, sua efetiva historicidade e, desse modo, capturar a verdade da dinâmica histórica da forma social regida pelo capital, elucidar suas tendências, seus futuros possíveis e, com isso, abrir aos sujeitos novas possibilidades de prática. Pois a relação da humanidade com a historicidade do mundo social produzida por sua prática é ela própria histórica. Não tem de ser uma relação anistórica tal como implícito no pós-modernismo, no pós-estruturalismo e no neopragmatismo, correntes teóricas em que a história é concebida, no máximo, como pancontingência, como absoluta contingência a cujas ocorrências só resta à humanidade assistir e se ajustar. A crítica ontológica, portanto, não apenas refigura a sociedade com sua intrínseca historicidade, mas restitui ao sujeito, aos seres humanos, a historicidade de sua relação com sua própria história, na qual eles não estão em absoluto destinados a serem eternamente meros espectadores. Essa verdade da crítica ontológica de

Jorge Luis Borges, filosofia da ciência e crítica ontológica: verdade e transformação social / 129

Marx é condição da práxis transformadora: sair da pré-história, da práxis reativa, e participar ativamente da história, da construção de um mundo digno do humano.

REFERÊNCIAS BIBLIOGRÁFICAS

BHASKAR, Roy. *A Realist Theory of Science*. Londres, Verso, 1977.

_____. *Philosophy and the Idea of Freedom*. Oxford, Basil Blackwell, 1991.

_____. *Reclaiming Reality*: A Critical Introduction to Contemporary Philosophy. Londres, Verso, 1989.

BORGES, Jorge Luis. Funes, o memorioso. In: _____. *Ficções*. Trad. Carlos Nejar, São Paulo, Globo, 1989.

_____. O Aleph. In: _____. *Obras completas*, v. I. Trad. Flávio José Cardozo, São Paulo, Globo, 1998.

_____. O idioma analítico de John Wilkins. In: _____. *Outras inquisições*. Trad. Sérgio Molina, São Paulo, Globo, 2000.

_____. Sobre o rigor na ciência. In: _____. *História universal da infâmia*. Trad. Alexandre Eulálio. São Paulo, Globo, 2001.

DUAYER, Mario. Relativismo, certeza e conformismo: para uma crítica das filosofias da perenidade do capital, neste livro, p. 89-108.

FOUCAULT, Michel. *As palavras e as coisas*: uma arqueologia das ciências humanas. Trad. Salma Tannus Muchail, São Paulo, Martins Fontes, 2000.

LUKÁCS, György. *Ontologia del ser social*: el trabajo. Buenos Aires, Herramienta, 2004.

_____. *Para uma ontologia do ser social I*. Trad. Carlos Nelson Coutinho, Mario Duayer e Nélio Schneider, São Paulo, Boitempo, 2012.

_____. *Para uma ontologia do ser social II*. Trad. Nélio Schneider, São Paulo, Boitempo, 2013.

MARX, Karl. *Grundrisse*: manuscritos econômicos de 1857-1858: esboços da crítica da economia política. Trad. Mario Duayer e Nélio Schneider, São Paulo, Boitempo, 2011.

NORRIS, Christopher. *Reclaiming Truth*: Contribution to a Critique of Cultural Relativism. Durham, Duke University Press, 1996.

SUPPE, Frederick (org.). *The Structure of Scientific Theories*. Urbana, University of Chicago Press, 1977.

THOMAS, Keith. *O homem e o mundo natural*. Trad. João Roberto Martins Filho, São Paulo, Companhia das Letras, 1988.

6

CONCEPÇÃO DE HISTÓRIA E APOSTASIAS DE ESQUERDA[*]

APRESENTAÇÃO

Este artigo desenvolve ideias apresentadas em um seminário em honra do historiador marxista britânico Edward P. Thompson (doravante EPT)[1]. Focaliza uma obra pouco comentada do autor com o propósito de destacar sua importância teórica e sua atualidade para a tradição marxista. Na obra "Carta aberta a Leszek Kołakowski"[2] (doravante Carta), como procuro demonstrar no artigo, quando analiso as metamorfoses do pensamento do dissidente comunista polonês Leszek Kołakowski (doravante LK), seu gradual afastamento da tradição marxista até a total apostasia, e localizo na concepção de história o eixo teórico de tal inflexão, EPT pôde antecipar e criticar, investigando este caso exemplar: o fundamento teórico substantivo das correntes de pensamento que, a partir dos anos 1970, combatem o pensamento marxista a pretexto da luta contra toda metanarrativa.

---

[*] Uma versão deste artigo foi publicada pela primeira vez, com o mesmo título, em *Crítica Marxista*, , v. 1, n. 22, 2006, p. 109-131. (N. E.)

[1] I Semana de História: *Política e paixão: dez anos sem E. P. Thompson*, Programa de Pós-Graduação em Sociologia e Ciência Política, Universidade Federal de Santa Catarina, Florianópolis, setembro de 2003.

[2] Edward Palmer Thompson, "An Open Letter to Leszek Kołakowski", em *The Poverty of Theory and Other Essays* (Londres, Merlin, 1978) [ed. bras.: "Carta aberta a Leszek Kołakowski", em Ricardo Gaspar Müller e Mario Duayer (orgs.), *A carta aberta de E. P. Thompson a L. Kolakowski e outros ensaios*, trad. Taís Blauth, Florianópolis, Editoria em Debate, 2019].

132 / Teoria social, verdade e transformação

TRADIÇÕES TEÓRICAS E SISTEMAS DE CRENÇAS

Como se tratava, naquela oportunidade, do tributo a um pensador marxista, julguei prudente fazer preceder a discussão da Carta de um excurso sobre o desenvolvimento e a preservação das tradições teóricas. Se todo evento acadêmico em torno de um autor ou escola de pensamento cumpre a função corriqueira e necessária de presentificar parte do conhecimento social, o seminário em questão era um esforço deliberado de atualizar o pensamento de EPT e, por extensão, a tradição marxista. Tarefa que está longe de ser considerada indispensável. Para muitos, a humanidade seria melhor se apagasse por completo essa sua herança obsoleta e, sobretudo, maldita. Pois é costume exótico de nossa época lançar aquele olhar de desdém para qualquer coisa que exiba vestígios de Marx. Sob uma ótica supostamente (pós-)moderna, superior, encaram-se tais resquícios de séculos passados, de vidas passadas, como obsolescências a descartar. Não se lhes concede sequer o respeito solene que o arcaico costuma granjear. E isso vivendo uma vida cujas categorias e formas de pensamento precedem, lógica e historicamente, o que se qualifica de arcaico! Em vista desse comportamento maníaco-jubilatório[3], cabia sustentar a importância e a necessidade de manter e cultivar a tradição marxista. No conforto de um seminário de esquerda, pude me referir às categorias marxianas de trabalho morto e trabalho vivo sem receio de causar a impaciência, a piedade ou o escárnio ativados hoje em dia com a simples menção do nome de Marx. Podendo fazê-lo, recordei algo sabido por todos: a educação e o aprendizado, em qualquer uma de suas modalidades, nada mais são do que trabalho vivo presentificando o trabalho morto cristalizado na cultura, na ciência. Trabalho vivo que dá sentido ao trabalho morto plasmado em livros, artigos e tratados. Um curso, uma tese, um livro, um seminário etc., não importam sua profundidade e originalidade, são modos pelos quais o trabalho vivo se apropria do trabalho morto, atualizando-o. São modos humanos de trazer para hoje as aquisições do passado.

Com tal imprudente esboço de uma lógica do desenvolvimento do conhecimento e da cultura, sugeri uma diferenciação no interior do processo, a saber, o problema da historicidade no interior da própria historicidade. A transmissão e aquisição de um patrimônio cognitivo produzem uma qualidade nova, uma consciência (social) capaz de compreender-se a si e, desse modo, atuar retroativamente sobre o próprio processo de sua autoconstituição. O que significa dizer que, a partir de certo ponto, a conservação, reelaboração e transformação daquele patrimônio passam a ter um momento de deliberação.

A presentificação do conhecimento é processo complexo. Não é nem totalmente deliberada nem completamente espontânea. Não é linear nem caótica. O

---

[3] Jacques Derrida, "Spectres of Marx", *New Left Review*, I/205, 1994, p. 38.

Concepção de história e apostasias de esquerda / 133

que uma época traz do passado e o que deixa inativo só pode ser explicado pelos imperativos da reprodução social, que pressupõem sujeitos que, de um modo ou de outro, baseados em uma herança em comum, têm de significar sua vida.

Em outro contexto, Lukács trata de questões que iluminam o problema. Ao enfatizar a objetividade (social) de toda forma de consciência, assinala que toda prática tem por pressuposto a apreensão mais adequada possível dos objetos e relações sobre os quais atua e que constituem suas condições. Na vida, quer o saibamos e queiramos ou não, somos obrigados a nos comportar espontaneamente de maneira ontológica. Em outros termos, qualquer que seja a descrição sob a qual tornamos o mundo compreensível para nós, mais ou menos desenvolvida, mais ou menos acurada, a vida nos exige um conhecimento objetivo do mundo. A ciência se desenvolve assim a partir da vida e na vida. Contudo, a passagem para a cientificidade pode tanto "tornar mais consciente e mais crítica essa inevitável tendência [ontológica] da vida" como pode "atenuá-la ou até mesmo fazê-la desaparecer". E tanto mais quanto mais a própria realidade social oculta no plano fenomênico a sua própria essência. Em circunstâncias históricas favoráveis, a ciência pode desvelar a essência que, na vida cotidiana, fica velada nos fenômenos. Em condições adversas, contudo, a própria ciência pode "obscurecer, pode deformar indicações ou mesmo apenas pressentimentos justos da vida cotidiana"[4].

A presentificação do conhecimento científico envolve uma seletividade em grande medida dependente de circunstâncias sociais, sobretudo quando coexistem tradições mais ou menos antagônicas em certo domínio. Em situações desfavoráveis, as próprias necessidades da vida social estimulam a preservação e a difusão de certas tradições científicas em detrimento de outras. Mas apesar da objetividade social desse processo e, por conseguinte, da objetividade (social) das tradições valorizadas, não se pode assumir *a priori* sua superioridade em relação às tradições desprezadas. As circunstâncias sociais podem facultar e solicitar uma cientificidade que nem ao menos se põe o problema do conhecimento objetivo, ou das estruturas e relações que codeterminam os fenômenos, restringindo-se à manipulação dos fatos imediatos. Nesse caso, o critério de justificação e validação social da ciência se reduz à sua eficácia para a práxis imediata. Consequentemente, a justa posição de que a objetividade de toda teoria se afirma na prática sofre uma drástica reinterpretação. A prática que valida a teoria é reduzida à prática imediata. Lukács relaciona a crescente necessidade do capital em manipular todas as esferas da vida e o impacto dessa tendência no desenvolvimento da ciência, que em geral participa desse processo com inteira consciência. Por isso,

---

[4] György Lukács, *Para uma ontologia do ser social I* (trad. Carlos Nelson Coutinho, Mario Duayer e Nélio Schneider, São Paulo, Boitempo, 2012), p. 293-4.

134 / Teoria social, verdade e transformação

pode-se falar tranquilamente, sem levar em conta as várias nuances que com frequência provocam acirradas controvérsias, de uma tendência geral da época, que [...] pretende a eliminação definitiva de todos os critérios objetivos de verdade, procurando substituí--los por procedimentos que possibilitem uma manipulação ilimitada, corretamente operativa, dos fatos importantes na prática. [...]
[Se é assim, e se de fato] a ciência não se orienta para o conhecimento mais adequado possível da realidade existente em si, se ela não se esforça para descobrir com seus métodos cada vez mais aperfeiçoados essas novas verdades, que necessariamente são fundadas também em termos ontológicos e que aprofundam e multiplicam os conhecimentos ontológicos, então sua atividade se reduz [...] a sustentar a práxis no sentido imediato.[5]

Não há, portanto, só a possibilidade abstrata de que certas circunstâncias sociais possam obstruir o desenvolvimento da ciência, no sentido acima, ao favorecerem a preservação e difusão de tradições científicas que não buscam e não têm condições de buscar o conhecimento objetivo da realidade. Na verdade, como defende Lukács, na sociedade regida pelo capital essa é uma tendência concreta, que reduz toda a ciência a instrumento da prática imediata, a instrumento da reprodução do existente.

Lukács segue aqui indicações metodológicas, por assim dizer, que são legião na obra de Marx. Para citar apenas uma, já no fetichismo da mercadoria Marx dá conta da cientificidade específica da economia política:

somente a análise dos preços das mercadorias conduziu à determinação da grandeza do valor, e somente a expressão monetária comum das mercadorias conduziu à fixação de seu caráter de valor. Porém, é justamente essa forma acabada – a forma-dinheiro – do mundo das mercadorias que vela materialmente em vez de revelar, o caráter social dos trabalhos privados e, com isso, as relações sociais entre os trabalhadores privados.
[...] são justamente essas formas que constituem as categorias da economia burguesa. Trata-se de formas de pensamento socialmente válidas e, portanto, dotadas de objetividade para as relações desse modo social de produção historicamente determinado, a produção de mercadorias.[6]

Ou seja, afirma textualmente o caráter objetivo da economia política, sua condição de forma de pensamento socialmente válida, porque ajustada às relações sociais regidas pelo capital, e, ao mesmo tempo, indica seu limite, por ser forma de pensamento que apreende tais relações sociais como relações naturais. Ao subtrair do objeto sua historicidade, constitui-se como forma de pensamento (científico, no caso) anistórica. Nessa

---

[5]   Ibidem, p. 42-3 e 47.
[6]   Karl Marx, *O capital: crítica da economia política*, Livro I: *O processo de produção do capital* (trad. Rubens Enderle, São Paulo, Boitempo, 2013), p. 151.

reflexibilidade, a sociedade aparece fixada em sua forma, e a forma de pensamento científico sanciona e aciona as práticas que reproduzem e fixam a forma.

Por essa razão, presentificar a tradição marxista representa o imperativo de preservar uma forma de pensamento que não suprime a historicidade de seu objeto. Ofício cujas dificuldades são evidentes. Já não é coisa pequena ser crítico das formas de pensamento científico "ajustadas ao modo de produção capitalista"; muitíssimo mais complicado é ser crítico do próprio "modo de produção" que fomenta aquelas – e necessita daquelas – formas de pensamento. A Carta de EPT deve ser analisada tendo presente essa dificuldade. Nela, EPT reafirma, contra o antigo correligionário LK, a necessidade de preservar a tradição marxista justamente no sentido indicado acima, isto é, como crítica da sociabilidade do capital e de suas formas de consciência.

O caráter fundamental dessa tarefa é o tema de Perry Anderson, em ensaio recente, no qual justifica a necessidade de se reconstruir, reafirmar, o sistema de crenças de esquerda tragado pelo caudal tardo-liberal. Ao discutir o papel das ideias nas grandes transformações históricas, Anderson fornece algumas ilustrações para mostrar que tanto à direita quanto à esquerda é possível encontrar seja os que atribuem às ideias um papel autônomo, seja os que as tomam como "meros epifenômenos mentais de processos materiais e sociais muito mais profundos"[7].

Anderson procura superar tal polaridade, em que a objetividade social aparece ora como um processo que se efetiva sem o concurso dos sujeitos e suas ideias, ora como um processo posto a operar pelas ideias incondicionadas dos sujeitos. Dos seus argumentos, destaco a imagem que toma de Eliot para sustentar o papel central das ideias no curso dos processos sociais. Substituindo cultura, de que falava Eliot, por ideologia, Anderson a define como todo sistema de crenças importante estruturado em uma hierarquia de distintos "níveis de complexidade conceitual, que vão desde construções intelectuais altamente sofisticadas, [...] passando por versões mais gerais e menos refinadas, às simplificações elementares e toscas em nível popular"[8]. Sob essa ótica, um sistema de crenças é de fato um truísmo, pois provê a significação do mundo pressuposta pelo caráter intencional da práxis humana. Lukács enquadra o problema em termos similares, embora trabalhe com uma noção de ideologia distinta: "essa práxis postula por si só, necessariamente, uma imagem do mundo com a qual possa harmonizar-se e a partir da qual a totalidade das atividades vitais produz um contexto pleno de sentido"[9].

Essa noção de sistema de crenças como totalidade estruturada de conhecimentos – no interior da qual as suas partes constitutivas adquirem sentido pleno e

---

[7] Perry Anderson, "Ideias e ação política na mudança histórica", *Margem Esquerda*, São Paulo, Boitempo, n. 1, 2003, p. 79.

[8] Ibidem, p. 81.

[9] György Lukács, *Para uma ontologia do ser social I*, cit., p. 31.

136 / Teoria social, verdade e transformação

reciprocamente se validam, apesar de sua relativa autonomia como ciência, religião, noções da vida cotidiana –, é usada por Anderson para sustentar que o sistema de crenças *neoliberal* não tem paralelo na história, em sua universalidade intensiva e extensiva, nem mesmo no cristianismo. É nesse sistema de crenças que o capitalismo, pela primeira vez na história, se assume enquanto tal, ou seja,

> em uma ideologia que anuncia o advento de um ponto final no desenvolvimento social, com a construção de uma ordem ideal baseada em mercados livres, para além da qual nenhum aperfeiçoamento é imaginável. Essa é a mensagem central do neoliberalismo, o sistema de crenças hegemônico que governou o globo na década passada. Hoje não há alternativa ao universo neoliberal, como um sistema de ideias dominante de alcance planetário. Estamos assistindo à mais bem-sucedida ideologia política da história mundial.[10]

De acordo com Anderson, a hegemonia do sistema de crenças neoliberal teve sua origem no trabalho inicialmente quase anônimo de Hayek, que se dedicou à presentificação da tradição liberal em circunstâncias adversas, no período que vai do pós-guerra até a década de 1970, em que dominaram as concepções que mais ou menos abertamente defendiam a intervenção no mercado. Com a crise do *Welfare State*, isto é, o fracasso da administração do capitalismo por meio de políticas governamentais de inspiração keynesiana, a tradição liberal conservadora tinha à mão o sistema de crenças neoliberal recondicionado sob os auspícios de Hayek. Em outras palavras, Anderson ilustra com o sistema de crenças neoliberal uma característica do processo de preservação de tradições científicas que sublinhamos anteriormente. Uma tradição, mesmo ficando inativa por um longo período, pode ser reativada e ganhar uma circulação social que a torna hegemônica. A condição para isso é ser continuamente atualizada. Mas nem todas as antigas ideias e ideais intencionalmente preservados ficam em uma espécie de fila na qual aguardam sua vez para (re)ingressar na história. Felizmente, há aquelas que não têm lugar no mundo real. Não é o caso dos "ideais" liberais, zelosamente preservados por Hayek – igualdade, liberdade, propriedade privada e individualismo. Como ilusões da esfera da circulação[11], sempre podem ocupar um lugar, mais ou menos proeminente, nos sistemas de crenças que a ordem do capital promove e necessita. Reciprocamente, a crítica "das ilusões da esfera da circulação"[12], por se referir à mesma objetividade social, sempre pode reaparecer integrando um sistema de crenças crítico da realidade que patrocina e solicita ilusões, e que, *ipso facto*, frustra desejos, desatende necessidades.

---

[10] Perry Anderson, "Ideias e ação política na mudança histórica", cit., p. 87.
[11] Karl Marx, *O capital*, cit., p. 250-1.
[12] Idem.

Concepção de história e apostasias de esquerda / 137

Nesse fundamento objetivo apoia-se Anderson para reafirmar a possibilidade de reconstrução da tradição de esquerda. Isso porque, para ele, a história demonstra que as ideias cumprem um papel significativo no "equilíbrio da ação política e no resultado da mudança histórica". De fato,

[n]os três maiores episódios de impacto ideológico moderno, o padrão foi sempre o mesmo. Iluminismo, marxismo e neoliberalismo: em cada caso um sistema de ideias foi desenvolvido a um grau elevado de sofisticação em condições de isolamento inicial do, e tensão com, o ambiente político circundante – com pequena ou nenhuma esperança de influência imediata. E foi somente quando eclodiu uma grande crise objetiva, pela qual de modo algum foram responsáveis, que os recursos intelectuais subjetivos gradualmente acumulados [...] de súbito adquiriram força avassaladora como ideologias mobilizantes com ação direta sobre o curso dos eventos.[13]

Eis a lição que a história fornece para a esquerda: é preciso acumular "recursos intelectuais" para estar à altura das exigências postas pela própria história. E tal acúmulo, para Anderson, será tão mais abrangente em seu efeito quanto mais "intransigente e radical o corpo de ideias"[14]. Hoje, com o mundo rendido por uma única ideologia (sistema de crenças), a resistência e o dissenso não podem ser mais do que pontuais e episódicos se não se articulam em um sistema de crenças no interior do qual possam adquirir um sentido para além da mera negação, sentido que não podem ter, exceto como ilusão, no sistema de crenças dominante. Desse diagnóstico tem-se o que a história reclama da esquerda:

pouco resultará [...] do débil ajustamento [...] acomodação à ordem existente das coisas, atitude que ainda constitui muito do que passa por uma cultura "atualizada" de esquerda. O que é preciso, e que não chegará da noite para o dia, é um espírito inteiramente diferente – uma análise cáustica, resoluta e, se necessário, brutal do mundo tal como ele é, sem concessão às afirmações arrogantes da Direita, aos mitos conformistas do Centro, e tampouco, neste caso, às devoções *bien-pensant* de grande parte da esquerda. Ideias incapazes de chocar o mundo são incapazes de sacudi-lo.[15]

Se Anderson delineia assim um programa de presentificação e transformação da tradição de esquerda, se indica desse modo sua necessidade e objetividade, se insiste que o corpo de ideias plasmado nessa reconstrução deve ser intransigente e radical para ter um impacto efetivo no curso dos eventos, há muito a preservar e muito a descartar. Quero argumentar que as contribuições de EPT estão indiscutivelmente

---

[13] Perry Anderson, "Ideias e ação política na mudança histórica", cit., p. 91.
[14] Ibidem, p. 92.
[15] Idem.

138 / Teoria social, verdade e transformação

no primeiro caso. E vou procurar fazê-lo sem levar em conta outros aspectos de sua obra[16]. Como disse, concentro-me exclusivamente na Carta, com o propósito de mostrar que ali, tomando LK como caso exemplar, EPT não apenas antecipa as apostasias de esquerda que capilarmente abasteceram nas últimas décadas do século XX o afluente curso da resignação e da passividade, mas faz um inventário de suas razões teóricas, que, vistas de hoje, mais de trinta anos depois, são, abstraídos os seus ornamentos retóricos, assombrosamente as mesmas.

Pretendo enfatizar a crítica que EPT elabora à ideia de LK de que a história não pode ser entendida e que, por isso, todo entendimento da história não passa da atribuição de valor (arbitrária) por parte do observador-pesquisador. Sublinho que EPT percebe nessa concepção o primeiro e decisivo passo de LK em direção à total rejeição da herança marxiana e, por isso, de sua apostasia. Analisando essa questão, o artigo tem o objetivo de sustentar que EPT antevê e refuta muitas das críticas às quais é submetido o pensamento de Marx nas últimas décadas por correntes supostamente libertárias, antitotalitárias[17]. Na Carta, EPT articula argumentos contra ideias (pós-estruturalistas, pós-modernas e neopragmáticas) que teriam ainda de esperar alguns anos para ganhar circulação social generalizada. Lendo a Carta, não há como não constatar que EPT entrevê as teses que comparecerão como refutação de toda "grande narrativa", do sujeito (agora descentrado) como agente moral e racional, ou como defesa do relativismo ontológico, da historicidade singular irredutível das "formas de vida" etc. Mas a relevância da Carta vai além da crítica. Se hoje aquelas concepções, correntes e escolas de pensamento, meio combalidas, já não ostentam, com seu pretenso ceticismo desencantado, aquele ar de infinita superioridade, sua retirada de cena é mais aparente do que efetiva: continuam oferecendo sustentação a teorias e práticas, só que agora de maneira velada, como inconfessado espírito de época. Por isso, ao momento da crítica deve se seguir o momento da reconstrução, de afirmação do "sistema de crenças" alternativo.

A TRAGÉDIA DO STALINISMO E DESENCANTO REVOLUCIONÁRIO

A crítica de EPT a LK se dá no ambiente social, político e intelectual muito particular da Guerra Fria e do stalinismo. O próprio EPT delineia em traços gerais as

---

[16] Sobre a relevância da obra de Thompson e as polêmicas que ela suscita, ver, por exemplo, David McNally, "E. P. Thompson: Class Struggle And Historical Materialism", *International Socialism Journal*, n. 61, 1993.

[17] Para uma crítica do conceito de totalitarismo, ver Slavoj Žižek, *Did Somebody Say Totalitarianism?* (Londres, Verso, 2002) [ed. bras.: *Alguém disse totalitarismo?*, trad. Rogério Bettoni, São Paulo, Boitempo, 2013].

Concepção de história e apostasias de esquerda / 139

dramáticas questões que se apresentavam aos pensadores de esquerda no período. Para entender o conteúdo da Carta e, sobretudo, sua motivação, é preciso expor, ainda que sumariamente, como EPT caracterizou a experiência daqueles anos. Em 1956, e nas lutas e derrotas posteriores pela transformação das sociedades do Leste Europeu, descreve a si próprio e a LK como representantes do revisionismo comunista, estilhaços da "fissão ideológica" que marcou a época. Ambos lutavam para "reabilitar as energias utópicas na tradição socialista". Se os revisionistas comunistas do Leste Europeu enfrentavam a censura e a ameaça ostensiva do marxismo stalinista institucionalizado, o reduzido número de intelectuais britânicos comunistas pertencia a "uma tradição derrotada e desacreditada", como sempre lembravam os representantes da cultura britânica ortodoxa; "não eram heréticos, eram bárbaros cuja presença dessagrava o altar dos deuses liberais"[18].

Os pormenores da fragmentação da esquerda com a repressão stalinista no Leste Europeu citados por EPT não vêm ao caso aqui. Importa apenas reter que a crítica de esquerda ao stalinismo já operava em tais circunstâncias históricas. Equilibrava-se em meio à polaridade instaurada pela Guerra Fria, em que a história parecia oferecer só duas alternativas: sistema capitalista ou stalinismo, ou seja, anticomunismo ou stalinismo. Daí o efluxo de grandes proporções na esquerda, à Leste e à Oeste, fruto da desilusão com o chamado "socialismo real". EPT o exemplifica com a supressão da Revolução Húngara, que fez o Partido Comunista Britânico perder um terço de seus membros.

Nesse processo, é claro, há de tudo, inclusive o surrado caminho da apostasia. Os dissidentes comunistas britânicos, entretanto, segundo EPT, não assumiram esse papel de renegados clássicos, até porque seu vínculo com a tradição marxista independia de "qualquer desatino ou autoilusão do stalinismo". Mantiveram a coerência e o compromisso com o "movimento comunista em seu potencial humanista". E só puderam fazê-lo porque rejeitavam a interpretação do comunismo que omitia seus conflitos internos e a polarização absoluta do stalinismo em dois mundos[19].

Com relação à evolução de LK, EPT admite que ele manteve e desenvolveu sua posição como marxista revisionista de 1957 a 1966, quando foi expulso do Partido Comunista Polonês. Todavia, a partir do exílio em 1968, tem dúvidas sobre a identidade de LK. Reconstruindo tal identidade de fragmentos de textos, EPT concorda em parte com as negativas que têm em comum: "desprezo pela ortodoxia comunista, [...] objeção a *slogans* socialistas irrefletidos". Mas o resultado desse conjunto de negativas já o deixa apreensivo: "sentido geral de derrota e negação; ausência de qualificações, de clareza sobre as razões do poder e da ideologia do

---

[18] Edward Palmer Thompson, "An Open Letter to Leszek Kołakowski", cit., p. 93-4.
[19] Ibidem, p. 95.

140 / Teoria social, verdade e transformação

capital, e de companheirismo com políticos aliados e antigos camaradas", e total omissão do fato de que algumas de suas objeções ao socialismo revolucionário já haviam sido examinadas por parte da esquerda ocidental. Porém, com seus escritos na revista *Encounter*[20], o dissidente polonês desbordou. Ali não se trata de eventuais divergências no interior da esquerda, mas de ofensa e traição[21].

Ao especular sobre as razões que teriam levado LK à total e patente negação em tais escritos, EPT pensa no efeito do clima cultural e político reinante no Ocidente por ocasião de seu exílio: Maio de 68, ascensão do movimento revolucionário alemão, "radicalismo" californiano etc., com o irracionalismo que irradiavam. Nada disso, para EPT, justifica a falta de generosidade e a impaciência de LK, que não soube vislumbrar, sob os aspectos negativos de tais movimentos, o "generoso entusiasmo da luta contra o racismo, contra a guerra, contra o conformismo ideológico". LK não entendeu o que EPT denomina "lei de desenvolvimento" da vida intelectual do Ocidente na fase de sociedade consumista competitiva: a moda cultural tem dinâmica similar à moda da alta-costura. No caso da esquerda intelectual, tal lei se manifesta como oscilação irrefletida entre voluntarismo e determinismo. Nos dois casos, a consistência é coisa enfadonha e tende a morrer no silêncio. Ensurdecido por tal silêncio, diz EPT, LK acreditou que a esquerda ocidental se resumia exclusivamente às tendências da moda intelectual, irracionalistas. E concluiu que a esquerda havia morrido de morte irracional[22].

O que demonstra, na opinião de EPT, que LK não soube identificar as diferenças no interior da tradição marxista e, por isso, ao diagnosticar a patologia de alguns marxismos, inferiu a morte de todos. Idealizou o marxismo e, em consequência, seu desencanto com a tragédia do stalinismo não lhe deixou alternativa senão renegá-lo *in totum*. Concebendo o marxismo de modo similar ao sugerido por Anderson, isto é, como pensamento vivo – com todas as contradições e diferenciações que isso implica –, EPT não está sujeito à mesma conclusão. Como não idealiza o marxismo, pode identificar em seu interior ao menos quatro concepções distintas e, por isso, sujeitas à crítica, como deve ser todo pensamento não enrijecido em dogma:

1. *Marxismo como doutrina*: visto como "corpo doutrinário autossuficiente, plenamente realizado em um conjunto definido de textos". Em geral, envolve uma atitude mental inclinada à aceitação de opiniões institucionalmente aprovadas, porque subentende alguma instância (um sacerdote, um comitê etc.) com poder de estabelecer os textos canônicos e sua correta interpretação. Embora desacreditado,

---

[20] Revista financiada pela CIA.
[21] Edward Palmer Thompson, "An Open Letter to Leszek Kołakowski", cit., p. 98.
[22] Ibidem, p. 101.

Concepção de história e apostasias de esquerda / 141

sobrevive com impressionante vitalidade. Como sobrevive mesmo sendo em grande parte um *nonsense*, "deve satisfazer alguma necessidade humana"[23];

2. *Marxismo como método*: embora não se apresente como doutrina, padece de uma dificuldade fundamental, isto é, ou não consegue definir com precisão suficiente as características que diferenciam o método de Marx dos métodos de outros pensadores, ou, quando o faz, torna o método algo rígido, elevado a doutrina. Com isso, recai no problema descrito no item 1: pressupõe instâncias autorizadas a referendar o método[24];

3. *Marximo como herança*: crê que o pensamento de Marx, assim como o de todos os autores que conformam determinada ciência, deve ser gradualmente diluído nas ciências sociais, formando assim a herança comum da disciplina. Para EPT, esse marxismo referenda o oportunismo eclético e subestima a capacidade da sociedade capitalista de gerar e regenerar suas próprias formações ideológicas defensivas. Ao pressupor que o marxismo poderá ser incorporado à ciência social, tal como existe e é requerida pelas instituições da sociedade capitalista, omite o caráter crítico do pensamento marxiano e, em consequência, a dificuldade de sua assimilação por tais instituições. Segundo EPT, esta é a noção de marxismo finalmente adotada por LK, que demonstra com isso, no mínimo, ingenuidade em relação ao modo de operar das ideias no capitalismo. Imagina herança como rica fertilização recíproca de ideias e ignora os mecanismos sociais de seleção de espécies de ideias próprios do capitalismo, que excluem cruzamentos heterodoxos[25];

4. *Marxismo como tradição*: marxismo livre das objeções feitas ao tipo 3, pois pressupõe a coexistência de uma "pluralidade de vozes conflitantes, mas que discutem no interior de uma tradição comum". É mais fecundo do que o tipo 2, pois permite "grande dose de ecletismo, sem convidar à autodissolução desprovida de princípios" subentendida no tipo 3.

Os traços gerais do marxismo como tradição, com base em ideias outrora defendidas por LK, seriam:

> tendência a enfatizar aquelas divisões sociais primárias mais influentes na determinação do desenvolvimento histórico [...] um certo tipo de historicismo que rejeita a avaliação dos fenômenos históricos a partir da ótica de um moralizador que se posiciona como guardião de valores eternos; que se baseia no princípio geral de relatividade histórica [...], mas também na convicção de que a natureza humana é produto da história social do homem e que nossa inteira concepção do mundo é "socialmente subjetiva" [...].[26]

---

[23] Ibidem, p. 110-2.
[24] Ibidem, p. 112-4.
[25] Ibidem, p. 114-6.
[26] LK, citado em ibidem, p. 117-8.

142 / Teoria social, verdade e transformação

Sob essa perspectiva, portanto, o marxismo não é "doutrina que tem de ser aceita ou rejeitada como um todo. Não é um sistema universal, mas [...] uma vibrante inspiração filosófica que afeta nosso inteiro modo de olhar o mundo; um estímulo continuamente ativo na inteligência social e na memória social da humanidade [...]"[27]. Caracterização à qual EPT diz que agregaria a menção mais explícita ao "método dialético de análise" e, sobretudo, "o compromisso prático de Marx com o proletariado"[28].

Descritas as diferentes concepções de marxismo e analisadas as insuficiências das três primeiras, pergunta-se EPT: por que ainda manter a fidelidade à tradição marxista? E justifica: os marxismos de tipo 1 e 2, a despeito das críticas feitas, têm importantes compromissos políticos. Além disso, há a necessidade de companheirismo, de compromisso, mesmo que acompanhados de críticas e qualificações. Por último, pela necessidade teórica de trabalhar no interior de uma tradição e não cair no ecletismo subentendido no marxismo de tipo 3. Ao contrário de EPT, LK demonstra acreditar que não há nada a preservar nem compromissos a honrar. Em suma, esta é a diferença entre o revisionista e o apóstata: um acredita ser possível e necessário continuar reivindicando-se marxista; o outro dá mostras de progressiva dissociação de qualquer tradição marxista.

Apesar disso, isto é, de LK ter deixado patente que não havia qualquer esperança de diálogo, EPT procura sustentá-la em respeito à antiga camaradagem. Ademais, alega que costuma evitar o desespero, porque "quando nos desesperamos, adicionamos no mesmo instante uma nova partícula às razões do desespero". No caso de LK, EPT crê que o desespero fez uma incursão profunda: "arrombou as portas da razão". E como "desesperar-se é sofrer, e não se pode acusar um homem por seus sofrimentos [...] o que se pode fazer [...] é raciocinar". Com tal benevolência, EPT se põe a raciocinar sobre as razões teóricas do sofrimento de LK e de sua renegação do marxismo como tradição[29].

ININTELIGIBILIDADE DA HISTÓRIA E APOSTASIAS DE ESQUERDA

Para os propósitos deste artigo, da crítica imanente de EPT ao pensamento de LK, basta realçar um ponto que, além de central no próprio argumento de EPT, ocupa lugar fundamental no cenário teórico e prático contemporâneo. Trata-se, como dito antes, da tese de LK segundo a qual todo entendimento da história pressupõe uma atribuição de valor subjetiva. Seguindo a crítica de EPT a essa tese, é possível

---

[27] Ibidem, p. 118.
[28] Idem.
[29] Ibidem, p. 131.

Concepção de história e apostasias de esquerda / 143

surpreender o processo de gestação de noções que, sob a alegação de recusa de toda metanarrativa, se tornariam hegemônicas nas últimas décadas do século XX, sustentadas por correntes teóricas como o pós-modernismo e o neopragmatismo.

Em primeiro lugar, EPT examina a tese a partir do risco representado pelo elemento messiânico, segundo LK, intrínseco à tradição marxista. A meu ver, para EPT esse é o fundamento teórico do qual parte LK para a renegação do marxismo como tradição. LK aborda a questão com a ideia básica de que a "esperança mais comum da historiografia é identificar ou ajustar a essência do homem à sua existência, isto é, assegurar que aspirações humanas inalteráveis serão satisfeitas na realidade"[30]. Para LK, tal "escatologia secular" está intimamente ligada à tradição marxista, que atribui à história corrente um movimento dotado de direção, ao fim do qual é possível vislumbrar aquele objetivo permanente, definível, em que todos os conflitos existentes são inapelavelmente abolidos.

A referência ao pensamento de Marx vem aqui apenas subentendida, diz EPT, mas é explícita no artigo intitulado "Historical Understanding and the Intelligibility of History" [Compreensão histórica e a inteligibilidade da história], de 1966. Ali, procurando lidar com mais exatidão com os significados de "entendimento", LK expressa de modo claro, como mostra EPT, sua "nova" concepção de história, na qual já está subentendida a impossibilidade de conhecimento objetivo. Em tal concepção, se a história "deve ser inteligível, isto é, pode ser 'entendida' como significância valorada e não como processo natural, tais valores devem ser inseridos pelo observador". Tese cujo corolário é fácil perceber: qualquer teoria, concepção, interpretação que confere uma significância universal à história humana "tem de pressupor uma *potência* não empírica que se efetiva a si mesma, graças à história, mas situa-se fora da história e, por isso, não pode ser inferida ou deduzida do conhecimento histórico". Nenhuma concepção teórica do progresso, sustenta LK, pode ser elaborada sem referir a história a essa *potência* ou "essência"[31].

O que equivale a dizer que a história não possui uma "inteligibilidade imanente", fórmula econômica de LK para enunciar sua "nova" concepção de história. Como se vê, LK anuncia uma ideia que é moeda corrente na circulação teórica atual. Por isso, acompanhando a reconstrução de seu argumento por EPT, é possível assistir às elaborações incipientes de noções hoje bastante familiares, capturar sua lógica e compreender seus fundamentos. Da tese deduz-se a primeira etapa do argumento: se a história não tem uma inteligibilidade imanente, o conhecimento histórico, o significado que a disciplina imagina encontrar na própria história,

---

[30] Citação do artigo de LK, "The Priest and the Jester", em *Marxism and Beyond* (Londres, Pall Mall, 1959), reproduzida na Carta por EPT.

[31] Edward Palmer Thompson, "An Open Letter to Leszek Kołakowski", cit., p. 132-3.

144 / Teoria social, verdade e transformação

nada mais é do que uma "atribuição de significância" que conferimos, por um "ato de fé", à sucessão de episódios, sociedades, culturas. O entendimento histórico, enfim, é uma projeção nossa que "dá ao passado seu significado". Tal significação do mundo, tal projeção de que consiste a história, é ao mesmo tempo um projeto que

> tem de conter [...] a esperança de que é *realmente possível* e a fé de que suas possibilidades se apoiam no *eidos* pré-histórico de uma *humanitas* cujo doloroso processo de encarnação nos é dado pela história. Mas o projeto é uma decisão sobre a escolha de valores. Por isso, não é um procedimento científico.[32]

A suposta demonstração empírica desse tipo de projeção (e seu projeto implícito) de valores na história, LK a fornece com três autores: Hegel, Marx e Husserl, cujas obras emprestariam uma significação universal à história humana. Segundo ele, esses três autores "tinham plena consciência de que, no momento em que escreviam sobre história, não escreviam de fato sobre história [...] escreviam a autobiografia do espírito [...] conferiam continuidade àquilo sobre o que estavam escrevendo"[33].

Ainda segundo LK, as "construções teóricas" daqueles autores, embora diferentes, exibiam uma "coincidência fundamental", isto é, "seu ponto de vista anti-histórico, a convicção [...] de que uma essência do homem não efetivada [...] está *dada* de tal maneira que a necessidade de sua efetivação, por assim dizer, se impõe à história"[34]. Esse Marx anti-histórico, que se punha a escrever a autobiografia do espírito, LK flagra, como EPT descobre em outro artigo, "no *mito soteriológico*, salvacionista, oculto na tradicional antecipação marxista do socialismo baseada na identidade entre sociedade civil e sociedade política". A sociedade comunista, vista por Marx como transcendência da separação histórica entre sociedade civil e sociedade política, é para o dissidente polonês a manifestação ostensiva de tal mito. Para ele, já em *Sobre a questão judaica*[35] é possível distinguir a matriz dessa "esperança primordial" no "futuro reino da liberdade":

---

[32] Citação do artigo de LK, "Historical Understanding and the Intelligibility of History", *Triquarterly*, n. 22, 1971, p. 103-7, reproduzida por EPT, "An Open Letter to Leszek Kołakowski", cit., p. 133.

[33] Edward Palmer Thompson, "An Open Letter to Leszek Kołakowski", cit., p. 133.

[34] Idem.

[35] A passagem de *Sobre a questão judaica* referida por LK é a seguinte: "Mas a emancipação humana só estará plenamente realizada quando o homem individual real tiver recuperado para si o cidadão abstrato e se tornado *ente genérico* na qualidade de homem individual na sua vida empírica, no seu trabalho individual, nas suas relações individuais, quando o homem tiver reconhecido e organizado suas '*forces propres*' [forças próprias] como forças sociais e, em consequência, não mais separar de si mesmo a força social na forma da força política"; Karl Marx, *Sobre a questão judaica* (trad. Nélio Schneider, São Paulo, Boitempo, 2010), p. 54.

Concepção de história e apostasias de esquerda / 145

o conceito de "emancipação humana" carece de qualquer menção à luta de classe e à missão do proletariado. Todavia, a mesma visão do homem retornando à perfeita unidade, experimentando diretamente sua vida pessoal como uma força social, compõe o pano de fundo filosófico do socialismo marxiano. Em todos os escritos posteriores [...] permanece o mesmo conceito escatológico do homem unificado.[36]

O núcleo do argumento de LK, como se nota, é em tudo similar ao das críticas atuais ao pensamento de Marx que estremecem os indecisos de sempre, deleitam os cínicos de plantão e arrastam multidões de inocentes. A tese, no formato mais corriqueiro, é a seguinte: toda finalidade humana humanamente concebível é pura utopia, no mínimo, ou "totalitarismo", no máximo. Na verdade, o "totalitarismo" é o destino inescapável do projeto comunista marxiano, e isso em virtude de seu conceito (escatológico) de homem unificado. Tal conceito, que em Marx expressa uma possibilidade no desenvolvimento do ser social – a superação da fratura do indivíduo em ser genérico e sujeito privado, isolado, fratura que ele intui em suas primeiras obras como pensador comunista, mas cujos fundamentos concretos ele descobre ao investigar a natureza mercantil da sociabilidade do capital –, é interpretado por LK como uma postulação arbitrária de uma unidade originária do ser humano. Armado dessa premissa – de um Marx anti-histórico –, o autor pode deduzir que no pensamento de Marx todas as "cristalizações [históricas] da sociedade civil", porque antitéticas à sociedade política, são necessariamente depreciadas, tendendo a ser substituídas por "órgãos coercitivos do Estado". O "totalitarismo", assim, é mero corolário da tese.

Da tese principal, LK deduz outras supostas patologias do pensamento de Marx, às quais quer emprestar corroboração empírica, afirma EPT, pelas experiências do *comunismo real*[37]. Como é difícil distinguir a "administração das coisas do governo das pessoas", e como a "administração da economia envolve comando sobre pessoas", não há como diferenciar o comando político do econômico. Ademais, suprimido o lucro, toda a iniciativa econômica passa a depender do Estado, cujas tarefas se multiplicariam pela necessidade de administrar a economia. Equação que leva à conclusão subjacente às premissas, a saber: a perspectiva marxista de homem unificado mais provavelmente "gera o crescimento incontrolável de uma burocracia quase onipotente". LK agrega a isso um argumento aparentemente fulminante: "a abolição das classes não garante o fim do choque de interesses privados"[38]. A soma

---

[36] Citação de conferência proferida por LK na Universidade de Reading (mimeo), reproduzida por EPT, "An Open Letter to Leszek Kołakowski", cit., p. 133.

[37] Edward Palmer Thompson, "An Open Letter to Leszek Kołakowski", cit., p. 134.

[38] LK, que pretende demonstrar o caráter anti-histórico do pensamento de Marx, distrai-se e não se dá conta de que converte os "interesses privados" em categoria anistórica. O interesse privado

146 / Teoria social, verdade e transformação

dessas razões demonstraria, enfim, que a "restauração da perfeita unidade de vida pessoal e vida comunitária", presumidamente defendida por Marx, é um mito. Resultado que contém um preceito encantador para a sociedade do capital: sendo todo projeto de futuro um mito irrealizável, deixe as coisas como estão. Ou seja: deixe o interesse privado cultivar as maravilhas da sociedade capitalista. Pois o "sonho [do homem unificado] não pode devir real, exceto na forma cruel de despotismo"[39].

Para refutar tais conclusões, EPT submete o argumento de LK a uma penetrante crítica imanente. Refere-se, primeiro, à conclusão de que, para um historicismo que

> leva em conta somente o que está efetivamente dado no material histórico, a história é inexoravelmente ininteligível, totalmente opaca, [de modo que] o "entendimento" [visto como significância valorada em lugar de reconstrução de um processo natural] deve se impor ao conhecimento como regra hermenêutica" [isto é, como uma regra de interpretação imposta pelo sujeito].[40]

EPT observa que aqui estão envolvidas questões difíceis e técnicas, já que incluem o que se compreende por *processo* social ou histórico, processo em que, "no curso efetivo de investigações empíricas, podem-se observar sequências de causa e efeito, e no qual é possível mostrar que regularidades de comportamento, de formação institucional e de expressão cultural ocorreram na vida social"[41]. A própria formulação da questão, entretanto, levanta outras tantas, como, por exemplo, as relativas à noção de processo e causalidade. Quanto a estas, EPT assinala que lhe parece legítimo dá-las por resolvidas, porque LK, assim como ele, admite sua existência objetiva, visto que em seus textos ele emprega expressões do tipo "tendência real no processo histórico". Apesar disso, em um aparente paradoxo, sublinha EPT, LK se recusa a dignificar a descrição do processo histórico como "entendimento". E isso porque, para ele, a história sem a atribuição de significância pelo observador

---

originário pressupõe o indivíduo privado (isolado, independente etc.) originário, esse mito conato do pensamento liberal. E já que LK, anti-histórico, acusa Marx de anti-histórico, vale examinar o que Marx pensa dos "interesses privados": "A moral da história [história liberal, segundo a qual cada um, perseguindo seu interesse privado, promove o interesse geral, MD] reside, ao contrário, no fato de que o próprio interesse privado já é um interesse socialmente determinado, e que só pode ser alcançado dentro das condições postas pela sociedade e com os meios por ela proporcionados; logo, está vinculado à reprodução de tais condições e meios. É o interesse das pessoas privadas; mas seu conteúdo, assim como a forma e os meios de sua efetivação, está dado por condições sociais independentes de todos"; Karl Marx, *Grundrisse: manuscritos econômicos de 1857-1858: esboços da crítica da economia política* (trad. Mario Duayer e Nélio Schneider, São Paulo/Rio de Janeiro, Boitempo/Ed. UFRJ, 2011), p. 105.

[39] Edward Palmer Thompson, "An Open Letter to Leszek Kołakowski", cit., p. 132.
[40] Ibidem, p. 135; colchetes de EPT.
[41] Idem.

Concepção de história e apostasias de esquerda / 147

é um processo natural similar à "evolução do sistema estelar e, portanto, incapaz de ser entendido"[42].

EPT toma essa analogia com o sistema estelar e desmonta por completo a construção de LK. Inicia pelo óbvio: estrelas não são criaturas conscientes, não possuem os atributos de agentes morais ou seres racionais. Caso os possuíssem, até o observador mais neutro estaria exposto a evidências que o fariam perceber que uma descrição coerente da evolução do sistema estelar não poderia ser assimilada ao que em geral se entende por processo natural. Diante de tais evidências, afirma EPT, ao observador não passaria desapercebido que as intenções de certos atores estelares são antagônicas em relação às intenções de outros, que certos significados predominam sobre outros, que certos significados desaparecem "no espaço interestelar". Sendo as significações dos agentes estelares sobre sua própria evolução uma propriedade objetiva da realidade estelar, teria o observador de incluí-las em sua "explicação". Com isso, nota EPT, a "explicação" se converteria em "entendimento": não seria mais a descrição de um processo natural, mas de um processo que inclui as significâncias valoradas dos agentes.

As premissas da analogia são até aqui um sistema estelar composto de estrelas com atributos morais e racionais e um observador não estelar imparcial. Em tal caso, mesmo admitindo que os significados são momentos objetivos do sistema, a explicação da evolução do sistema (e de seus significados) pode ser inteiramente elaborada, sublinha EPT, com base nos significados do próprio sistema. Ou seja, o observador não precisa tomar partido das significâncias que as estrelas atribuem a si mesmas. Se, ao contrário, o observador assume uma atitude partidária, se "perfilha os significados daquele sol e despreza as intenções daquele planeta, estará projetando *na* história seus próprios critérios de inteligibilidade"[43].

Mas a suposição de um observador extraestelar evidencia os insuperáveis problemas da analogia com o sistema estelar. De fato, a menos que se postule a hipótese absurda de um observador que existe fora da realidade, tem-se de admitir que "a mente e a sensibilidade do investigador, independentemente da atitude que adote, são elas próprias produto do mesmo processo de evolução que ele investiga". Vale dizer, tudo o que é – todos os seus atributos, inclusive sua capacidade de avaliar e julgar –, sendo resultado do próprio processo, constitui uma das possibilidades evolutivas do processo que se efetivou. O mesmo vale para os próprios significados que o investigador pode atribuir à evolução da qual é resultado: são significados que a própria evolução faculta e necessita. (Porque, recorde-se, o movimento do sistema está predicado a agentes estelares que, como agentes, têm de significar o mundo).

---

[42] Idem.
[43] Ibidem, p. 136.

148 / Teoria social, verdade e transformação

Em suma, os diferentes agentes com suas distintas concepções (significações) expressam as possibilidades evolutivas do sistema. Por isso, mesmo que o investigador estelar consiga "contorcer sua consciência em um estado extraestrelar [...] ainda assim ele se ilude, porque ele só demonstra que uma das possibilidades no processo do qual sua consciência é um resultado é precisamente que sua própria evolução possa ser vista dessa maneira"[44].

Apesar das aparências, adverte EPT, as duas atitudes envolvem uma atribuição de significado à história. Pois não é verdade que a noção de progresso atribui um valor à história que esta não possui e, por contraste, a negação da noção de progresso não lhe atribui valor. Ambas, afirmação e negação, estão fundadas nas experiências facultadas pelos distintos momentos do processo. Nos dois casos a projeção é uma "notação de valor que é parte das possibilidades fornecidas [ao observador] por aquela história"[45].

EPT ilustra historicamente essa objetividade da própria atribuição de significado. Recorda que no século XIX, em presença da inovação tecnológica acelerada e da ascendente democracia burguesa, era fácil para os pensadores da Europa ocidental advogar a ideia de progresso; em meados do século XX, com a guerra, o terror, o fascismo e, na sequência, a *Realpolitik* focalizada no aparato estatal, era natural emergir a ideia de *devalued process*. Ilustração que talvez se aplique ainda mais para as concepções teóricas das últimas décadas. Com o desaparecimento patético do "socialismo real", interpretado popperianamente como falseamento da ideia de socialismo, parece natural a rejeição de toda metanarrativa, da ideia de conhecimento objetivo.

Até aqui acompanhamos o argumento de EPT. Mas, nesse ponto, a análise do autor parece implicar uma distância intransponível entre processos naturais e sociais e, em consequência, entre os modos de seu conhecimento. Segundo ele, no caso do processo natural nem sequer se coloca a questão da significância valorada. Na história, ao contrário, ela se põe compulsivamente. E isso

> não só por causa de seu objeto (seres conscientes e valorantes [*valuing*]), mas porque o observador por sua própria natureza intelectual e moral é uma criatura dessas compulsões. Negar significância à história não é adotar uma postura "neutra", científica, extra-histórica: "é fazer um tipo particular de declaração de valor".[46]

Se o interpretamos corretamente, parece claro que o argumento de EPT exibe aqui um equívoco que, de um lado, obscurece, ao invés de esclarecer, o ponto investigado e, de outro, está em flagrante contradição com as inferências que ele faz

---

[44] Idem.

[45] Ibidem, p. 137.

[46] Idem. A afirmação entre aspas, reproduzida por EPT, é do artigo de LK, "Determinism and Responsability", em *Marxism and Beyond*, cit.

Concepção de história e apostasias de esquerda / 149

logo adiante. Para indicar tal equívoco, é preciso recordar que primeiro EPT procurou demonstrar a objetividade das distintas significações (teóricas ou não) que os sujeitos formam sobre o seu mundo (incluindo estruturas, processos, relações etc.). E acrescentou: os sujeitos significam compulsivamente. E fazem-no simplesmente porque seu agir é teleológico, intencional. Pôr uma finalidade e agir em conformidade pressupõe, evidentemente, uma figuração do mundo.

Dessa particularidade do agir humano EPT parece subentender que os processos sociais, ao contrário dos naturais, são dotados de significação. Estruturas, processos, relações etc. sociais teriam essa propriedade porque, por um lado, são constituídos pela ação de sujeitos conscientes e valorantes (*valuing*) e, por outro, são "observados" por sujeitos que valoram compulsivamente. Assim formulado o problema, parece existir uma diferença absoluta entre processos naturais e sociais. Os naturais, porque se movem em si mesmos, sem o concurso da consciência, são objetivos, isto é, não têm finalidade em si mesmos; os sociais, por contraste, porque produzidos por agires intencionais, além de objetivos, são teleológicos.

Como vimos, o argumento de EPT visa criticar a concepção de LK, segundo a qual só o conhecimento dos processos naturais é objetivo, porque o conhecimento dos processos históricos (leia-se sociais) pressupõe uma interpretação do observador. Hoje em dia, porém, com a difusão das ideias de Kuhn e Lakatos, por exemplo, ninguém mais alimenta a ilusão, subjacente à concepção de LK, de que as ciências naturais são *positivas*, livres de juízo e, por conseguinte, não envolvem a interpretação do cientista. Por isso, não é necessário nos estendermos sobre isso. O problema é que EPT, para refutar LK, em lugar de criticar aquela ilusão de extração positivista, concentra-se nas diferenças ontológicas entre sociedade e natureza para, a partir daí, examinar os modos distintos de conhecimento que cada realidade admite. Mas é justamente ao tentar estabelecer essas diferenças que, em nossa opinião, EPT se equivoca.

Pode-se demonstrar o equívoco recorrendo ao seu próprio argumento. Viu-se que para EPT todas as significações dos sujeitos são objetivas, isto é, são possibilidades interpretativas que resultam do próprio processo (de evolução social). Tem-se, assim, que a plausibilidade de interpretações alternativas é parte do próprio processo. Desse modo, se os sujeitos agem baseados em interpretações sobre a sua realidade que podem ser diferentes, segue-se que o processo como um todo, resultado de infinitos agires desse tipo, não é teleológico. Em outras palavras, apesar de produto da prática social baseada em significações, em valorações, a totalidade do processo não é realização de nenhum desígnio ou finalidade. Nesse sentido, sua objetividade, com as devidas qualificações, é similar à objetividade dos processos naturais[47].

---

[47] Para uma extensa análise dessas questões, ver György Lukács, *Para uma ontologia do ser social I*, cit.; e Roy Bhaskar, *Scientific Realism and Human Emancipation* (Londres, Verso, 1986).

150 / Teoria social, verdade e transformação

Por não ter conseguido estabelecer a peculiaridade do processo social em relação ao natural, EPT considera infeliz qualquer analogia entre eles, quando, na verdade, a analogia pode ser fecunda, caso seu emprego não dissolva as diferenças dos dois domínios. No entanto, tem razão quando, referindo-se ao sistema estelar do qual havia partido, repudia a metáfora do "observador extra-histórico, examinando a história como se ela fosse um fenômeno não humano". Essa metáfora, que expressa a injunção positivista de neutralidade axiológica, deve ser repudiada igualmente na "observação" dos processos naturais, porque estes últimos também não podem ser objeto de um absurdo observador extra-humano. Por conseguinte, é exatamente porque os processos natural e social são objetivos e, em geral, existem independentemente das significações que lhes são apensadas que o conhecimento objetivo nos dois domínios é possível. Formulação a que chega também EPT, apesar do equívoco acima apontado:

> podemos alcançar a objetividade; o que não podemos alcançar é uma objetividade extra-humana, interestelar, que seria assim extrassensorial, extramoral e extrarracional. O historiador pode escolher entre valores, mas não pode escolher ser sem valores, pois não pode escolher sentar em algum lugar fora dos portões de sua própria natureza humana historicamente dada.[48]

Com tais considerações, EPT conclui o primeiro passo de sua crítica à LK. O passo seguinte inicia-se com a pergunta: tem razão LK ao afirmar que qualquer interpretação que oferece significância universal à história humana tem de "pressupor uma *potência* não empírica que efetiva a si mesma, mas que se situa fora da história e, portanto, *não pode ser inferida ou deduzida do conhecimento histórico*"[49]? Para responder à pergunta, EPT toma a afirmação de LK de que as construções teóricas de Husserl, Hegel e Marx apresentam uma "coincidência fundamental", isto é, os três pensadores não escreviam sobre a história, mas faziam a autobiografia do espírito. Tal declaração, afirma EPT, é inteiramente absurda. E absurda porque não há como nivelar, em termos de conhecimento histórico, autores como Marx e Hegel com Husserl, cuja familiaridade com o material histórico era confessadamente insipiente. Portanto, é possível dizer que os escritos históricos de Husserl narravam de fato a autobiografia do espírito. No caso, como mostra EPT, o espírito europeu, em que todos os outros grupos humanos se miravam, em que desejavam se transformar. Comparar esse tipo de projeção de valores na história, quase pueril, com pensadores do porte de Hegel e Marx, pensadores que, a despeito das objeções

---

[48] Edward Palmer Thompson, "An Open Letter to Leszek Kołakowski", cit., p. 137.
[49] Ibidem, p. 132-3.

Concepção de história e apostasias de esquerda / 151

que se possam fazer às suas construções teóricas, possuíam inegavelmente um vasto domínio do material histórico, é simplesmente risível[50].

Não sendo possível, exceto nas ficções positivistas, apreender "fatos" históricos sem conceitos, a evidência histórica é sempre apreendida por meio de conceitos. Mas admitir que "o conceito deve ser trazido à história", sustenta EPT, não equivale a defender que os conceitos *constroem* a história. Pois os conceitos devem sempre ser confrontados com a evidência histórica. Qualidade que diferencia Hegel e Marx de Husserl, em cuja construção teórica a projeção de valor na história simplesmente despreza toda evidência histórica. De fato,

> em Hegel, há uma tensão complexa (mas decrescente) entre a atribuição do ideal e a investigação do efetivo, em que, todavia, o ideal sempre mantém a primazia sobre o efetivo e nunca pode ser reformado inteiramente pela autocrítica empírica. Em Marx, [...] cujo engajamento com a evidência foi heroico [...], é empregado um método histórico em que há uma interação dialética contínua entre conceito e efetividade – a seleção conceitual da evidência, a organização estrutural dos dados e, em seguida, a ruptura e a remodelação de conceitos e estruturas do ponto de vista da crítica que a investigação empírica ulterior suscita.[51]

Em uma palavra, é totalmente infundado o *expediente empírico* usado por LK para corroborar sua tese de que nenhum conhecimento pode ser inferido da evidência histórica. Na obra de Marx não há vestígio de qualquer *eidos* pré-histórico. Ao contrário, a afirmação de que o conhecimento objetivo da sociedade, suas estruturas e processos, pode ser apreendido da evidência fornecida pela própria história está associada a uma historicidade radical que engloba o próprio conhecimento, visto sempre como "aproximado e relativo ao ponto da história em que se situa o observador". Porém, desse caráter aproximado e relativo de todo conhecimento, não infere, como quer LK, que ele é uma construção inteiramente artificial e subjetiva. Hoje, talvez mais do que no tempo em que escrevia EPT, estamos habituados a esse novo tipo de idealismo. Novo porque, diferenciando-se de seus predecessores, não comete a ingenuidade de sustentar que as construções teóricas nada mais são do que a expressão sistematizada de nossas impressões. Admite, como faz LK, que as construções teóricas são ficções sobre o mundo, "malhas de crenças" tecidas com impressões e especulações. A partir daí, respeitando os trâmites da lógica, pode deduzir a *equiparação de todas as construções teóricas*. Essa é a lógica do argumento de LK e o fundamento teórico de sua apostasia. É justamente contra esse tipo de dedução que se dirige a crítica de EPT, como ilustra a seguinte passagem:

---

[50] Ibidem, p. 138-40.
[51] Ibidem, p. 139.

152 / Teoria social, verdade e transformação

Se concordamos [...] que a significância valorada não resulta da própria evidência histórica, mas de uma atribuição feita pelo observador, não é verdade que qualquer tipo de significância que qualquer um decide atribuir é tão "boa" quanto qualquer outra. É preciso distinguir as atribuições de um neófito [...] e a ininterrupta submissão daquela atribuição à crítica histórica. Ofereço Husserl como exemplo do primeiro caso, e Marx do segundo.[52]

Seria impossível apresentar aqui uma síntese da terceira etapa da crítica de EPT a LK. Porém, para os propósitos do artigo é fundamental ao menos indicarmos como ele completa a crítica aos dois pressupostos do argumento de LK. O primeiro, como vimos, mantém que a evidência histórica não permite qualquer conhecimento objetivo; o segundo, derivado do anterior, postula que qualquer pensador que pretende oferecer uma "significância universal à história humana" tem de pressupor uma *potentia* originária, não empírica, anti-histórica – cuja ilustração mais emblemática seria oferecida por Marx. A nosso ver, a crítica de EPT a essa concepção não poderia ser mais atual, tendo em vista o predomínio absoluto da ideia de que não é possível pensar o futuro fora da sociabilidade do capital, cujos traços mais salientes pudemos expor anteriormente com base em Perry Anderson.

Se o fundamento teórico de LK se apoia na afirmação de que Marx postula uma essência humana anterior à história, EPT retruca assinalando que essa questão tem de ser discutida com referência à evidência histórica. E, como a presumida essência humana não histórica pressuposta por Marx aparece realizada na sociedade comunista, esse mito soteriológico, salvacionista, que repõe, por assim dizer, a unidade entre indivíduo e sociedade, a tese de LK se resolve na seguinte questão: a aspiração socialista ou comunista, que o pensamento de Marx arma teoricamente, é uma aspiração objetiva ou é uma "projeção" *na* história daquela essência originária inicialmente pressuposta?

Da análise de EPT, examinamos aqui unicamente as respostas que se podem dar a tal questão com base no fato de que os sujeitos humanos são agentes morais e racionais. Como agentes morais, decidem entre o bom e o mau, o apreciável e o desprezível, o desejável e o indesejável. Enfim, são sujeitos que valoram. Como agentes racionais, decidem entre o possível e o impossível, o realizável e o irrealizável. Enfim, examinam as possibilidades objetivas de alcançar o desejável. Se, ademais, admitimos que, no domínio social, as próprias valorações, assim como a capacidade de analisar as condições de realização do desejável, são históricas como todo o resto, podemos recordar algo que já fora enfatizado por EPT: por um lado, as alternativas com as quais, em dado momento, os sujeitos se defrontam, e

---

[52] Ibidem, p. 141.

Concepção de história e apostasias de esquerda / 153

que exigem sua decisão, são alternativas objetivas do próprio desenvolvimento da sociedade, e, por outro, as significações por meio das quais os sujeitos interpretam essas alternativas são identicamente objetivas, produtos de sua própria evolução.

Sendo assim, indaga EPT, a aspiração socialista é a projeção de uma essência humana anistórica ou uma aspiração "empírica" que é produto da própria evolução da sociedade? Ou, formulado em termos da categoria do estranhamento de Marx, a aspiração (comunista) de os sujeitos humanos poderem vir a reconhecer sua força social como sua própria força é a projeção de uma essência humana anterior e fora da história ou é a intuição ou (re)conhecimento dessa força que se objetiva empiricamente na história e aparece como coisa que confronta e subjuga os sujeitos?

A resposta, afirma EPT, só pode ser analisada tendo presente a descoberta, feita por Marx, do modo de produção capitalista como sistema, o que inclui a "descoberta da luta de classes, de suas características formações ideológicas e morais e de sua contradição imanente". Esse modo de produção, como qualquer outro, abre possibilidades objetivas para a "natureza humana". Tais possibilidades, por mais que pareçam ilimitadas, "são limitadas pelo gênero, capitalismo". Por isso, no capitalismo a realização da "natureza humana" aparece de maneira contraditória: é ao mesmo tempo ilimitada e limitada: é ilimitada pela força produtiva do trabalho social desenvolvido sob a lógica do capital; é limitada porque é constrangida pela forma capitalista. As duas tendências, bem como as aspirações que elas ativam, são tendências empíricas produzidas pela própria evolução da sociedade. Tanto a aspiração inatingível de eliminar política ou administrativamente as contradições do capitalismo como a aspiração de eliminar tais contradições pela transcendência da forma capitalista. Em síntese, reformar ou transformar, com as antitéticas significações do mundo que elas subentendem, são possibilidades empíricas, objetivas. Nem por isso, como dissemos, são equivalentes. Pois admitida a objetividade do processo histórico, as significações que não o apreendem adequadamente frustram os sujeitos humanos como agentes morais e racionais.

REFERÊNCIAS BIBLIOGRÁFICAS

ANDERSON, Perry. Ideias e ação política na mudança histórica. *Margem Esquerda*, São Paulo, Boitempo, n. 1, 2003.

BHASKAR, Roy. *Scientific Realism and Human Emancipation*. Londres, Verso, 1986.

DERRIDA, Jacques. Spectres of Marx. *New Left Review*, I/205, 1994.

KOLAKOWSKI, Leszek. Determinism and Responsability. In: _____. *Marxism and Beyond*. Londres, Pall Mall, 1969.

_____. Historical Understanding and the Intelligibility of History. *Triquarterly*, n. 22, 1971, p. 103-71.

154 / Teoria social, verdade e transformação

_____. The Priest and the Jester. In: _____. *Marxism and Beyond*. Londres, Pall Mall, 1959.

LUKÁCS, György. *Para uma ontologia do ser social I*. Trad. Carlos Nelson Coutinho, Mario Duayer e Nélio Schneider, São Paulo, Boitempo, 2012.

MARX, Karl. *Grundrisse:* manuscritos econômicos de 1857-1858: esboços da crítica da economia política. Trad. Mario Duayer e Nélio Schneider, São Paulo/Rio de Janeiro, Boitempo/Ed. UFRJ, 2011.

_____. *O capital:* crítica da economia política, Livro I: *O processo de produção do capital*. Trad. Rubens Enderle, São Paulo, Boitempo, 2013.

_____. *Sobre a questão judaica*. Trad. Nélio Schneider, São Paulo, Boitempo, 2010.

MCNALLY, David. E. P. Thompson: Class Struggle And Historical Materialism. *International Socialism Journal*, n. 61, 1993.

THOMPSON, Edward. P. An Open Letter to Leszek Kołakowski. In: _____. *The Poverty of Theory and Other Essays*. Londres, Merlin, 1978) [ed. bras.: Carta aberta a Leszek Kołakowski. In: Müller, Ricardo Gaspar; Duayer, Mario (orgs.). *A carta aberta de E. P. Thompson a L. Kolakowski e outros ensaios*. Trad. Taís Blauth, Florianópolis, Editoria em Debate, 2019].

ŽIŽEK, Slavoj. *Did Somebody Say Totalitarianism?* Londres, Verso, 2002 [ed. bras.: *Alguém disse totalitarismo?* Trad. Rogério Bettoni, São Paulo, Boitempo, 2013].

7
MERCADORIA E TRABALHO ESTRANHADO: MARX E A CRÍTICA DO TRABALHO NO CAPITALISMO*

> O futuro não está completamente
> Em nossas mãos,
> Mas tampouco está totalmente
> Subtraído à nossa vontade.
>
> Epicuro

INTRODUÇÃO

O argumento deste artigo está estruturado em várias etapas. Inicialmente, procura sustentar a ideia de que crítica de fato é crítica ontológica. Em seguida, apresenta em linhas gerais as determinações essenciais da sociedade capitalista decorrentes de sua natureza mercantil, dando especial destaque, como não poderia deixar de ser, ao caráter de *valor* do produto, ou seja, ao caráter historicamente específico da riqueza nessa sociedade. Na sequência, mostra como a natureza mercantil da sociedade do capital pressupõe o trabalho como atividade mediadora social; nesse particular, vale-se da formulação elaborada por Moishe Postone. Sublinha, depois disso, o caráter historicamente específico do trabalho no capitalismo, a saber, trabalho como *atividade mediadora social*, trabalho que, nessa condição, envolve uma forma de sociabilidade que unilateraliza ou unidimensionaliza os sujeitos, reduzindo-os a meros trabalhadores. O próximo passo consiste em demonstrar que os sujeitos, nessa condição de meros trabalhadores, estão subordinados à dinâmica da riqueza criada por seu trabalho. Estão subsumidos ao sentido e à lógica de seu produto. Estão subordinados à forma específica de riqueza dessa sociedade – ser valor e, portanto, capital, valor em movimento de autoexpansão.

O artigo dá seguimento ao argumento salientando que, por isso, parece razoável concluir que a crítica de Marx é crítica negativa desse tipo de socialidade e,

---

* Uma versão deste texto foi publicada pela primeira vez, com o mesmo título, em *Margem Esquerda*, São Paulo, Boitempo, n. 17, 2011, p. 88-99 (N. E.).

ipso facto, crítica de seu dispositivo fundamental, o trabalho como atividade social mediadora. Em outros termos, é concepção negativa desse trabalho, e não a sua apologia. É crítica do trabalho assalariado, não a sua heroicização. Sob essa ótica, o artigo arrisca dizer que seria apropriado considerar que a crítica de Marx é crítica da centralidade do trabalho. Por conseguinte, pode-se defender que é crítica ontológica do modo de produção, do modo de produzir no capitalismo e, em consequência, consiste de uma figuração do mundo – de uma ontologia – em que o sujeito pode emancipar-se da escravização à dinâmica descontrolada de seu produto como capital.

Por fim, o artigo sugere que, sem a crítica de Marx ao trabalho no capitalismo, o que se tem é a crítica positiva, a crítica que se circunscreve a propor a organização mais "humana" do trabalho no capitalismo, ou seja, o trabalho historicamente específico devidamente hipostasiado. Apesar de sublinhar a possibilidade e necessidade objetivas desse tipo de crítica, inclusive de sua genuína busca de solução para os problemas sociais, indica seu limite. À guisa de contraste, chama a atenção para o caráter "inútil" da teoria marxiana e, portanto, para o caráter *negativo* de sua crítica. Procura, nesse contexto, estabelecer a diferença entre crítica negativa e positiva, entre teoria social positiva e teoria social negativa.

CRÍTICA ONTOLÓGICA

Pretendo sustentar que Marx tem uma concepção negativa do trabalho no capitalismo, ou, nos termos formulados pelo teórico norte-americano Moishe Postone, que sua teoria constitui uma *crítica do trabalho no capitalismo*, e *não* uma *crítica do capitalismo do ponto de vista do trabalho*. Diferentemente de Postone, no entanto, enfatizo que, como crítica negativa, a teoria de Marx tem de ser crítica ontológica. Para compreender o alcance desse tipo de crítica e explorar teoricamente as suas consequências, é preciso primeiramente esclarecer o que se entende por crítica ontológica.

Talvez ajude iniciarmos por uma afirmação categórica: *crítica de fato é crítica ontológica*. Não só na teoria, mas também nas disputas do cotidiano, as diferenças de posição, quando essenciais, se resolvem em diferenças ontológicas. Como ontologia, em uma definição sintética, diz respeito ao ser das coisas, compreende-se que a afirmação de que disputas teóricas se resolvem em diferenças ontológicas equivale a dizer que, no fundo, elas dependem das distintas concepções sobre o ser em que as posições controversas se baseiam.

Para ficarmos no campo científico ou, melhor dizendo, na filosofia da ciência, é possível falar sem exagero de um consenso segundo o qual diferenças substantivas entre teorias ou sistemas teóricos – e, por extensão, entre modos radicalmente

Mercadoria e trabalho estranhado: Marx e a crítica do trabalho no capitalismo / 157

distintos de figurar o mundo – são resolvidas no plano ontológico. Essa verdade está presente até mesmo nas teorias da ciência ortodoxas contemporâneas mais difundidas, como as de Kuhn e Lakatos, ainda que esses autores, com o relativismo ontológico que consciente ou inconscientemente advogam, não consigam enunciar esse conteúdo evidente de suas teorias. De fato, a conclusão a que necessariamente levam suas noções de paradigma e núcleo rígido dos PPCs (programas de pesquisa científica) é a de que todas as teorias põem e pressupõem uma ontologia que constitui a fonte de seus axiomas estruturais e dos marcos que delimitam o terreno empírico em que são válidas, ou sua jurisdição empírica. O que significa dizer que disputas e controvérsias substantivas entre sistemas teóricos distintos não admitem resolução empírica, precisamente porque o terreno empírico em relação ao qual são plausíveis é traçado por suas ontologias específicas. Pode-se compreender melhor a questão imaginando diferentes sistemas teóricos "atravessando" um domínio empírico em comum, em relação ao qual, portanto, seriam empiricamente equivalentes, indiferenciáveis[1].

Segue-se daí que a resolução, não sendo nem empírica nem lógico-formal, só pode ser ontológica. Conclusão a que chegam Kuhn e Lakatos, naturalmente sem enunciá-la de maneira explícita. Ao contrário, fazem-no de maneira oblíqua, sustentando, cada qual a seu modo, que as questões ontológicas não admitem resolução racional. O primeiro, ao alegar que os paradigmas de sistemas teóricos em disputa são incomensuráveis; o segundo, ao argumentar que os núcleos rígidos de diferentes PPCs são inescrutáveis. O que é o mesmo que afirmar, em ambos os casos, que não podemos justificar racionalmente nossas crenças mais substantivas sobre o mundo. Relativismo ontológico cuja absurdidade seria difícil exagerar, pois subentende a irracionalidade última de nossas figurações, concepções ou ideias sobre o mundo, pressuposto incontornável de todas as nossas práticas, fundamento de todas as finalidades que nelas perseguimos, base de todas as nossas noções do possível e do impossível. Implica, enfim, que o sentido da prática humano-social em seu conjunto é inapelavelmente irracional.

O corolário mais deletério desse relativismo ontológico consiste simplesmente na desqualificação das práticas emancipatórias: pois se o mundo objetivo é incognoscível, nossa prática tem de se circunscrever ao imediatamente existente, ao positivo. Tem de ser meramente prática reativa, conformação *a posteriori* às mudanças

---

[1] Uma análise compreensiva do positivismo lógico e da crítica à tradição positivista desenvolvida por Kuhn, Lakatos, Feyerabend e outros pode ser encontrada em Frederick Suppe (org.), *The Structure of Scientific Theories* (Chicago, University of Illinois Press, 1977). Para uma explanação mais detalhada da interpretação defendida acima, ver Mario Duayer, "Antirrealismo e absolutas crenças relativas", neste livro, p. 69-88; e Mario Duayer et al., "A miséria do instrumentalismo na tradição neoclássica", *Estudos Econômicos*, v. 31, n. 4, 2001, p. 723-83.

158 / Teoria social, verdade e transformação

contingentes no mundo exterior. Para o relativismo ontológico, a prática emancipatória tem um pressuposto que o nosso conhecimento não pode satisfazer, a saber, apreender as legalidades objetivas que governam o mundo social. Conhecer objetivamente, seja o mundo natural seja o social, é pressuposto incontornável da prática bem-sucedida. A prática bem-sucedida em relação à sociedade, por conseguinte, é negada pelo relativismo ontológico, pois nele a eficácia se circunscreve necessariamente à prática imediata, cujas finalidades são inescrutáveis por princípio. Nele, a certeza da prática imediata é a contrapartida necessária do total ceticismo em relação ao conhecimento objetivo da historicidade do ser social. Em outros termos, interditado o conhecimento objetivo da sociedade, de suas legalidades imanentes, prevalece a noção da historicidade do mundo social como absoluta contingência, completo acaso. E em face dessa história sem futuros possíveis, futuros discerníveis, não resta aos sujeitos senão circunscreverem sua prática ao mundo imediatamente dado, positivo, anistórico[2].

É contra tais ideias que é necessário afirmar categoricamente que crítica de fato é crítica ontológica. Todavia, isso não implica negar, é claro, que existe outro tipo de crítica. Em cada disciplina, cada uma de suas tradições científicas se mantém e se desenvolve pelas críticas internas, críticas por meio das quais o sistema teórico da tradição se aperfeiçoa – descarta teorias superficiais, insubsistentes, e as substitui por outras. No entanto, enquanto a tradição existir, tais críticas não atingem os seus pressupostos fundantes, estruturais, nem podem atingi-los, naturalmente, sob pena de abolir a própria tradição. Em uma palavra, as críticas internas à tradição não alteram – nem podem fazê-lo – a descrição de mundo, a ontologia sobre a qual a tradição está fundada.

A crítica exercida entre tradições, a crítica ontológica, ao contrário, dirige-se essencialmente aos pressupostos estruturais da tradição criticada. Em virtude disso, tem de ser crítica que refigura o mundo, que põe e pressupõe outra ontologia. É justamente nesse sentido que a crítica de Marx é crítica ontológica – no caso, crítica da sociedade capitalista, da formação socioeconômica posta pelo capital. Figura o mundo social de maneira radicalmente distinta não só das formas de consciência do cotidiano dessa sociedade, mas também de suas formas de consciência científica, que, nessa condição, são obviamente plausíveis, empiricamente válidas, funcionais para a prática imediata.

Pode-se perguntar, por que a crítica ontológica é essencial? Porque a prática humano-social é prática teleológica, intencional, finalística e, por isso, depende

---

[2]   Sobre o reducionismo da tese materialista de que a prática é o critério da teoria pelo neopositivismo, ver a seção sobre o "neopositivismo" em György Lukács, *Para uma ontologia do ser social I* (trad. Carlos Nelson Coutinho, Mario Duayer e Nélio Schneider, São Paulo, Boitempo, 2012).

Mercadoria e trabalho estranhado: Marx e a crítica do trabalho no capitalismo / 159

crucialmente de uma significação ou figuração do mundo mais ou menos unitária e coerente, não importa se composta por elementos heterogêneos como ciência, religião, pensamento do cotidiano, superstição etc. Em outras palavras, porque a significação do mundo é pressuposto da prática teleológica, é o modo como o mundo é significado que faculta e referenda determinada prática. O mundo do capital, para ser reproduzido pela prática teleológica dos sujeitos, gera e ao mesmo tempo necessita de determinada ontologia ou, caso se queira, de um certo composto de ontologias que referenda tais práticas reprodutivas. Por contraste, as práticas emancipatórias dessa forma de sociabilidade, práticas efetivamente transformadoras, têm de estar fundadas em outra ontologia. Uma ontologia crítica da primeira. Segue-se, portanto, que a crítica ontológica é condição necessária, ainda que não suficiente, para a emancipação de estruturas sociais estranhadas, opressoras, iníquas, infames.

A ONTOLOGIA CRÍTICA DE MARX

O problema da emancipação e, portanto, o da ontologia crítica já aparecem delineados nos primeiros capítulos de *O capital*. É nesses capítulos iniciais que Marx investiga as principais determinações da sociedade do capital devidas *exclusivamente* ao seu caráter mercantil.

Para sumariar a análise de Marx, é preciso partir, como ele, da forma de manifestação mais imediata dessa sociedade, tal como ela aparece para todos os sujeitos: a esfera da circulação mercantil, da troca generalizada, ali onde todos trocam tudo. O domínio da venalidade universal. Afinal, como escreve Marx em sua conhecida "Introdução" de 1857, sempre se parte do concreto[3]. E o concreto da sociedade do capital se manifesta imediatamente para os sujeitos como esfera da circulação. Todavia, o concreto em sua imediaticidade é abstrato, pois os sujeitos dele não sabem mais do que suas determinações tópicas. Essa abstratividade começa a ser gradualmente dissolvida quando se analisa, como faz Marx, as próprias circunstâncias que tornam possível as coisas se apresentarem tal como se apresentam. Do ponto de vista da circulação, abstrato, o trabalho aparece como o título exclusivo de propriedade, pois na troca, na ausência de outras categorias (determinações), os sujeitos não podem senão trocar, e só podem trocar o produto de seu trabalho, sua propriedade[4]. Funcionando assim as coisas, ou ao menos assim se apresentando,

---

[3] Karl Marx, *Grundrisse: manuscritos econômicos de 1857-1858: esboços da crítica da economia política* (trad. Mario Duayer e Nélio Schneider, São Paulo/Rio de Janeiro, Boitempo/Ed. UFRJ, 2011), p. 54.

[4] Karl Marx, "Fragment des Urtextes von 'Zur Kritik der politischen Ökonomie'", em *Grundrisse der Kritik der politischen Ökonomie (Rohentwurf)* (Berlim, Dietz, 1953), p. 901. Essa obra constitui um esboço de *Para a crítica da economia política*, tendo sido publicada como apêndice dos *Grundrisse* na edição referida, anterior à da MEGA.

160 / Teoria social, verdade e transformação

pode-se afirmar que os pressupostos objetivos (ou as condições de possibilidade) dessa articulação particular dos produtores – isto é, mercantil – são os seguintes:

1) os produtores são proprietários privados, caso contrário não trocariam, teriam posse comum, compartilhariam imediatamente a riqueza social;

2) os produtores são trabalhadores especializados, isto é, integram uma divisão social do trabalho mais ou menos complexa, caso contrário trocar para eles não seria um imperativo;

3) em consequência, essa divisão do trabalho pressupõe uma unidade que emerge espontaneamente (historicamente), unidade de todos os trabalhos parciais em um todo, todo que nada mais é do que um trabalhador coletivo (social) do qual todos os trabalhadores são órgãos. Em outros termos, a troca generalizada de mercadorias, a par de ser uma vasta equação – ou equiparação – social das coisas (valores de uso), é a vasta equação social dos diversos trabalhos, sua igualação. Isso significa que a troca plasma, sempre *a posteriori* e externamente, os trabalhos individuais, privados, independentes, em um trabalhador coletivo, social. Trabalhador coletivo que, na verdade, já está permanentemente pressuposto na troca, e que os sujeitos têm de integrar sob pena de não poderem produzir e viver. Integrá-lo é a condição primeira e incondicional de sua existência social;

4) continuando com os pressupostos objetivos da articulação mercantil dos produtores, tem-se que cada produtor, concluído seu processo de produção, procede como se tivesse surtado, delira e, ao contemplar o produto de seu trabalho, vê nele os produtos de todos os outros produtores. Para ele, seu produto assume a figura de todos os outros. A figura do particular que é simultaneamente universal é o dinheiro, de maneira que todos os produtos são, de fato, dinheiro e têm de se dissolver no dinheiro. Tal comportamento, apesar de irracional, é necessário, porque, sendo produtor especializado, seu produto para ele é simples meio de acesso aos produtos dos outros – meio de troca. O que significa dizer que a *finalidade* de cada produtor é a riqueza em geral, abstrata – valor, do qual o dinheiro é a representação;

5) cada produtor, sendo o que é (dados os pressupostos objetivos, imediatamente perceptíveis dos quais partimos), isto é, proprietário privado coparticipante de uma divisão social do trabalho mais ou menos complexa, ele tem acesso a uma fração da riqueza social exatamente proporcional à sua contribuição. Porque a troca, sendo troca entre sujeitos formalmente iguais, tem de ser troca de equivalentes;

6) por essa razão, cada produtor tem de perseguir o máximo da riqueza dos demais que pode recolher pela troca. Em consequência, como sempre tem o máximo de riqueza como objetivo, e não só por luxúria, mas também por necessidade, ele é compelido, nessas circunstâncias, a produzir (trabalhar) sempre mais para, ao contribuir ao máximo de suas forças para a riqueza social, ter acesso ao máximo da riqueza produzida pelos outros. E quando se afirma que cada produtor imerso nas

Mercadoria e trabalho estranhado: Marx e a crítica do trabalho no capitalismo / 161

relações de troca generalizada deseja e necessita produzir o máximo, é porque, por participar de uma divisão social do trabalho, cada produtor precisa do produto dos demais, e não só para sobreviver (isto é, de meios de subsistência), mas também para sempre poder repor as condições materiais de sua própria produção (isto é, de meios de produção). Em virtude disso, o acesso ao máximo de riqueza passa a ser condição da reprodução de cada produtor;

7) tudo isso considerado, chega-se à conclusão simples e objetiva de que a produção social assim articulada, ou seja, *externamente* por meio da troca mediada por dinheiro, tem uma determinação absolutamente peculiar: é e sempre tem de ser produção crescente. Nenhuma outra formação socioeconômica possui um dispositivo imanente *automático* como esse em seu processo de produção, dispositivo que o faz crescer necessariamente. Cada produtor deseja e precisa produzir o máximo e, justamente por isso, a produção social é sempre crescente;

8) pode-se constatar, além do mais, que a riqueza de cada produtor adquire uma determinação que ela não possui em outras formas de produção, ou seja, uma dimensão temporal. Todo item da riqueza tem de representar mais riqueza futura. Por quê? Porque aquele produtor cuja riqueza permanece constante em uma economia de produção continuamente crescente perdeu riqueza, ou seja, cai a fração da riqueza total (crescente) a que tem acesso. Ele não só vive relativamente pior do que os outros, mas também se torna gradualmente incapaz de reproduzir as condições de sua produção. E como a sociabilidade está fundada em primeiro lugar e incondicionalmente na troca dos produtos de seu trabalho, tal incapacidade é sinônimo, no limite, de sua não existência social (individual);

9) com tal exame, partindo das manifestações tópicas, mas objetivas da sociedade do capital, é possível mostrar, como extensamente fez Marx – e imagino ter feito aqui de forma sucinta –, que o *caráter mercantil* da sociedade capitalista implica que a produção social – seu caráter, seu sentido, sua dinâmica etc. – escapa aos sujeitos. Mais exatamente, ela subordina os sujeitos, condenados a perseguir, por assim dizer, seu produto com sua lógica estranhada. É importante notar que se chega a tal resultado com uma análise que se restringe a umas poucas categorias da esfera da circulação: divisão do trabalho, propriedade privada, valor de uso, valor de troca, valor, dinheiro.

A partir dessa análise das formulações de Marx nos primeiros capítulos de *O capital*, mas igualmente presentes em outras de suas obras, é possível defender uma reinterpretação de sua teoria em que a categoria da *exploração*, a despeito de sua relevância e objetividade, não é a categoria fundamental para apreender a especificidade histórica da formação da moderna sociedade capitalista. Sobretudo porque o registro histórico acusa as mais diversas formações sociais em que há trabalhadores e não trabalhadores e, portanto, exploração, sem que por isso haja capitalismo.

162 / Teoria social, verdade e transformação

Na estrutura categorial da teoria de Marx, na verdade, a exploração está subordinada à categoria do estranhamento (ou alienação, como costuma ser denominada). Nessa interpretação, a ênfase recai sobre o fato de que os sujeitos da sociedade do capital, dado seu caráter mercantil, da sociedade articulada pela troca, perdem o sentido de sua produção, que, como vimos, para eles existe como uma coisa autônoma, estranha, fora deles, que os subordina, e a cujos imperativos estão submetidos. Paradoxalmente, são reduzidos a meros trabalhadores, mas o sentido de seu trabalho lhes escapa.

É claro que a troca generalizada só existe quando o capital colonizou para si a esfera da produção, dissolvendo outros modos de produção e propriedade, outras formas de relação social que o precederam[5]. De fato, em uma passagem dos *Grundrisse* – que, ligeiramente modificada, aparece também no referido esboço de *Para a crítica da economia política*[6] –, Marx faz a seguinte observação sobre a circulação, cuja importância, digamos, metodológica dispensa comentários:

> Considerada em si mesma, a circulação é a mediação de extremos pressupostos. Mas não põe esses extremos. Por conseguinte, ela própria tem de ser mediada não só em cada um de seus momentos, mas como totalidade da mediação, como processo total. É por isso que seu ser imediato é pura aparência. *A circulação é o fenômeno de um processo transcorrendo por trás dela.*[7]

Se é mediação de extremos pressupostos, a circulação e as categorias de mercadoria, dinheiro e capital que têm nela sua gênese ficam originalmente na dependência de modos de produção cuja operação e controle lhes escapam. O pleno desenvolvimento da circulação pressupõe, portanto, a dissolução de formações socioeconômicas com suas estruturas produtivas particulares e sua conversão no modo de produção especificamente capitalista, isto é, modo de produção organizado para a produção de valor, ou seja, produção sempre crescente. A dissolução dos modos de produção pré--capitalistas, por sua vez, é sinônimo da dissolução de variadas formas de organização do trabalho social e, portanto, de propriedade. Para usar outra citação dos *Grundrisse*: "A dissolução de todos os produtos e atividades em valores de troca pressupõe a dissolução de todas as relações fixas (históricas) de dependência pessoal na produção, bem como a dependência multilateral dos produtores entre si"[8].

Por outro lado, a dissolução de todas essas formas de relações sociais e modos de produção é concomitante com a sua recriação como relações sociais baseadas na

---

[5] Karl Marx, "Fragment des Urtextes von 'Zur Kritik der politischen Ökonomie'", em *Grundrisse der Kritik der politischen Okonomie (Rohentwurf)* (Berlim, Dietz, 1953), p. 919.

[6] Ibidem, p. 920.

[7] Idem, *Grundrisse*, cit., p. 196.

[8] Ibidem, p. 104.

Mercadoria e trabalho estranhado: Marx e a crítica do trabalho no capitalismo / 163

propriedade privada (na troca, como vimos) e no modo de produção especificamente capitalista (estruturado segundo a lógica da produção crescente). Em síntese, enquanto os produtores diretos forem capazes de produzir parte dos meios necessários à sua vida não pode haver troca generalizada de mercadorias. Nem capitalismo, portanto.

Em consequência, é igualmente evidente que a troca generalizada pressupõe a exploração, porque pressupõe capital, trabalho assalariado, mais-valor. Todavia, o mais-valor, mais do que significar a exploração do trabalho, como de fato o faz, representa a objetivação, estranhada dos sujeitos, do potencial que possui o trabalho (social) de reproduzir de forma ampliada as suas condições antecedentes.

Pode-se compreender melhor o mais-valor como expressão do estranhamento da produtividade do trabalho social quando se leva em conta que o trabalho, como categoria especificamente humana, diferencia o metabolismo da espécie humana com a natureza. Nos outros animais, esse metabolismo é sempre uma adaptação passiva, geneticamente determinada, às mudanças das condições do ambiente, ao passo que, no ser humano, o metabolismo caracteriza-se por uma adaptação *ativa*, em que os seres humanos, pelo trabalho, criam as condições materiais de sua própria reprodução. Em virtude dessa constituição interna do trabalho, Lukács sublinha que a situação típica no ser humano é a *reprodução ampliada*[9]. O mais--valor, nesse sentido, é expressão historicamente específica dessa capacidade, dessa potência humana, autonomizada em relação aos seres humanos reduzidos a meros trabalhadores, potência que deveio riqueza que opera como um "sujeito automático" sob a forma de capital. Riqueza sempre crescente e crescentemente estranhada.

Analisando, portanto, as estruturas da sociedade do capital, Marx descobre essa dinâmica objetiva, cuja lógica imanente não se dissolve por si mesma, não se autossupera. Pelo contrário, ela arrasta suas contradições para adiante, sempre em grau mais elevado. Expresso em poucas palavras, esse é o tema marxiano do estranhamento e da emancipação humana. Emancipação em que sentido? Emancipação da subordinação dos sujeitos à lógica humana e ecologicamente destrutiva de seu objeto deles próprios autonomizado[10]. Emancipação de determinações estruturais objetivas, mas históricas, que constrangem, oprimem e frustram as aspirações de um mundo mais digno do ser humano, o que inclui uma relação humanizada com

---

[9] Sobre esse aspecto da análise de Lukács da ontologia do complexo do trabalho, ver Mario Duayer e João Leonardo Medeiros, "'Under-Labouring' for Ethics: Lukács' Critical Ontology", em Clive Lawson et al., *Contributions to Social Ontology (Routledge Studies in Critical Realism)* (Londres, Routledge, 2006), p. 102-23.

[10] *Blade Runner, o caçador de androides*, filme de Ridley Scott, ilustra magistralmente esse tipo de estranhamento, tal como procuro mostrar em um artigo intitulado "CAPITAL: More Human than Human (*Blade Runner* e a barbárie do capital)", *Trabalho necessário*, ano 8, n. 11, 2010.

164 / Teoria social, verdade e transformação

a natureza, sem a qual um mundo social humanizado é inconcebível, como é cada vez mais evidente[11].

Precisamente nesse sentido, a crítica de Marx deve ser compreendida como crítica do trabalho no capitalismo. Crítica do trabalho como atividade socialmente mediadora, ou seja, crítica da sociabilidade fundada no trabalho. Em suma, crítica em tudo distinta da crítica positiva. A crítica positiva, como se sabe, toma o mundo tal como ele se apresenta como um dado insuperável, incontornável. E é nesse quadro de um mundo por princípio inalterável em sua estrutura e constituição essencial que a crítica positiva comparece, primeiro, descrevendo – positivamente – o mundo e, segundo, em conformidade com tal descrição, prescrevendo as atitudes e práticas possíveis dos sujeitos. E a crítica positiva, é preciso não se iludir, pode ser de fato crítica à sua maneira. Ela pode se insurgir sinceramente contra as infâmias desse mundo incontornável. Mobiliza instrumentos teóricos sempre mais sofisticados para consertar os erros do mundo ou desentortá-lo, como imaginava fazer Quixote. E arregimenta paixões, sinceras paixões, sem as quais tais instrumentos restariam inertes, para a reparação do mundo. Todavia, recorde-se, a crítica positiva e as práticas que ela alimenta são sempre prisioneiras desse mundo, do mundo imediato, anistórico.

O Super-Homem, nós todos sabemos, lança mão de seus superpoderes não para abolir as causas do crime, mas para atenuar seus efeitos no varejo da delinquência. Mais real em seu irrealismo, melhor dizendo, em seu irracionalismo, a superpolícia das telas, e também a do mundo real, emprega suas supermáquinas, seus super-recursos, sua supertecnologia, não para atacar as causas do crime, mas para combater seus efeitos no varejo da delinquência.

De forma similar, a ciência social positiva mobiliza seus superpoderes, digamos descritivo-explanatórios, não para investigar as causas das misérias sociais, mas para mitigar seus efeitos no varejo dos sofrimentos cotidianos e gerenciar suas consequências no varejo das chamadas "ações afirmativas", nas infinitas políticas de "inclusão social". Nesta sociedade, é claro.

A teoria social crítica de Marx nada tem a ver com esse tipo de teoria. Na verdade, nem sequer a toma como objeto de interlocução. Não almeja substituí-la. Não se constrói como ciência social alternativa, destinada a formar outros profissionais, críticos, especialistas em sociedade, que, nessa condição, de posse de uma teoria presumidamente superior, estariam em condições de administrar ou gerenciar esse mundo com mais eficácia. Sob a ótica das teorias sociais desse tipo – que compõem a divisão do trabalho da sociedade capitalista moderna, ou melhor, que são teorias

---

[11] Roy Bhaskar, *Reclaiming Reality: A Critical Introduction to Contemporary Philosophy* (Londres, Verso, 1993), p. 6.

Mercadoria e trabalho estranhado: Marx e a crítica do trabalho no capitalismo / 165

para os trabalhadores que integram essa divisão do trabalho –, a teoria crítica de Marx poderia com razão ser considerada inútil, ou, para usar um jargão atual, não operativa, não propositiva. Em definitivo, ela não se destina a formar especialistas que organizam, gerenciam externamente o mundo social para os demais mortais. Caso fosse esse seu propósito, incorreria no mesmo equívoco da teoria que critica, a saber, assumiria que a sociedade sempre se manifesta estranha e hostil aos sujeitos e que, ademais, os interesses dos indivíduos, porque sempre antagônicos, requerem um Estado (e seu aparato científico, administrativo, organizacional etc.) para conciliá-los.

Não sendo nada disso, a teoria crítica de Marx, se é que se pode formular dessa maneira, é uma autorreflexão da humanidade sobre a sua própria realidade, sobre o seu caráter processual – porque autoconstruído –, sobre as possibilidades sempre existentes de outros futuros e, portanto, sobre as alternativas abertas à subjetividade.

Para dizê-lo em poucas palavras, a teoria social crítica de Marx se instaura como crítica ontológica. Crítica ontológica a um mundo que se apresenta perene, sem história. E crítica ontológica às formas de pensamento, científicas ou não, que concebem o mundo em conformidade com a sua forma imediata de manifestação. Nesse sentido, a teoria de Marx é antes de tudo crítica ontológica, como aliás deve ser toda crítica genuína, isto é, crítica das formas correntes de figurar o mundo, das descrições correntes do mundo, compatíveis com e necessárias para um mundo que parece se reproduzir sempre da mesma forma.

Como crítica ontológica, figuração do mundo social como mundo histórico e, portanto, mutável, a teoria crítica de Marx abre espaço para práticas sociais compatíveis com a historicidade do mundo. Ao contrário da teoria social positiva, que interdita liminarmente toda prática que transcende os limites da reprodução do existente, seja em conformidade com uma concepção anistórica de sociedade, seja em razão de uma concepção de história como absoluta contingência.

REFERÊNCIAS BIBLIOGRÁFICAS

BHASKAR, Roy. *Reclaiming Reality*: A Critical Introduction to Contemporary Philosophy. Londres, Verso, 1993.

DUAYER, Mario. Antirrealismo e absolutas crenças relativas, neste livro, p. 9-88.

_____. *CAPITAL*: More Human than Human (*Blade Runner* e a barbárie do capital). *Trabalho Necessário*, ano 8, n. 11, 2010.

_____; MEDEIROS, João Leonardo. "Under-Labouring" for Ethics: Lukács' Critical Ontology. In: LAWSON, Clive et al. *Contributions to Social Ontology (Routledge Studies in Critical Realism)*. Londres, Routledge, 2006, p. 102-23.

166 / Teoria social, verdade e transformação

_____ et al. A miséria do instrumentalismo na tradição neoclássica. *Estudos Econômicos*, v. 31, n. 4, 2001, p. 723-83.

LUKÁCS, György. *Para uma ontologia do ser social I*. Trad. Carlos Nelson Coutinho, Mario Duayer e Nélio Schneider, São Paulo, Boitempo, 2012.

MARX, Karl. Fragment des Urtextes von "Zur Kritik der politischen Ökonomie". In: _____. *Grundrisse der Kritik der politischen Ökonomie* (Rohentwurf). Berlim, Dietz, 1953, p. 919-40.

_____. *Grundrisse:* manuscritos econômicos de 1857-1858: esboços da crítica da economia política. Trad. Mario Duayer e Nélio Schneider, São Paulo/Rio de Janeiro, Boitempo/Ed. UFRJ, 2011.

POSTONE, Moishe. *Tempo, trabalho e dominação social*: uma reinterpretação da teoria crítica de Marx. Trad. Amilton Reis e Paulo Cézar Castanheira, São Paulo, Boitempo, 2015.

SUPPE, Frederick (org.). *The Structure of Scientific Theories*. Urbana, University of Chicago Press, 1977.

8
Marx e a crítica ontológica da sociedade capitalista: crítica do trabalho*

INTRODUÇÃO

Para iniciar, diria que, hoje em dia, o *referente* de toda crítica ao capitalismo, à ordem social devidamente universalizada pelo capital, *não existe*, a não ser, é claro, como ideias cada vez mais vagas sobre o socialismo. São menções, por assim dizer, quase protocolares a um socialismo que ninguém sabe mais dizer do que se trata, nem sequer acredita que seja possível ou mesmo desejável. Claro que merecem respeito e solidariedade os que lutam em todos os níveis e instâncias por seus direitos, contra as iniquidades, as misérias, as infâmias do capitalismo, em seu interior, no exterior, nas margens. Todavia, com todo respeito a essas lutas, às "limitadas lutas do cotidiano", a experiência tem mostrado que elas são em grande medida inócuas, inefetivas. Não há dúvida que continuarão sendo lutadas, pois emergem espontaneamente das infâmias e perversidades de nossa sociedade, mas, na verdade, seu destino tem sido a dissolução no varejo, seja na derrota, seja nas conquistas consentidas (aceitáveis, assimiláveis). Não são nem têm sido capazes de convergir para algo que possa abalar as estruturas da moderna sociedade capitalista.

Parece urgente, portanto, perguntar pelas razões dessa incapacidade. Antes de tudo porque é evidente que as revoltas e as lutas contra a violência, a miséria, a opressão, a infâmia etc. não podem por si mesmas acabar com a violência, a miséria, a opressão, a infâmia, pois, se o fossem, estas nunca teriam existido: a primeira violência, miséria ou opressão teria gerado a luta que a teria imediatamente abolido.

---

* Uma versão deste texto foi publicada pela primeira vez, com o mesmo título, em *Em pauta: Revista da Faculdade de Serviço Social da Universidade do Estado do Rio de Janeiro*, n. 29, v. 10, 2012, p. 35-47. (N. E.)

168 / Teoria social, verdade e transformação

É possível sugerir que a pergunta encontra explicação no fato de que todos os discursos, falas, análises, palavras de ordem que inspiram e, muitas vezes vicariamente, incitam as lutas sindicais, ecológicas, na saúde, na educação etc. têm por pano de fundo (crítico) um buraco negro. São críticos do capitalismo, da saúde como mercadoria, mas não negam nem podem negar, como ninguém hoje, o capitalismo. Queremos um capitalismo melhor, com saúde pública universal de qualidade, mas que, ainda assim, fora dessa esfera, pode continuar presidindo todas as outras dimensões da vida social? E se a luta for ecológica? Queremos um capitalismo limpo, que respeite a natureza, mas que, respeitoso, continue a comandar um processo infinito de acumulação? E se a luta for educacional? Educação pública de qualidade para todos seria a razão da luta? Mas, atendida a demanda, poderia o capitalismo continuar educando sujeitos aptos a reproduzir suas relações sociais mantidas intactas nas outras esferas? Conclusão: se nada além do capitalismo é crível e, sobretudo, desejável, capaz de seduzir as pessoas, o que exatamente queremos quando fazemos a crítica e lutamos contra o *modus operandi* do capitalismo? Nesse sentido, pode-se compreender por que as ações práticas do dissenso se extinguem na indiferença do mesmo continuado mesmo.

Não podemos deixar de constatar e registrar que essas lutas parecem ser tão mais reconfortantes quanto mais fantasiosas são as ideias que as inspiram. Nesse particular, aliás, e guardadas as devidas (e grandes) diferenças, pode ser ilustrativa a resenha de dois livros sobre a Revolução de 1848 escritos por conspiradores profissionais, publicada na revista editada por Marx e Engels, *Neue Rheinische Zeitung: Politisch-ökonomische Revue* [Nova Gazeta Renana: Revista Político-Econômica], em abril de 1850. No extenso comentário sobre o papel da conspiração e dos conspiradores nos acontecimentos políticos da época, os autores da resenha (Marx e/ou Engels) observam que os conspiradores não se limitavam à "organização geral do proletário revolucionário". No fundo, interessava aos conspiradores justamente substituir o processo de desenvolvimento revolucionário (dos próprios trabalhadores), operar em seu lugar e, em seu nome, produzir uma crise de modo a dar "início, impulsiva e espontaneamente, a uma revolução", sem que as condições necessárias para tanto estivessem presentes. Por conseguinte, prossegue a resenha, pode-se afirmar que, para os conspiradores, a "única condição para a revolução" é a organização, isto é, "a preparação adequada de sua própria conspiração". Marx e Engels consideram essencial marcar a diferença substantiva entre, de um lado, a postura científica que adotam ao analisar a dinâmica da sociedade capitalista com o propósito de descortinar as possibilidades concretas que ela abre para uma transformação radical dessa ordem social e, consequentemente, os espaços objetivos para a prática transformadora dos sujeitos e, de outro, a atitude daqueles que imaginam a revolução como um problema organizativo. Por isso mesmo, qualificam os últimos, os conspiradores, de "alquimistas da revolução", pois eles possuem:

o mesmo pensamento caótico e as mesmas tacanhas obsessões dos alquimistas do passado [...] agarram-se a invenções que supostamente realizam milagres revolucionários: bombas incendiárias, artefatos destrutivos de efeito mágico, revoltas das quais se esperam efeitos tão mais milagrosos e surpreendentes quanto menos racional é sua base.[1]

É praticamente intolerável a solidão na esquerda dessa posição que, além de constatar a total incapacidade dos diferentes movimentos sociais de provocar qualquer abalo fundamental no capitalismo, sublinha o fato de que, na atualidade, os próprios movimentos não têm nem podem ter como objetivo a transformação radical da forma de sociabilidade posta pelo capital. Por isso mesmo, é prudente buscar companhia e socorro em autores consagrados. Ao que tudo indica, Slavoj Žižek, por exemplo, tem em mente o mesmo problema quando, dirigindo-se aos manifestantes do movimento Occupy Wall Street, faz a seguinte advertência:

Não se apaixonem por si mesmos, nem pelo momento agradável que estamos tendo aqui. Carnavais custam muito pouco – o verdadeiro teste de seu valor é o que permanece no dia seguinte, ou a maneira como nossa vida normal e cotidiana será modificada. Apaixonem-se pelo trabalho duro e paciente – somos o início, não o fim. Nossa mensagem básica é: o tabu já foi rompido, não vivemos no melhor mundo possível, temos a permissão e a obrigação de pensar em alternativas. Há um longo caminho pela frente, e em pouco tempo teremos de enfrentar questões realmente difíceis – *questões não sobre aquilo que não queremos, mas sobre aquilo que QUEREMOS*.[2]

Por sua vez, o historiador marxista Eric Hobsbawm, que não acredita que as ideias de Žižek de fato podem contribuir para mudar o mundo, por ocasião do lançamento de seu último livro, *Como mudar o mundo**, declarou de maneira enfática que "o século XXI precisa de mais Marx" e que, pela falta dele, "muito do movimento anticapitalista contemporâneo – tanto dentro como fora do movimento dos trabalhadores [...] – *representa 'mais protesto do que aspiração'*"[3].

---

[1] Karl Marx e Friedrich Engels, *Neue Rheinische Zeitung: Politisch-Ökonomische Revue*, n. 4, 1850, em MECW, v. 10, p. 311.

[2] Slavoj Žižek, "A tinta vermelha: discurso de Slavoj Žižek aos manifestantes do movimento Occupy Wall Street", disponível em: <http://boitempoeditorial. com.br/2011/10/11/a-tinta-vermelha-discurso-de-slavoj-zizek-aos-manifestantes-do-movimento-occupy-wall-street/>, acesso em: 25 mar. 2012; grifos nossos.

* Eric Hobsbawm, *Como mudar o mundo: Marx e o marxismo, 1840-2011* (trad. Donaldson M. Garschagen, São Paulo, Companhia das Letras, 2015). (N. E.)

[3] Citado em Sean Carleton, "*How to Change the World: Tales of Marx and Marxism* reviewed by Sean Carleton", *Marxism and Philosophy Review of Books*, 26 jul. 2011; grifos nossos. Disponível em: <https://marxandphilosophy.org.uk/reviews/7649_how-to-change-the-world-review-by-sean-carleton/>, acesso em: 13 fev. 2023.

170 / Teoria social, verdade e transformação

O que os dois autores acentuam é exatamente o que se pode denominar o *buraco negro da crítica*: a *dissolução*, o *apagamento* da *crítica ontológica do capitalismo elaborada por Marx*. Sem essa crítica – e talvez por isso Derrida, a seu modo, tenha afirmado que "não há futuro sem Marx"[4] –, o sistema dispõe de uma consciência social em conformidade com sua aparência: última forma de vida social, sem espaço e sem tempo – fora da qual e para além da qual nada pode existir.

Para ilustrar o que significa viver sem tempo, sem futuro, pode-se recorrer a Lukács, mas, com o mesmo propósito, seria também possível evocar inúmeros teóricos marxistas. No posfácio de 1967 de *História e consciência de classe*, escrito especialmente para a reedição da obra, Lukács faz o seguinte comentário: "Não surpreende que [...] nesse livro [*A teoria do romance*] [...] a esperança de uma *via de saída assuma um caráter puramente utópico e irreal. Foi só com a Revolução Russa que, também para mim, se abriu uma perspectiva de futuro na própria realidade*"[5]. Para o argumento aqui defendido, faltaria acrescentar que, àquela altura, a esquerda ainda dispunha da crítica ontológica de Marx. A esquerda hoje, ao contrário, tem de reconstruí-la, buscar seus fragmentos por debaixo dos escombros do Leste Europeu.

O reverso da ausência dessa crítica ontológica marxiana é o que Žižek qualifica de "coordenadas ideológicas hegemônicas"[6], isto é, a ontologia de um mundo supostamente intransponível – o mundo do capital – que, por isso mesmo, anula o sentido das lutas políticas, mas reforça, é bem verdade, o politicismo. Para ilustrar esse efeito das "coordenadas ideológicas hegemônicas", ele contrasta a violência de ataques terroristas e atentados suicidas com os violentos protestos na Inglaterra em 2011, cujo estopim foi a morte pela polícia de um jovem negro, e da onda de carros incendiados em Paris, em 2005. Para Žižek, o primeiro tipo é executado a serviço do "sentido absoluto fornecido pela religião", ao passo que o segundo representa "protestos de grau zero, ações violentas demandando nada". De acordo com o autor, interpretado corretamente, o fato de os manifestantes não terem programa denota a situação político-ideológica dos nossos dias: "A oposição ao sistema não se articula mais na forma de uma alternativa realista, ou mesmo como um projeto utópico, mas só pode tomar a forma de uma explosão violenta". E mesmo quando predica a não violência, como o movimento dos *indignados* da Espanha, o dissenso se ressente igualmente da falta de sentido, de alternativa, como deixa patente o teor apolítico de seu discurso:

---

4   Jacques Derrida, "Spectres of Marx", *New Left Review*, I/205, 1994.
5   György Lukács, *História e consciência de classe* (trad. Telma Costa, Porto, Escorpião, 1974), p. 351.
6   Slajov Žižek, "Lenin's choice", em *Repeating Lenin* (Zagreb, Arkzin, 2002); grifos nossos. O capítulo está disponível em: <www.marxists.org/reference/subject/philosophy/works/ot/zizek1.htm>, acesso em: 25 mar. 2012.

O protesto é feito em nome das "verdades inalienáveis que devem ser respeitadas em nossa sociedade: o direito à moradia, emprego, cultura, saúde, educação, participação política, livre desenvolvimento pessoal e direito dos consumidores para uma vida saudável e feliz". Clamam por "uma revolução ética. Em lugar de pôr o dinheiro acima dos seres humanos, deveríamos repô-lo a nosso serviço" (sic). Eles expressam um espírito de revolta sem revolução.[7]

Todavia, exatamente em razão das "coordenadas ideológicas hegemônicas", o fundamental é saber como reconstruir coordenadas ideológicas contra-hegemônicas nas quais a ideia de revolução possa ter sentido, fazer sentido. Para tanto, é um imperativo restaurar a dimensão crítica do pensamento marxiano como crítica ontológica.

CRÍTICA ONTOLÓGICA

Tendo mencionado a dissolução da crítica ontológica de Marx e, além disso, tendo afirmado categoricamente que crítica de fato é crítica ontológica, é preciso justificar tal posição. O que passo a fazer de maneira muito sintética, mas que, acredito, não prejudica a essência.

Retomemos a afirmação categórica: *crítica de fato é crítica ontológica*. Não só na teoria, mas também nas disputas do cotidiano, as diferenças de posição, quando substantivas, se resolvem em diferenças ontológicas. Em um parênteses, para definir de forma sintética, já que o peso do argumento recai sobre ela, diria que ontologia diz respeito ao ser das coisas. Nesse sentido, afirmar que disputas teóricas se resolvem em diferenças ontológicas é dizer que elas dependem no fundo das distintas concepções sobre o ser em que as posições controversas se baseiam.

Para ficarmos no campo científico, ou melhor dizendo, na filosofia da ciência, é possível falar sem exagero em um consenso segundo o qual diferenças substantivas entre teorias ou sistemas teóricos e, por extensão, entre modos radicalmente distintos de figurar o mundo são resolvidos no plano ontológico. Essa verdade está presente até mesmo nas teorias da ciência ortodoxas contemporâneas mais difundidas, como as de Kuhn e Lakatos, ainda que os autores, com o relativismo ontológico que consciente ou inconscientemente advogam, não consigam enunciar esse conteúdo evidente de suas teorias. De fato, a conclusão a que levam necessariamente suas noções de paradigma e núcleo rígido dos programas de pesquisa científica (PPCs), respectivamente, é a de que todas as teorias põem e pressupõem

---

[7] Slajov Žižek, "Shoplifters of the World Unite", *London Review of Books*, 19 ago. 2011, disponível em: <http://www.lrb.co.uk/2011/08/19/slavoj- zizek/shoplifters-of-the-world-unite>, acesso em: 25 mar. 2012.

172 / Teoria social, verdade e transformação

uma ontologia que constitui a fonte de seus axiomas estruturais e dos marcos que delimitam o terreno empírico em que são válidas, ou sua jurisdição empírica. O que equivale a dizer que disputas e controvérsias substantivas entre sistemas teóricos distintos não admitem resolução empírica, e precisamente porque o terreno empírico em relação ao qual são plausíveis é traçado por suas ontologias particulares. Podemos compreender melhor a questão se imaginamos a interseção de diferentes "sistemas teóricos" constituindo um domínio empírico comum, em relação ao qual, portanto, são empiricamente equivalentes.

Segue-se daí que a resolução da controvérsia, não sendo nem empírica nem lógico-formal, só pode ser ontológica. Conclusão a que chegam Kuhn e Lakatos, naturalmente sem enunciá-la de maneira clara. Ao contrário, fazem-no de maneira oblíqua, ao sustentarem, cada um a seu modo, que as questões ontológicas não admitem resolução racional. O primeiro, ao alegar que os paradigmas de sistemas teóricos em disputa são incomensuráveis; o segundo, ao argumentar que os núcleos rígidos de diferentes PPCs são inescrutáveis. O que significa dizer, em ambos os casos, que não podemos justificar racionalmente nossas crenças mais substantivas sobre o mundo. Relativismo ontológico cuja absurdidade dificilmente se poderia exagerar, pois subentende a irracionalidade última de nossas figurações, concepções ou ideias sobre o mundo, pressuposto incontornável de todas as nossas práticas, fundamento de todas as finalidades em que nelas perseguimos, base de todas as nossas noções do possível e do impossível. Implica, enfim, que o sentido da prática humano-social em seu conjunto é inapelavelmente irracional. O corolário mais deletério desse relativismo ontológico no atacado consiste simplesmente na desqualificação das práticas emancipatórias: pois se o mundo objetivo é incognoscível, nossa prática tem de se circunscrever ao imediatamente existente, ao positivo. Tem de ser meramente reativa, conformação *a posteriori* às mudanças contingentes no mundo exterior. A prática emancipatória tem um pressuposto que o nosso conhecimento, para esse relativismo, não pode satisfazer, a saber, apreender as legalidades objetivas que governam o mundo social[8].

É contra tais ideias que sustentamos que crítica de fato é crítica ontológica. Todavia, isso não implica negar, é claro, que existe outro tipo de crítica. Em cada disciplina, cada uma de suas tradições científicas se mantém e se desenvolve pelas críticas internas, críticas por meio das quais o sistema teórico da tradição se aperfeiçoa – descarta teorias superficiais, insubsistentes, e as substitui por outras. No entanto, enquanto a tradição existir, tais críticas não atingem seus pressupostos fundantes, estruturais, nem podem atingi-los, naturalmente, sob pena de abolir a

---

8   Para uma exposição mais detalhada do argumento, ver Mario Duayer, "Relativismo, certeza e conformismo: para uma crítica das filosofias da perenidade do capital", neste livro, p. 89-108.

própria tradição. Em uma palavra, tais críticas não alteram, nem podem fazê-lo, a descrição de mundo, a ontologia sobre a qual a tradição está fundada.

A crítica exercida entre tradições, a crítica ontológica, pelo contrário, dirige-se em especial aos pressupostos estruturais da tradição criticada. Em consequência, tem de ser crítica que refigura o mundo, que põe e pressupõe outra ontologia. É justamente nesse sentido que a crítica de Marx é crítica ontológica – no caso, crítica da sociedade capitalista, da formação socioeconômica posta pelo capital. Figura o mundo social de maneira radicalmente distinta não só das formas de consciência do cotidiano dessa sociedade, mas também de suas formas de consciência científicas, que, nessa condição, são obviamente plausíveis, empiricamente válidas, embora criticáveis, como o são por Marx.

Pode-se perguntar: por que a crítica ontológica é essencial? Porque a prática humano-social é prática teleológica, intencional, finalística, e, por isso, depende crucialmente de uma significação ou figuração do mundo mais ou menos unitária e coerente, não importa se composta por elementos heterogêneos como ciência, religião, pensamento do cotidiano, superstição etc. Em outras palavras: porque a significação do mundo é pressuposto da prática teleológica, é o modo como o mundo é significado que faculta e referenda determinada prática. Como sublinha Lukács,

> independentemente do grau de consciência, todas as representações ontológicas dos homens são amplamente influenciadas pela sociedade, não importando se o componente dominante é a vida cotidiana, a fé religiosa etc. Essas representações cumprem um papel muito influente na práxis social dos homens e com frequência se condensam num poder social [...].[9]

O mundo do capital, para ser reproduzido pela prática teleológica dos sujeitos, gera e ao mesmo tempo necessita de uma determinada ontologia ou, caso se queira, de um certo composto de ontologias, que referenda tais práticas reprodutivas. Por contraste, as práticas emancipatórias dessa forma de sociabilidade, práticas efetivamente transformadoras, têm de estar fundadas em outra ontologia. Uma ontologia crítica da primeira. Segue-se, portanto, que a crítica ontológica é condição necessária, ainda que não suficiente, para a emancipação de estruturas sociais estranhadas, opressoras, iníquas, infames.

Por essa razão, afirmou-se acima que a ontologia crítica marxiana precisa ser restaurada. Deve voltar a ser o referente da crítica ao capitalismo, de modo a permitir que as ações práticas contra ele possam confluir para um movimento capaz de abalá-lo e superá-lo. Tal restauração, no entanto, tem por pressuposto retomar

---

[9] György Lukács, *Para uma ontologia do ser social II* (trad. Nélio Schneider, São Paulo, Boitempo, 2013), p. 95.

174 / Teoria social, verdade e transformação

a dimensão essencial da crítica, ou seja, crítica ao modo de produzir sob o capital. Em outras palavras, crítica ao trabalho no capitalismo, e não crítica do capitalismo sob o ponto de vista do trabalho.

CRÍTICA DO TRABALHO NO CAPITALISMO OU CRÍTICA À CENTRALIDADE DO TRABALHO

Para sustentar essa interpretação que, como se disse, é devida ao autor norte-americano Moishe Postone, recorro a duas passagens de Marx, uma dos *Grundrisse* e outra de um texto que aparece na edição da MEW dos *Grundrisse* e é uma espécie de formulação primitiva de *Para a crítica da economia política*.

> Considerada em si mesma, a circulação é a mediação de extremos pressupostos. Mas não põe esses extremos. Por conseguinte, ela própria tem de ser mediada não só em cada um de seus momentos, mas como totalidade da mediação, como processo total. É por isso que seu ser imediato é pura aparência. *A circulação é o fenômeno de um processo transcorrendo por trás dela.*[10]

Ora, se a troca é mediação de extremos pressupostos, empregando o modo de inferência típico de Marx, isto é, a retrodução[11], é possível concluir, que:

1) a troca generalizada não pode estar na origem da história;

2) e se fosse esse o caso, teríamos de pressupor indivíduos isolados associais com dotações originalmente complementares e que, por isso, estariam predestinados à troca. Ou seja, teríamos de postular que tais indivíduos, com suas dotações formando uma unidade, caíram do céu de paraquedas (embora se saiba que os paraquedas ainda não estavam disponíveis no início da história);

3) por essa razão, é razoável admitir que, na origem da história, o que existe são várias formações socioeconômicas, constituídas por relações sociais explícitas, claras, entre os sujeitos;

---

[10] Karl Marx, *Grundrisse: manuscritos econômicos de 1857-1858: esboços da crítica da economia política* (trad. Mario Duayer e Nélio Schneider, São Paulo/Rio de Janeiro, Boitempo/Ed. UFRJ, 2011), p. 196.

[11] De acordo com Bhaskar, tipicamente, a construção de uma explanação para – a produção do conhecimento dos mecanismos da produção de – alguns fenômenos recém-identificados necessitará da construção de um modelo do mecanismo que, se existisse e agisse da maneira postulada, explicaria os fenômenos considerados. Esse movimento do pensamento, que pode ser caracterizado como "analógico-retrodutivo", sempre tem de suscitar questões existenciais. Pois a questão de saber se o mecanismo postulado age ou não da maneira postulada não pode, é claro, ser decidido somente pela teoria, dado que em geral várias possíveis explanações serão consistentes com os fenômenos, refletindo a subdeterminação geral da teoria pela experiência. Ver Roy Bhaskar, *Scientific Realism and Human Emancipation* (Londres, Verso, 1986), p. 61.

Marx e a crítica ontológica da sociedade capitalista: crítica do trabalho / 175

4) ou seja, originariamente a produção material estava enraizada nessas relações sociais explícitas;

5) pode-se afirmar, por conseguinte, que em nenhuma das diversas formações sociais pré-capitalistas os sujeitos se relacionavam como trabalhadores. Os sujeitos não pertenciam a elas porque trabalhavam, isto é, porque eram trabalhadores. Muito pelo contrário, porque pertenciam, entre outras coisas trabalhavam;

6) e portanto – o que importa para o argumento – em nenhuma dessas formações sociais pré-mercantis o trabalho funcionava como categoria mediadora social.

Creio que a análise anterior já seria suficiente para mostrar como Marx é *crítico da centralidade do trabalho, posto que ela é característica específica do capitalismo.* Mas é possível reforçá-la. Nos *Grundrisse*, comentando "a dissolução da *pequena propriedade livre de terras*, bem como da *propriedade comunitária baseada na comunidade oriental*", Marx acrescenta:

> Nessas duas formas, o trabalhador se relaciona às condições objetivas de seu trabalho como sua propriedade; trata-se, nesse caso, da unidade natural do trabalho com seus pressupostos objetivos. Por isso, o trabalhador, independentemente do trabalho, tem uma existência objetiva. [...]
> Nessas duas formas, os indivíduos não se relacionam como trabalhadores, mas como proprietários – e membros de uma comunidade que ao mesmo tempo trabalham. [...] O pôr do indivíduo como um *trabalhador*, nessa nudez, é ele próprio um produto *histórico*.[12]

Portanto, é exclusivamente no capitalismo que o indivíduo aparece nessa nudez, nu de outras relações sociais, as quais só pode propriamente experimentar se, antes, for trabalhador. É somente nessa sociedade que os indivíduos, para usar outra passagem dos *Grundrisse*, carregam no bolso seu nexo, seu vínculo com a sociedade, com os outros indivíduos[13]. O que carregam no bolso, dinheiro, é o resultado da venda de seus produtos, mesmo que a mercadoria vendida seja a sua força de trabalho. Ou seja, somente nessa sociedade, por seu caráter mercantil, os sujeitos se relacionam como meros trabalhadores. Por isso, como sublinha Marx na passagem reproduzida acima, somente nessa sociedade a existência objetiva dos indivíduos tem por pressuposto sua existência como trabalhadores. Portanto, a troca generalizada, específica do capitalismo, plasma a sociabilidade dos sujeitos como trabalhadores, sociabilidade que se apresenta para eles como algo fora deles. E, nessas ocasiões, Marx sempre recorda que não se trata de um problema cognitivo; a coisa se apresenta assim estranha e estranhada.

---

[12] Karl Marx, *Grundrisse*, cit., p. 388.
[13] Ibidem, p. 105.

176 / Teoria social, verdade e transformação

O trabalho, por isso mesmo, só é central nessa sociedade. Só nela os sujeitos se relacionam indiferentemente à sua atividade vital especificamente humana, ao conteúdo e finalidade de seu trabalho, que para cada um deles só interessa enquanto meio de acesso às suas condições de vida produzidas pelos outros. E, por isso, racionalmente encaram seu trabalho e o respectivo produto como pura quantidade, ou seja, de maneira unidimensional. O resultado desse modo muito particular dos produtores se relacionarem com seu produto é um modo de produção, uma produção das condições materiais de vida com um dispositivo interno, exclusivamente dela, que a faz necessariamente produção crescente. E crescentemente estranhada. Capital sendo trabalho morto, passado, objetivado, pode-se sugerir que, na análise marxiana, essa é a contradição fundamental desse modo de produção, a saber, os sujeitos estão subsumidos, escravizados à dinâmica do produto de seu trabalho. Sujeitos, portanto, à dominação abstrata do produto de seu trabalho como capital.

Não é por outra razão que Marx sugere que o bicho da seda seria um perfeito trabalhador assalariado se fiar não fosse condição de sua existência, manifestação de sua vida, mas atividade como simples meio de garantir sua subsistência como lagarta. Pois o mesmo sucede com o trabalhador assalariado, que produz para si unicamente o salário, mero meio de sobrevivência, e, por isso, não pode experimentar o período durante o qual trabalha "como vida, como manifestação de sua vida. [...] Ao contrário, a vida para ele começa ali onde termina essa atividade, na mesa, no bar, na cama"[14]. Ao conceber o trabalho como sacrifício, assinala Marx, Adam Smith também percebe e expressa esse caráter negativo do trabalho assalariado. Naturalmente, como as formas históricas do trabalho – escravo, servil e assalariado – representam uma compulsão externa, o trabalho se apresenta imediatamente tal como de fato é, ou seja, repulsivo. Daí por que em Adam Smith o repouso, isto é, o não trabalho, aparece como liberdade e felicidade. Fixado, portanto, nas formas históricas de manifestação do trabalho, ele não poderia imaginar, segundo Marx, que o trabalho é um ato de liberdade. Em outros termos, Smith sequer suspeita "que essa superação de obstáculos [para a consecução da finalidade posta] é em si uma atividade da liberdade [...] logo, como autorrealização, objetivação do sujeito, daí liberdade real, cuja ação é justamente o trabalho"[15].

Portanto, liberdade real na análise marxiana, bem entendido, significa autorrealização, e não a escravização dos sujeitos ao trabalho como compulsão externa, seja em forma de dominação e subordinação pessoal, seja em forma abstrata. Nessas formas de trabalho forçado externo, o trabalho não pode aparecer como *liberdade* e *felicidade*. Tampouco o pode, de acordo com Marx, o trabalho que "ainda não

---

[14] Idem, "Lohnarbeit und Kapital", em *Marx-Engels Werke*, v. 6 (Berlim, Dietz, 1959), p. 401.

[15] Idem, *Grundrisse*, cit., p. 509.

criou para si as condições objetivas e subjetivas [...], para que o trabalho seja trabalho atrativo, autorrealização do indivíduo"[16]. No caso da produção material, o trabalho só pode ter esse caráter, ser trabalho efetivamente livre,

> 1) se seu caráter social é posto, 2) se é simultaneamente trabalho de caráter científico e geral, e não esforço do ser humano como força natural adestrada de maneira determinada, mas como sujeito que aparece no processo de produção não só em forma simplesmente natural, emergindo diretamente da natureza [*naturwüchsig*], mas como atividade que regula todas as forças da natureza.[17]

Parece evidente nessas passagens dos *Grundrisse* que, para Marx, o trabalho efetivamente livre tem por pressuposto o desenvolvimento da produtividade do trabalho e, em consequência, a progressiva redução do trabalho vivo requerido, mesmo com a expansão e diversificação das necessidades que emergem do próprio desenvolvimento. O tempo livre criado em contrapartida é tempo crescente que pode ser dedicado a outras atividades. Esse é precisamente o conteúdo da crítica que Marx faz a Proudhon no mesmo contexto que estamos examinando. Segundo ele, o axioma de Proudhon de que todo trabalho deixa um excedente prova que ele não compreendeu o que é de fato importante na discussão do excedente. O que importa na verdade, afirma Marx, é:

> o tempo de trabalho necessário à satisfação das necessidades absolutas deixa tempo *livre* (diferente nos diversos estágios de desenvolvimento das forças produtivas) e, em consequência, pode ser criado um produto excedente quando se realiza *trabalho excedente*. A finalidade é abolir a própria relação, de modo que o próprio produto excedente aparece como necessário. No fim das contas, a produção material deixa a cada ser humano um tempo excedente para outra atividade.[18]

Depreende-se dessas considerações que, na formulação marxiana, o desenvolvimento do ser social tem por pressuposto incontornável o aumento da força produtiva do trabalho social e, portanto, não só a diminuição progressiva do trabalho no conjunto das atividades dos sujeitos, mas também a abolição do trabalho excedente, isto é, trabalho como compulsão externa. Em outros termos, ao lado da redução do tempo de trabalho tal desenvolvimento implicaria a supressão do caráter negativo do trabalho como trabalho estranhado. Justamente por esse motivo, a conversão de todo trabalho em trabalho necessário não consiste de uma alteração meramente semântica.

---

[16] Idem.
[17] Idem.
[18] Ibidem, p. 510.

178 / Teoria social, verdade e transformação

Se essa interpretação de Marx é plausível, pode-se defender que a sua crítica ontológica ao capitalismo, que é preciso restaurar, é crítica da centralidade do trabalho. Nada tem a ver com a idolatria do trabalho, com a ternura pelo trabalho. Nem tampouco com a heroicização do trabalhador, em geral na figura do operário fabril, que, nessa condição, passa por responsável exclusivo pela emancipação humana[19]. Em sua dimensão mais relevante e universalizável, é crítica dessa escravização de todos nós à dinâmica de nosso trabalho passado, dinâmica fundada na centralidade do trabalho, em nossa sociabilidade como trabalhadores, mas que, ao mesmo tempo, prescinde cada vez mais de trabalho e, portanto, de nós todos como trabalhadores. Enfim, uma dinâmica que, caso não seja desarmada, torna supérflua a própria humanidade.

Para finalizar, considero essencial frisar a diferença entre trabalho como categoria específica e fundante do ser social, como Lukács procura sustentar baseando-se sempre em Marx, e centralidade do trabalho.

Pelo que conheço da obra póstuma de Lukács, *Para uma ontologia do ser social*, tendo inclusive traduzido algumas de suas partes, penso que as ideias defendidas anteriormente em nada contrariam as concepções ali sustentadas pelo autor, em particular as que ele expõe no capítulo dedicado ao complexo do trabalho. Nesse capítulo, que reputo absolutamente genial, Lukács procura mostrar que o trabalho é a categoria mediadora por excelência do ser social. A categoria que responde pelo salto ontológico do ser orgânico para o ser social, justamente porque, pelo trabalho, a humanidade põe as condições de sua reprodução, autocria-se. Não vem ao caso aqui desdobrar as formulações de Lukács no referido capítulo. O importante é tão somente sublinhar que o trabalho, por ser a categoria mediadora e a categoria fundamental para a autoconstituição do ser social, precisamente por isso não pode ser a categoria central. Pode ser e é a categoria fundante, ineliminável, como sustenta Marx, mas de forma alguma a categoria central.

Toda a plasticidade do ser social, a crescente emergência e diferenciação de esferas que é a marca de sua historicidade, o desenvolvimento das capacidades e dos respectivos desfrutes dos seres humanos, todo esse processo tem por pressuposto o desenvolvimento da produtividade do trabalho social. Tudo o que somos, para além da mera reprodução biológica, para além da mera sobrevivência física, nós

---

[19] Nesse particular, tendo a concordar com Eagleton, para quem Marx "não se concentra na classe trabalhadora porque percebe alguma virtude resplandecente no trabalho. [...] Como vimos, o marxismo deseja abolir o trabalho tanto quanto possível. Tampouco confere grande importância política à classe trabalhadora porque ela supostamente constitui o grupo social mais oprimido. Há muitos de tais grupos – vagabundos, estudantes, refugiados, os idosos, os desempregados e os cronicamente não empregáveis – que com frequência são mais necessitados do que o trabalhador médio"; Terry Eagleton, *Why Marx Was Right* (Londres, Yale University Press, 2011), p. 164.

o somos graças ao trabalho, ou ao aumento da produtividade do trabalho social. Por isso, diria que, por definição, o trabalho não pode ser central. Ao contrário, o desenvolvimento e a complexificação do ser social, tornados possíveis precisamente pelo trabalho, fazem com que o complexo do trabalho tenha necessariamente uma participação sempre declinante no conjunto de seus complexos constitutivos.

REFERÊNCIAS BIBLIOGRÁFICAS

BHASKAR, Roy. *Scientific Realism and Human Emancipation*. Londres, Verso, 1986.

CARLETON, Sean. *How to Change the World: Tales of Marx and Marxism* reviewed by Sean Carleton. *Marxism and Philosophy Review of Books*, 26 jul. 2011. Disponível em: <https://marxandphilosophy.org.uk/reviews/7649_how-to-change-the-world-review-by-sean-carleton/>. Acesso em: 13 fev. 2023.

DERRIDA, Jacques. Spectres of Marx. *New Left Review*, I/205, 1994.

DUAYER, Mario. Relativismo, certeza e conformismo: para uma crítica das filosofias da perenidade do capital, neste livro, p. 89-108.

EAGLETON, Terry. *Why Marx Was Right*. Londres, Yale University Press, 2011.

LUKÁCS, György. *Para uma ontologia do ser social II*. Trad. Nélio Schneider, São Paulo, Boitempo, 2013.

_____. Posfácio. In: _____. *História e consciência de classe*. Trad. Telma Costa. Porto, Escorpião, 1974.

MARX, Karl. Fragment des Urtextes von "Zur Kritik der politischen Ökonomie" [1858]. In: _____. *Grundrisse der Kritik der politischen Ökonomie (Rohentwurf)*. Berlim, Dietz, 1953, p. 919-40.

_____. *Grundrisse:* manuscritos econômicos de 1857-1858: esboços da crítica da economia política. Trad. Mario Duayer e Nélio Schneider, São Paulo/Rio de Janeiro, Boitempo/Ed. UFRJ, 2011.

_____. *Lohnarbeit und Kapital*. Berlim, Dietz, 1959, p. 397- 423. MEW 6.

_____; ENGELS, Friedrich. *Neue Rheinische Zeitung:* Politisch-Ökonomische Revue, n. 4, 1850.

POSTONE, Moishe. *Tempo, trabalho e dominação social:* uma reinterpretação da teoria crítica de Marx. Trad. Amilton Reis e Paulo Cézar Castanheira, São Paulo, Boitempo, 2015.

ŽIŽEK, Slavoj. *A tinta vermelha*: discurso de Slavoj Žižek aos manifestantes do movimento Occupy Wall Street. Disponível em: <http://boitempoeditorial.com.br/2011/10/11/a-tinta-vermelha--discurso-de-slavoj-zizek-aos-manifestantes-do-movimento-occupy-wall-street/>. Acesso em: 25 mar. 2012.

_____. Lenin's choice. In: _____. *Repeating Lenin*. Zagreb: Arkzin, 2002. Disponível em: <www.marxists.org/reference/subject/philosophy/works/ot/zizek1.htm>. Acesso em: 25 mar. 2012.

_____. Shoplifters of the World Unite. *London Review of Books*, 19 ago. 2011. Disponível em: <http://www.lrb.co.uk/2011/08/19/slavoj-zizek/shoplifters-of-the-world-unite>. Acesso em: 25 mar. 2012.

9
DINOSSAUROS, MICOS-LEÕES E TEORIA ECONÔMICA*

INTRODUÇÃO

Esta é uma quadra excêntrica da história. Costuma ser apelidada de *pós*, aludindo a um transitar para além de si mesma, mas afirma-se derradeira. É cantada e sentida como o fim da história e o fim da ideologia. Praticamente um pleonasmo, pois se ideologia significa imaginar o mundo humano, expurgar a imaginação é decretar o fim da história. Não que a necessidade de transformações seja negada. No entanto, são mudanças no interior do mesmo, reparos e decorações tópicas tornadas possíveis pela tecnologia. Porém, que a técnica pode fracassar na redenção do humano já o ilustrou, magistralmente, o filme *Blade Runner*. *After* Marx, no duplo sentido da palavra inglesa.

Estes são tempos de consenso, ou de *overlapping consensus*, maneira de o pragmatismo americano idealizar a hegemonia incontrastada do pensamento liberal. São tempos em que a ideologia liberal, sem o socialismo de tocaia, desfruta de condições especiais de afirmação, talvez únicas na história. São tempos, então, em que há de se perguntar sobre o destino do dissenso. O que fazer com o dissenso e o que o dissenso pode fazer por si mesmo? Espécies em extinção devem ser deixadas à sua sorte? Devem resignar-se com tal destino? Este texto tematiza essas questões e outras que delas se desdobram. Tem por objetivo indagar sobre os efeitos da hegemonia liberal nas ciências sociais, em especial na economia. No caso do ensino, por exemplo, tal hegemonia tem consequências evidentes. Pois mesmo que o ensino universitário consistisse, se cabe a analogia, de uma espécie de instalação de *softwares* no *winchester* dos estudantes, que assim estariam dotados das rotinas

---

* Uma versão deste texto foi publicada pela primeira vez, com o mesmo título, em *Pesquisa e Debate*, v. 7, n. 2, 1996, p. 75-95. (N. E.)

182 / Teoria social, verdade e transformação

instrumentais, quase culinárias, necessárias para cuidar do mundo com eficácia, seria preciso ter absoluta certeza da inutilidade dos "antigos" *softwares* da dissensão antes de jogá-los no lixo da história. Certeza da qual, salvo melhor juízo, estamos distantes. No caso da economia, por isso, parece temerário e prematuro *instalar* exclusivamente *softwares* de arquitetura interna neoclássica. Assim, aconselha a prudência, parece necessário perseverar no desenvolvimento e na difusão dos outros *softwares* disponíveis. Claro que essa tarefa envolve um certo desconforto: ninguém aprecia ser porta-voz do arcaico, do antigo, do ultrapassado. Porém, talvez sirva de leniente a constatação de que nestes tempos o mundo costuma aparecer invertido, muitas vezes ocorrendo o antigo apresentar-se como novo e o conservador exibir-se revolucionário. É o caso da recente idolatria do mercado, que se quer novíssima, ainda quando seja mais antiga do que revista de consultório dentário.

Deixando de lado a analogia com a informática, quando se trata de analisar como certa corrente teórica ganha hegemonia, pode-se fazê-lo, dentro de certos limites – e os resultados da análise estão condicionados por tais limites –, focalizando a assim chamada academia. De tal perspectiva, e considerando especificamente a economia, uma vez que na física ou na biologia as questões seriam outras, parece provável que todos os departamentos de economia ainda não inundados pelo caudal neo-ortodoxo sejam hoje palco de disputas políticas internas, lutas intestinas, ainda que a imagem não seja de todo agradável. Batalhas legítimas, não há o que reclamar, em torno de inteligibilidades particulares e antitéticas do mundo. Porém, se é lícito o combate, o que fazer com os caídos? Pois dele não resulta a morte do adversário, uma vez que aqui e alhures, ao contrário do que se difunde com irritante constância, professores costumam desfrutar de estabilidade. Se a vitória não necessariamente converte o adversário, se este continua vivo com suas convicções e se, mais grave ainda, permanece ensinando por dever de ofício, como afinal se resolve a disputa? Qual o "destino" teórico desses departamentos? Devem definir-se pela ortodoxia, juntando-se à multidão, ou, qual arca de Noé, devem aglomerar diferentes espécies e, sobretudo, dar guarida a minguadas heterodoxias?

Pelo que se intui, mas igualmente pelo que se observa nos bastidores da academia, essas e outras são preocupações intensamente vividas. Heterodoxos de toda procedência alarmam-se à boca pequena – e grande também – com a avalanche ortodoxa nas agências de fomento, nas associações, vá lá, de classe, nas editorias de revistas e nas associações acadêmicas propriamente ditas. Surpreendem-se não com a ocupação territorial por parte da ortodoxia, pois estão instruídos por relatos mais ou menos satisfatórios de que hegemonia, também na ciência, é ocupação de espaços – físicos, institucionais etc. Assombram-se, na verdade, com o apetite da ortodoxia. Porque, sem dúvida, é a primeira vez que a observam quase monopólica. E se perguntam, ouve-se: como sobreviver a tal voracidade?

Que o problema da hegemonia liberal transcende o nosso combalido país é coisa que dispensa demonstração. Aqui o problema consiste, como ocorre com todos os produtos que importamos, no extravagante uso que dela se faz. Todos aqui se escandalizam, por exemplo, com o uso do telefone celular, mais comum nas zonas mais deprimidas desta infame nação do que nas áreas mais abastadas de afluentes metrópoles. A julgar pelo que se vê no Rio de Janeiro, dir-se-ia que em Nova York toda criança traz um celular na cintura. Da mesma forma, a se levar em conta a difusão nacional da homilia liberal, poder-se-ia imaginar que as universidades norte-americanas, rendidas enfim ao liberalismo, praticam o culto exclusivo e irrestrito às instituições e práticas mercantis. Essa tosca e empobrecida visão das coisas, por muitos compartilhada, é correlata da ideia de que o conhecimento progride de maneira linear e cumulativa. A consequência lógica dessa noção é a de que a concepção hegemônica em um dado momento, pelo simples fato de ser compartilhada pela maioria, representa a síntese máxima de todo o saber em certa área e, por isso, supera em abrangência, elegância, eficácia, economia etc. todas as concepções rivais. Pena que o mundo não é *that simple*!

Hoje, em muitos departamentos de economia, assiste-se a escaramuças e debates que, pode-se assumir, são lances admissíveis da disputa em torno de seu destino teórico. Devem os departamentos alinhar-se à maioria e definir-se pela ortodoxia? Tal disjuntiva é sem dúvida alguma dramática, pois não é coisa de pouca monta apartar-se da maioria. Esse drama é vivido nos departamentos de economia em vias de anexação ao império ortodoxo. Trata-se, portanto, de problema de relevância municipal, nacional e – suspeito, sem querer ser pretensioso – internacional. Merece, por isso, as considerações a seguir.

(No fundamental, este texto terá cumprido seu propósito se servir para lembrar que o predomínio de uma corrente teórica não é resultado puro e simples, como querem alguns, do debate livre e desinteressado de ideias, e que a maioria nem sempre tem razão. Pois, como disse Lima Barreto, "se nós tivéssemos sempre a opinião da maioria, estaríamos no Cro-Magnon e não teríamos saído das cavernas"[1]. Constatação que, aliás, parece ter-lhe custado sofridas temporadas em hospícios.)

Preliminarmente, gostaria de arriscar a opinião de que neste país – para falar somente dele –, em economia, a heterodoxia parece imobilizada pelos movimentos da ortodoxia. Aqueles que, alheios ao *overlapping consensus*, permanecem fiéis às suas convicções parecem indagar atônitos: como é possível o falso desfrutar de tamanha difusão[2]? Questão que se desdobra em outra não menos complexa: como reagir à

---

[1] Lima Barreto, *Crônicas escolhidas* (São Paulo, Ática, 1995).

[2] Jacques Derrida ilustra magnificamente essa perplexidade em seu artigo "Spectres of Marx" (*New Left Review*, I/205, 1994), no qual aponta algumas das circunstâncias nas quais a hegemonia aqui referida tenta, segundo ele, instaurar sua "orquestração dogmática".

184 / Teoria social, verdade e transformação

hegemonia asfixiante do adversário? Por exemplo, se Keynes, kuhnianamente, representou uma revolução, como reagir à neocontrarrevolução? Como reconstituir aquela "cultura" que, pela mera existência, legitimava os discursos científicos proferidos em seu interior? Que, por isso mesmo, dispunha de seus órgãos de divulgação – sem falar nos de fomento. E, até o momento da reconquista, como manter um mínimo de meios necessários ao cultivo de quadros indispensáveis à manutenção da cultura heterodoxa? Pois se as ideias não se reproduzem por si mesmas, se não existem platonicamente no espaço livres para serem colhidas, é preciso contar com aqueles que têm como encargo mínimo sua conservação. Por outro lado, se a reação está no horizonte – não bastando, portanto, a simples conservação –, é preciso contar com a ampliação permanente do quadro de difusores. Em suma, como formar discípulos, se escasseiam os próprios mestres? E se, na presença destes últimos, faltam recursos para financiar e veículos para divulgar suas pesquisas? Como enfrentar, nem tanto o pragmático temor dos discípulos de se verem alijados do assim chamado mercado de trabalho, das esferas do poder e do ganho imoderado, mas seu natural ceticismo quanto à possibilidade de haver vida inteligente fora da cultura ortodoxa? Enfim, como suplantar a avassaladora força de atração, material e espiritual, do discurso hegemônico?

Dura vida a das minorias. Nem tanto a vida das minorias que o são consciente e resignadamente. Assumem sua condição e não aspiram à universalidade. Mas a reserva e a desambição não podem ser atributos das doutrinas. Agnes Heller, nos tempos em que, a meu ver, escrevia coisas que mereciam uma leitura atenta, dizia que a ideia tem por *télos* o império, que seu destino é a conquista, anexação de territórios rivais. Na economia, as heterodoxias têm a mesma ambição. São compelidas a tanto e, por isso, não podem viver o relativo conforto do anonimato, da vida confinada. Porém, a se concordar com a versão kuhniana da vida das ciências, toda ciência "normal" foi um dia heterodoxa e, portanto, já experimentou as privações e padecimentos reservados aos que se apartam da norma.

Ainda que esbarrando no truísmo, ou constituindo uma descrição empobrecida do desenvolvimento das ciências, as ideias de Kuhn têm ao menos o mérito de aludir a um processo cujo decurso não é meramente natural. Das privações e sacrifícios impostos pela vida científica "subnormal" à fruição do conforto da ciência "normal", há, por suposto, um trabalho constante, mais ou menos consciente, voltado para a suplantação do adversário. Keynes exortou: é preciso atacar a ortodoxia em sua cidadela! Então, se hoje, na opinião de muitos, as heterodoxias se defrontam com uma hegemonia incontrastada da neo-ortodoxia, se hoje a celebração do mercado parece prestes a fechar o cerco de seus domínios, de modo a deixar de fora até mesmo as mais tímidas tentativas de controle social do mercado, e se, como se sugeriu antes, as heterodoxias não podem se contentar em viver em

Dinossauros, micos-leões e teoria econômica / 185

guetos, não é de todo irrelevante perguntar sobre as alternativas que se abrem ao pensamento heterodoxo. Pois, excetuando-se aqueles que flexionam as convicções ao sabor dos eventos, seja por puro oportunismo, seja sob o pretexto de dar conta das "novas" circunstâncias – e não são poucos, nem uns nem outros –, não resta dúvida de que se percebe hoje uma inquietação crescente diante daquilo que se pode denominar, tomando de empréstimo a amplíssima definição de Bobbio[3], hegemonia da direita.

PRESERVAÇÃO DE ESPÉCIES E PRESERVAÇÃO DE IDEIAS

Gostaria de abordar esse problema comentando, em primeiro lugar, uma pesquisa realizada por investigadores de uma universidade norte-americana. Nela tratavam os cientistas de responder à seguinte questão: como teria sido a evolução das espécies se porventura o imenso corpo celeste que se precipitou sobre a Terra não tivesse ocasionado a extinção dos dinossauros e todos os seus gigantescos parentes e contraparentes. De posse dessa questão e, por necessidade teórica, de algumas hipótese adicionais – a mais saliente das quais, creio, postulava que as formas elementares de vida evoluem até uma espécie dotada de inteligência similar à humana –, os cientistas rodaram, muito embora computadores não rodem, um modelo de simulação. O resultado não foi de contentar a nós humanos. Pois, segundo a simulação, não fosse pelo acidente cósmico, no decurso natural da evolução das espécies os mamíferos não teriam tido a menor chance, de modo que, admitida a hipótese (do modelo) de que a vida termina por decantar uma espécie inteligente, a chamada civilização teria sido construída por descendentes dos *dinossaurídeos* e não por nós, descendentes dos hominídeos. Sobre se essa hipotética civilização seria menos bárbara do que a civilização que vimos construindo não informaram os pesquisadores. De todo modo, mesmo que se dê um reticente crédito ao exercício – o mínimo que merecem estudiosos de universidades norte-americanas –, não deixa de ser uma estranha sensação imaginar que somos simples produto de uma colisão cósmica. Deram sorte os pesquisadores por não serem contemporâneos de Galileu, pois é escândalo muito maior do que o de Galileu sugerir que o ser humano é mero produto do azar cósmico. Menciono tudo isso tão somente para sublinhar um senso comum: a extinção dos dinossauros e o desenvolvimento de nossa espécie resultam de processos com decurso estritamente natural. A configuração do futuro, nesse caso particular, foi produto do acaso. E o *Jurassic Park*, se não foi mais do que competente exercício de computação gráfica e fonte de rios de dinheiro para seus

---

[3] Norberto Bobbio, *Direita e esquerda: razões e significados de uma distinção política* (trad. Marco Aurélio Nogueira, São Paulo, Ed. Unesp, 1995).

186 / Teoria social, verdade e transformação

produtores, ao menos parece ter ilustrado que este mundo seria mesmo pequeno para nós e os dinossauros!

Mas os mundos inorgânico e orgânico desdobram-se indiferentemente ao que é lei ou acaso. No movimento perene em direção ao outro, ao futuro, pois é disso que consistem enquanto processualidade, são insensíveis ao novo que nasce e ao antigo que desaparece. O ser humano introduz complicações terríveis nessa dinâmica. Não que esteja ao seu alcance suprimir em toda a sua extensão aqueles processos naturais com suas legalidades e acasos. Porém, dentro de certos limites, altera seus cursos. Nesse âmbito, tudo de novo que introduz jamais poderia emergir espontaneamente da natureza. Em contrapartida, o que desaparece em consequência de sua intervenção certamente teria outro destino, ainda que fatal, aos cuidados da natureza. No entanto, a complicação não reside no fato de que o futuro é supressão do presente. O problema não está em que o futuro produzido pelo ser humano, nos limites postos por sua atividade, faz desaparecer formas habituais do presente. A questão é que, enquanto a natureza cria e extermina sem razão, o ser humano não pode dispensar a razão no criar e no exterminar.

E a razão é sempre humana. A razão que cria e que, ao criar, destrói e a razão que preserva por ter destruído ao criar. Nós que, tropicais, temos de conviver não apenas com as baratas figuradas kafkianas, mas somos forçados a coabitar com as baratas propriamente ditas, deliberamos por exterminá-las. Paradoxalmente, entretanto, por vivermos, criamos condições excepcionais para sua reprodução. Já pelos micos-leões nutrimos uma terna simpatia, apesar de, por vivermos, condená-los à extinção. Ao que parece, decidimos pela sua preservação. Esta, por sua vez, depende de técnicas cujo domínio só foi possível pelo mesmo processo de desenvolvimento que os condenou à extinção. De todo modo, a vida – ou sobrevida – dos micos-leões não é mais um processo natural como o foi a vida e a morte dos dinossauros. Resulta de uma deliberação da razão humana. O homem foi tão longe na colonização do planeta que os processos naturais, apesar de insuprimíveis, transformam-se por efeito de processos cujo curso resulta da ação dos homens. A preservação das espécies é a manutenção artificial, por assim dizer, de determinadas formas de vida. E não importa se preservamos por curiosidade histórica ou por puro romantismo. Nem se a preservação tem um caráter estritamente utilitário, bem ao estilo dos tempos. Em todos os casos, mantém-se a diversidade do empório recebido da natureza. Há até os que defendem a conservação do que ainda for possível conservar pelo simples fato de que a utilidade e a importância do patrimônio genético das diversas espécies para a própria humanidade são ainda uma incógnita. Preenchida essa lacuna de nossa ignorância, fica a questão: elaboraríamos uma lista de espécies extermináveis?

Talvez se possa considerar sob esse prisma a preservação das ideias, de espécies de ideias. Afinal, sabe-se lá que tipo de desenvolvimento nos aguarda no próximo milênio? Se as espécies orgânicas preservadas podem mostrar-se indispensáveis no futuro, o mesmo arrisca acontecer com as espécies espirituais, as ideias. E o futuro, em ambos os casos, será diferente na ausência do que hoje é preservado. Mundo humano e mundo natural são, cada vez mais, mundos incompreensíveis sem a interveniência da razão e do juízo, da deliberação do ser humano. Com a fundamental diferença de que o mundo natural mantém sua natureza intrínseca independente das alterações promovidas pela intervenção humana, indiferente às ideias e valores, que lhe são externas, que presidem tal intervenção. No mundo social, ao contrário, ideias e valores são imanentes, de modo que somente aquilo que for antes ideia pode vir a ser mundo. E, na medida em que a ideia envolve juízos sobre o mundo, o mundo social é realização de valores, sua objetivação. Por isso, uma ideia não preservada jamais poderá vir a ser mundo e o mundo jamais poderá ser objetivação daquela ideia.

Todas as ciências – biologia, física, geologia, cosmologia etc. – parecem ter-se convencido de que lidam com processos. Por isso, cuidam de investigar a gênese de seus respectivos objetos e sondar seus prováveis, mas incertos, futuros. Big Bang, DNA etc. são hoje termos correntes nos meios de comunicação. E aludem justamente à abordagem ou método genético (histórico) das ciências. Método que, em última análise, significa o reconhecimento explícito da historicidade de seus objetos. Alheias a essa verdadeira coqueluche historicista nas demais ciências, as concepções liberais na economia reafirmam o caráter terminal da forma mercantil da socialidade. Assim como no fundamentalismo religioso todas as verdades estão escritas ou reveladas em definitivo no Livro, na tradição – e há várias a escolher –, no fundamentalismo mercantil todas as verdades, qualidades, misérias etc. do humano manifestam-se ou revelam-se no mercado. Num formidável salto para trás, chegamos finalmente ao que fora anunciado por Adam Smith: o mercado é natureza humana.

Mas vai que a coisa seja diferente, que a verdade seja outra, apesar da opinião *científica* da maioria atual. Fato que, a bem da verdade, cansou de ocorrer na história de muitas, senão de todas as ciências. E se o humano tiver atributos insuspeitados, alguns dos quais podem ser observados em outras esferas da vida social – apesar de invadidas por categorias mercantis? E se o objeto das ciências sociais, economia incluída, for também histórico? E se essa historicidade se manifestar como trânsito para além do mercado?

Já disse Walter Benjamim que todo monumento da civilização é igualmente monumento da barbárie. Não é possível saber se ele concordaria, entretanto, que há monumentos que são apenas monumentos da barbárie. Talvez tenha sido isso que Marx quis dizer quando afirmou que a história só se repete como farsa. À primeira ocorrência histórica pode-se desculpar se, com a civilização, traz também consigo elementos de barbárie. Afinal, o homem não controla totalmente o

188 / Teoria social, verdade e transformação

decurso de sua história. Outra coisa, todavia, é a repetição da história que, sem nada a acrescentar de civilização, repõe a conhecida barbárie. O fundamentalismo mercantil, a incontida glorificação contemporânea do mercado, agora globalizado, flexibilizado, desregulamentado etc., parece enquadrar-se com perfeição no tipo de farsa ao qual aludia Marx.

Vamos admitir, por um momento, que a heterodoxia tem razão. Vamos imaginar que o mundo humano é histórico. E que, por isso, as relações mercantis que caracterizam a sociedade contemporânea são transitórias. Mesmo assim, não terá razão o fundamentalismo mercantil em insistir que não devemos nos ocupar com tal insondável futuro? Não escapa ao homem, afinal, o controle de sua história? A liberdade do humano não reside, enfim, na imprevisibilidade do futuro? Sondar cientificamente o futuro latente no presente não seria, então, uma reprovável interferência? Uma desistorização da história? De mais a mais, de que adiantaria a ciência ocupar-se com o futuro se não pode imediatamente converter-se em engenharia social? Não seria mais proveitoso deixar o mundo que temos funcionar a seu modo e, reconhecidas suas insuficiências, tentar remediá-las na medida do possível? Engenharia social por engenharia social, não seria melhor que nos ocupássemos em aperfeiçoar a engenharia social deste mundo, em lugar de despender esforços com o esboço da engenharia de um mundo que nem sequer existe? Em uma palavra, não é um imperativo sermos pragmáticos? Hoje, com o fim da história, com o fim da ideologia, não é o caso de substituir o discurso da emancipação pelo discurso da eficácia?

Claro que nem todas as heterodoxias econômicas tratam de vislumbrar um outro mundo humano para além do mercantil. Em geral, atentas para não serem incriminadas de metafísicas, cuidam para não transpassar o presente em sua palpável empiricidade – presumivelmente, o sólido terreno da ciência. Não obstante, por mirrada que seja a extensão do terreno histórico no qual se permitem transitar, tais heterodoxias advogam um fundamentalismo mercantil mitigado, negativo. Enquanto a ortodoxia só tem olhos para as qualidades do mercado e, por isso, roga por sua aparição em estado puro, perfeito, isto é, livre de interferências humanas, essas heterodoxias, ao contrário, não *creem* no mercado, por assim dizer[4]. Veemno, antes, como um dado da questão a ser equacionada pela ciência. Encaram o mercado mais ou menos como as outras ciências tratam os materiais e fenômenos

---

[4] Incidentalmente, o mais eminente sacerdote brasileiro do fundamentalismo mercantil, Roberto Campos, constatou em crônica que o governo brasileiro, a despeito de adotar políticas imediatamente identificáveis com tal fundamentalismo, não o faz com a radicalidade necessária, e isso porque, na opinião do prelado, não ama o mercado. Terrível situação esta de ser tido por dissimulado tanto por aliados como por adversários!

da natureza. Coisas cujas propriedades devem ser conhecidas de modo a serem manipuladas com proveito. E o proveito, no caso da economia, como no das demais ciências, é predicado ao ser humano.

Por isso são heterodoxas. Pois não estando o proveito definido pelo objeto, pelo funcionamento do mercado, como quer o fundamentalismo mercantil, abre-se a possibilidade de o mercado ser manipulado tendo em vista o proveito humano. Iconoclastas, tais heterodoxias refutam a possibilidade de o mercado prover o ótimo. Em lugar de atribuir os graves problemas sociais e econômicos ao pecado da intervenção humana no livre operar do mercado, são céticas quanto à capacidade deste último de solucionar tais problemas. Opinião herética responsável pelo cisma na economia. E não custa muita imaginação para entender o motivo. Assim como o inocente saborear da maçã, o pecado da intervenção é a primeira de uma série de tentações. Controlar o mercado é, quando menos, um indício explícito de que o controle consciente da produção social é possível e desejável. E controlar a produção social nada mais significa do que subordiná-la a finalidades humano-sociais[5].

As heterodoxias pretendem-se, portanto, o saber capaz de instrumentalizar tal controle. Por isso diferem do fundamentalismo mercantil num ponto essencialíssimo. Enquanto este último, sob a forma de teoria econômica, abdica voluntariamente em favor do mercado todo o sentido da produção social, ou recolhe da lógica interna da produção social reificada as finalidades que assume o encargo de instrumentalizar, as heterodoxias veem-se na obrigação de resgatar de alguma maneira o papel do sujeito humano na definição, em seu proveito, das finalidades da produção social. Nesse sentido, mesmo quando, para certas heterodoxias, o mercado se apresente como relação social insuperável, ainda assim têm sensibilidade para perceber que a lógica interna do mercado produz condições infames, eticamente insustentáveis. Por isso, sob a forma de teoria econômica, tais heterodoxias são forçadas a buscar finalidades exteriores à lógica do mercado. Mas buscar finalidades onde há interesses antitéticos é discutir valores. Portanto, enquanto o fundamentalismo mercantil suprime a questão dos valores e interesses por imaginar o mercado como instância suprapessoal na qual aqueles se resolvem, a heterodoxia tem de reintroduzi-los, consciente ou inconscientemente.

---

[5] Marx, heterodoxo incorrigível, entre outras inúmeras passagens, assim exprimiu-se sobre tal questão: "*No mercado mundial* desenvolveu-se em tal nível o *nexo do indivíduo singular* com todos, mas ao mesmo tempo também a *independência desse nexo em relação aos próprios indivíduos* singulares, que sua formação já contém simultaneamente a condição de transição para fora dele mesmo"; Karl Marx, *Grundrisse: manuscritos econômicos de 1857-1858: esboços da crítica da economia política* (trad. Mario Duayer e Nélio Schneider, São Paulo/Rio de Janeiro, Boitempo/Ed. UFRJ, 2011), p. 109.

190 / Teoria social, verdade e transformação

TAL VALOR, QUAL TEORIA

Dispensável dizer que não há nada de muito novo nessa necessidade experimentada pelas heterodoxias de buscar o sentido da economia fora da ciência. Max Weber, por exemplo, nas considerações que tece sobre a ciência enquanto profissão, trata explicitamente desse problema, focalizando em particular as ciências sociais. Comentando sobre o papel da ciência, Weber considera três ordens de contribuições positivas da "ciência para a vida prática e pessoal". Em primeiro lugar, é a ciência que fornece os conhecimentos necessários ao domínio técnico da vida, "tanto no que se refere à esfera das coisas exteriores como ao campo da atividade dos homens". Tal justificação da ciência por meio de sua eficácia no plano prático imediato, no entanto, não a distinguiria substancialmente de saberes não científicos identicamente eficazes na prática. Em segundo lugar, a ciência proporciona os "métodos de pensamento, isto é, os instrumentos e a disciplina". Ainda assim, todavia, a ciência não difere de outros conhecimentos práticos, posto que distingui-la pelos métodos que subministram equivale a justificá-la pela eficácia, uma vez que é esta que, ao validar a ciência, chancela os métodos utilizados por esta última. A ciência apresenta também uma terceira vantagem, segundo Weber: ela "contribui para a *clareza*". Com o concurso da ciência, pensa Weber, pode-se assumir conscientemente uma posição diante de um problema de valor. Adotada a posição, a ciência indica os meios para sua realização[6].

Em suma, a clareza da ciência consiste em estabelecer o vínculo existente entre certos meios e determinados fins. Nesse particular, há um paralelismo entre ciência e técnica. Pois em ambos os casos, como sublinha Weber, trata-se do nexo entre meios e fins. Não obstante, há uma diferença crucial: "geralmente, o técnico dispõe, antecipadamente, de um dado [...] essencial, o *objetivo*. Porém, quando se trata de problemas fundamentais, o objetivo não nos é dado". Em outras palavras, enquanto não importa à técnica o caráter exterior dos fins que cuida de realizar, à ciência não é permitida tal distração. Pois, para Weber, a especificidade da ciência reside precisamente em sua capacidade de trazer à consciência os fins sem, contudo, adotá-los. Esta é, em sua opinião, a quarta e última contribuição da ciência, já que além dela não haveria outras:

> Os cientistas podem – e devem – mostrar que tal ou qual posição adotada deriva, logicamente e com toda certeza, do *significado* de tal ou qual visão última e básica do mundo. Uma tomada de posição pode derivar de uma visão do mundo ou de várias, diferentes entre si. Dessa forma, o cientista pode esclarecer que determinada posição

---

6 Max Weber, *Ciência e política: duas vocações* (trad. Leonidas Hegenberg e Octanny Silveira da Mota, São Paulo, Cultrix, 1980), p. 45.

deriva de uma e não de outra concepção. [...] A ciência mostrará que, adotando tal posição, certa pessoa estará a *serviço de um Deus e ofendendo outro* [...] Eis o que a ciência pode proporcionar [...] [Considerações que] têm por base [...] a seguinte condição fundamental: a vida, enquanto encerra em si mesma um sentido e enquanto se compreende por si mesma, só conhece [...] a incompatibilidade das atitudes últimas possíveis, a impossibilidade de dirimir seus conflitos e, consequentemente, a necessidade de se decidir em prol de um ou de outro.[7]

Para Lukács, essa concepção weberiana de ciência, apesar de trágico-patética, ao menos tem o mérito de não suprimir os conflitos da vida social[8]. Trágica pela incompatibilidade última dos valores. Patética porque a forma mais elaborada e sistemática de conhecimento, a ciência, nada mais pode fazer senão atestar aquela incompatibilidade. Este não é o lugar para considerar aqueles que, segundo Lukács, são os limites e o caráter da consciência humana diante da estrutura complexa e heterogênea do ser social. No entanto, interessa frisar aqui dois pontos de sua crítica a Weber. Por um lado, apesar de discordar de Weber, sublinha que sua concepção de ciência está predicada a uma visão do mundo social, a uma ontologia do ser social, na qual, ao contrário das posições neopositivistas, os conflitos não são "revogados". Por isso, diz Lukács, dada a interação dinâmica de forças antitéticas e heterogêneas presentes na sociedade, parece razoável, como quer Weber, conceber que se está confrontado ou com o caos ou com "um campo de batalha difícil de abarcar com a vista entre valores em luta uns contra os outros, no qual para o indivíduo é difícil e às vezes até impossível encontrar uma imagem do mundo que sirva de fundamento às suas decisões entre alternativas"[9]. Por outro lado, portanto, em uma ontologia, como a de Weber, que não suprime abstratamente os conflitos entre valores, parece restar à ciência duas alternativas: ou circunscreve-se ao papel de "trazer à consciência" o nexo entre meios e fins (valores), alternativa preferida por Weber, ou assume de modo explícito e claro que, ao "trazer à consciência" o caráter imanente dos valores, não pode nesse mesmo ato ser neutra e indiferente em relação aos mesmos.

A despeito de distintas, as duas atitudes possíveis que se depreendem da análise de Weber afirmam aquilo que nos interessa aqui enfatizar: de um lado, é impossível justificar a ciência seja pela eficácia na manipulação do mundo, seja pelos métodos que supre; de outro, assim como a técnica, a ciência lida sempre com fins humano-sociais, mas, ao contrário daquela, não pode tomá-los como um dado inquestionável. É claro que a concepção de Weber subentende a possibilidade de

---

[7] Ibidem, p. 46-7.

[8] György Lukács, *Para uma ontologia do ser social I* (trad. Carlos Nelson Coutinho, Mario Duayer e Nélio Schneider, São Paulo, Boitempo, 2012), p. 405.

[9] Ibidem, p. 404.

192 / Teoria social, verdade e transformação

neutralidade da ciência e, por conseguinte, do cientista, em relação aos valores. A ciência restringe-se, como se viu, a indicar o nexo entre determinados valores e meios apropriados. Sintetizada em um *slogan*, sua concepção diria: *Tal valor, qual ciência*. No entanto, parece haver aqui uma incongruência, pois se a cada sistema de valores corresponde uma ciência e se, ademais, são os cientistas que fazem a ciência, parece improvável o cientista encontrar o ponto de onde observaria imparcialmente o nexo entre valores e meios. De tão inverossímil, tal ponto ético de equilíbrio, cujas ressonâncias em Popper e Schumpeter, por exemplo, são evidentes, sugere na verdade que os valores integram desde a sua gênese o discurso científico, sendo dele inseparáveis.

Latente em Weber já no início deste século, para não mencionar pensadores ainda mais antigos, esse caráter insuprimível dos valores na constituição do saber científico teve de esperar quase meio século para readquirir legitimidade nos meios acadêmicos. No caso particular da economia, foi necessário, como procuro mostrar em outro texto[10], o esgotamento das desventuras da epistemologia para que, com o concurso das ideias de Kuhn, o propósito de fundar uma ciência positiva do econômico, posta a salvo dos valores, da ideologia etc., estivesse tão desmoralizado a ponto de McCloskey anunciar, em respeitáveis *journals*, que a economia é mera retórica.

Há algo de realmente espantoso na capacidade de adaptação das teorias de inspiração neoclássica às transformações na filosofia da ciência. Desde a época áurea em que, apoiando-se no positivismo lógico, a ciência econômica julgava estar próxima de adquirir o mesmo estatuto científico da física, até o advento "crítico" das noções kuhnianas e lakatosianas, que colocam em questão as pretensões do positivismo lógico em apartar os fatos dos valores, durante todo esse período a ciência econômica não se deslocou um palmo da visão de sociedade e de economia sobre a qual se estrutura. Na opinião de Mirowski, nenhuma das transformações "metodológicas" experimentadas pela teoria econômica neoclássica alterou as noções básicas sobre a sociedade, o ser humano e a economia. De sua versão walrasiana, mais ao estilo da cientificidade da física, até sua defesa baseada em argumentos pós-modernos, com McCloskey, sempre se trata de reafirmar, direta ou indiretamente, as ideias fundamentais subjacentes à metáfora originada da física. Se o procedimento da teoria neoclássica tem sido sempre, no fundamental, metafórico, aparentemente não constitui qualquer inconveniente adotar, pelas mãos de McCloskey, a desqualificação da verdade advogada pelo pragmatismo pós-moderno rortyano. Basta, para tanto, que a teoria neoclássica suprima

---

[10] Mario Duayer, *Manipulação ou emancipação? Pragmatismo e ciência econômica* (tese apresentada e aprovada em concurso para professor titular, Departamento de Economia da Universidade Federal Fluminense, Niterói, 1995), cap. 3.

Dinossauros, micos-leões e teoria econômica / 193

todos os componentes desconfortáveis ou tolos da metáfora construída pelos patriarcas – o que, aliás, os modernos neoclássicos têm feito, faça chuva ou faça sol, com sua cega concentração nos aspectos técnicos da matemática – e avaliar a "engenho" do produto resultante por meio de seus critérios gerados internamente.[11]

Para colocá-lo em termos bastante esquemáticos, esse processo de reformulação inicia-se pela negação positiva da ontologia, fase durante a qual a ciência econômica sofre a influência decisiva de diferentes posições filosóficas positivistas, para experimentar uma inflexão nas últimas décadas e apresentar-se como negação negativa da ontologia, dessa vez sob a influência de posições filosóficas por alguns denominadas antipositivistas, representadas seja por teóricos da filosofia da ciência (como Kuhn, Lakatos, Feyerabend etc.), seja por tendências filosóficas mais gerais (como o pragmatismo, o pós-modernismo e o pós-estruturalismo). A negação da ontologia é o que, por um lado, confere unidade ao processo. O tipo de negação, por outro lado, empresta-lhe a aparência de inflexão e mudança substantiva. Enquanto negação equivale praticamente à autonomização da gnosiologia. De maneira que, as fases do processo, que por empréstimo aos termos da própria ciência econômica apelidamos de positivista e antipositivista, sinalizam, a primeira, o compromisso da ciência econômica, em particular a neoclássica, com os preceitos gnosiológicos de demarcação científica, e, a segunda, a rejeição, radical às vezes, já outras nem tanto, de tal compromisso. O cometimento na primeira fase era, portanto, a demarcação entre ciência e não ciência. E a ciência econômica cuidava de fugir da fronteira, à qual se via ameaçada na condição de ciência social. Com esse propósito, é bom aduzir, tinha vista comprida para os métodos das ciências da natureza, em particular os da física. Era a época, cândida, dos testes empíricos, das verificações, confirmações e falsificações.

Na segunda fase, pelo contrário, tudo vira pelo avesso. Pois a refutação da gnosiologia tem de ser em bloco, total, completa, posto que fora antes autonomizada. Rejeitar o positivismo implicou descartar seu critério exclusivo, as regras epistemológicas derivadas da gnosiologia. Consequentemente, implicou abolir toda possibilidade de discriminação entre tipos de conhecimentos, uma vez que esta se fundava exclusivamente em critérios gnosiológicos. É que os fatos (dados), que antes verificavam, depois confirmavam e adiante falsificavam as proposições e, por estas vias, separavam o científico do não científico, distinguiam o racional do irracional, apartavam a verdade da falsidade, estes fatos, como se veio posteriormente a descobrir

---

[11] Philip Mirowski, "Shall I Compare Thee to a Minkowski-Ricardo-Leontief-Metzler Matriz of the Mosak-Hicks Type. Or, Rethoric, Mathematics, and the Nature of Neoclassical Economic Theory", *Economics and Philosophy*, n. 3, 1987, p. 87.

194 / Teoria social, verdade e transformação

e, mais grave, com desafetada surpresa, eram já produtos da linguagem, vinham carregados de interpretação, preconcepções, noções metafísicas, interesses etc. Não custou concluir que sustentar o caráter científico do conhecimento com base em fatos produzidos pelo conhecimento envolvia uma tautologia lamentável. E, vale recordar, como a verdade, o racional, a possibilidade de conhecer o real dependiam com exclusividade dos procedimentos gnosiológicos, foram todos postos fora junto com a água e o balde. Essa é a época, cética e pragmática, dos modelos que não mais representam a realidade, mas pretendem-se simples instrumentos operativos da prática imediata. Dado o colapso do real, e a consequente identidade entre literatura e ciência, a economia torna-se literatura escrita no idioma matemático.

Essa "virada antipositivista" da ciência econômica, nesse sentido, pode ser compreendida como o lance mais recente de um longo processo de formulação e reformulação de suas bases filosóficas e metodológicas. Assim encarada, a "virada antipositivista" parece constituir o desfecho adequado e previsível de um processo que teve como diretriz a negação de toda ontologia. Entretanto, como a ontologia é negada como metafísica, mas, por outro lado, é reconhecida como pressuposto de todo discurso, sistema de crenças, paradigma, esquema conceitual etc., a única solução logicamente plausível é o relativismo ontológico. No qual, é óbvio, a ontologia é simultaneamente afirmada e negada.

Tal relativismo ontológico, latente já em Weber, como se viu, pode ser relacionado a tendências muito mais antigas. Ainda que este não seja o momento de tratar dessa questão, vale lembrar que Lukács vê o cardeal Belarmino, por ocasião do *affair* Galileu, como o idealizador da conciliação da ontologia religiosa com as ontologias subentendidas nas ciências da natureza que então experimentavam prodigioso desenvolvimento[12]. Na mesma linha, Norris estabelece um paralelo entre essa tentativa de conciliação da ontologia científica com a ontologia cristã, por parte de Belarmino, e as propostas de Quine-Duhem, uma vez que Duhem era tanto filósofo da ciência como católico praticante, interessado, portanto, em negociar uma trégua entre a ciência e a doutrina católica[13]. Segundo o mesmo autor, todas as correntes que compartilham do relativismo ontológico têm em comum "a convicção nominalista de que 'verdade' é simplesmente o termo honorificamente conferido aos itens de crença que conseguiram prevalecer – por quaisquer meios estratégicos ou retóricos – na disputa por terreno elevado do 'conhecimento' científico e do 'progresso'"[14].

---

[12] György Lukács, *Para uma ontologia do ser social I*, cit., p. 38.
[13] Christopher Norris, "Truth, Science, and the Growth of Knowledge", *New Left Review*, I/210, 1995, p. 120.
[14] Ibidem, p. 110.

O propósito aqui não é o de polemizar com tal relativismo ontológico. O próprio texto de Norris procura fazê-lo, sem mencionar obras de mais fôlego, e sob uma outra perspectiva, como a *Ontologia do ser social*, de Lukács. Interessa somente frisar que a crítica ao programa positivista e neopositivista ou, como coloca Rorty[15], à razão ocidental, desloca do terreno gnosiológico (epistemológico) para o terreno ontológico o problema do conhecimento, da verdade, da ciência, enfim, da demarcação entre o científico e o não científico. Seja a verdade das coisas mero construto linguístico, discursivo, como quer a posição nominalista, seja a verdade das coisas capturável pelo conhecimento, como querem as posições realistas, o fato é que as visões de mundo e, portanto, os valores e interesses intervêm na constituição do saber.

Ambas as posições, portanto, atestam a inapelável promiscuidade entre fatos e valores e refutam, por conseguinte, a pretendida castidade do conhecimento científico. Mas de tal promíscua convivência podem prosperar atitudes diversas. Por um lado, ela pode dar lugar a atitudes que valorizam o papel da visão de mundo e da ideologia na construção de teorias e, por conseguinte, nelas localizam não apenas as instâncias que justificam um dado conhecimento científico, mas também as esferas a partir das quais se pode perguntar sobre o sentido do conhecimento para a vida humano-social. Por outro lado, é possível igualmente emergir uma atitude cético-instrumental que conceba negativamente a ideologia e, impossibilitada de eliminá-la, conscientemente ou não, decida por sua sublimação.

Parece-me que o fundamentalismo mercantil, sob a forma de teorias econômicas de inspiração neoclássica, adota a última atitude, e o faz por intermédio de duas estratégias diferentes. Amparado na objetividade do mercado – das relações mercantis –, a cuja lógica e finalidades capitula com gosto, procura apresentar-se como saber mais adequado e eficaz, como racionalidade instrumental em perfeita sintonia com a constituição do objeto. E, se a objetividade do mercado na verdade tem por pressuposto uma subjetividade igualmente objetiva, não há como não conceder que o fundamentalismo mercantil, enquanto subjetividade científica, é a que mais se aproxima da subjetividade que o mercado objetivamente requer. É justamente nessa identidade entre objetividade e subjetividade, garantida pela rendição incondicional da segunda à primeira, que se baseiam as estratégias de sublimação dos valores antes mencionada.

Na condição de subjetividade em conformidade com o objeto, o fundamentalismo mercantil pode apresentar-se pura e simplesmente como racionalidade instrumental ou saber consensual, *overlapping consensus*, dos praticantes da profissão.

---

[15] Richard Rorty, *Objectivity, Relativism, and Truth: Philosophical Papers*, v. I (Cambridge, Cambridge University Press, 1991) [ed. bras.: *Objetivismo, relativismo e verdade*, trad. Marco Antônio Casanova, 2. ed., Rio de Janeiro, Relume-Dumará, 2002].

196 / Teoria social, verdade e transformação

Em ambos os casos, diria Weber, a justificativa da ciência está predicada à eficácia, à sua contribuição "para a vida prática e pessoal", à reprodução das relações mercantis. Mas o próprio Weber sublinhou que tal justificativa é de todo insuficiente quando as questões de sentido (de valor) estão envolvidas. Por essa razão, esse primeiro tipo de sublimação é mais tosco e inconsequente. Sob a forma de irrefletida racionalidade instrumental, afirma-se, por isso mesmo, confiante meio eficaz para a realização de finalidades sobre cujo conteúdo não considera relevante indagar. Varian ilustra com rara franqueza essa rústica posição[16]. Para o autor, a economia neoclássica justifica-se pelo fato de ser uma *policy science* e, nessa medida, ter como finalidade "melhorar a vida das pessoas". Segundo ele, é um equívoco comparar a ciência econômica com a física. A comparação mais apropriada seria com a engenharia. Pois, assim como a engenharia, a ciência econômica é uma ciência prática. Melhor analogia, assegura Varian, seria com a odontologia, pois se "os dentistas dizem que podem tornar melhor a vida das pessoas, o mesmo pretendem os economistas". Paralelo que lhe permite concluir confiante que "a odontologia e a economia têm a mesma premissa metodológica: *we value what is useful* [valorizamos o que é útil]"[17]. Em outras palavras, para o autor a economia neoclássica não só não constitui propriamente uma teoria como sequer constrói uma inteligibilidade particular do mundo. Para uma tal concepção ocorre-nos indagar: como poderemos saber *what is useful?*

O segundo tipo de sublimação é mais sutil e sofisticado. Costuma estar associado ao nome de McCloskey, mas responde igualmente pelos apelidos de pós-moderno, pragmático, kuhniano, paradigma etc. Geralmente está ligado à contribuição de Kuhn, segundo a qual a ciência legitima-se inteiramente em função do paradigma sobre o qual está estruturada. O conjunto de problemas que prioriza, assim como os métodos que preconiza, são todos referidos ao paradigma. Dessa ótica, portanto, a ciência não se refere à realidade, seus critérios de confirmação de hipóteses, por serem internos, não contrastam o conhecimento com a realidade *out there*. Os interesses e valores pressupostos pelo paradigma determinam decisivamente os problemas a serem priorizados e, simultaneamente, as soluções desejáveis – ou seja, os critérios de avaliação de sua eficácia são igualmente internos ao paradigma. Nessa visão holista, naturalmente, não há lugar para o indivíduo cientista, figura espectral desprovida de valores e interesses, que observa os paradigmas como mercadorias expostas em prateleiras de um mercado fictício de ciências e escolhe a que melhor lhe aprouver. Porque sua capacidade de escolher as alternativas está

---

[16] Hal R. Varian, "What Use is Economic Theory", *paper* preparado para a conferência *Is Economic Becoming a Hard Science?* Paris, 1993, mimeo.

[17] Ibidem, p. 2.

Dinossauros, micos-leões e teoria econômica / 197

excluída *a priori*, uma vez que seu aprendizado enquanto cientista é imediatamente sua imersão em um paradigma. Representa internalização de valores, interesses, enfim, contaminação metafísica. Referindo-se à concepção de Kuhn, Rorty sintetiza a atitude que aqui estamos pretendendo caracterizar: a ciência, qualquer ciência, é tão somente uma malha de crenças que nos habilita a lidar com uma seção do mundo e dispensa qualquer referência ao mundo *out there*, pelo singelo fato de que contém em si mesma os dispositivos de autojustificação. Se assim é, o segundo tipo de sublimação está perfeitamente justificado. Se o fato de ser da profissão é necessariamente estar imerso no *overlapping consensus* que ela pressupõe, se é irremediável assumir os valores, a ideologia, a visão de mundo da profissão, então seus praticantes, apesar da consciência de que são ideólogos, a têm tranquila. Pois trabalhar é preciso e, ao que parece, não há como trabalhar como economista sem ser ideólogo do fundamentalismo mercantil.

Tal estratégia, porém, como sublinha Mirowski, nada mais significa do que o "teste do mercado" travestido de filosofia pós-moderna. Representa, em outras palavras, a justificação da teoria pelo fato de que "funciona". Funciona porque "vende", ou seja, é hegemônica. Mirowski faz um perfeito paralelo entre arte, ciência e, adicionaríamos, a política, sugerindo que, quando em qualquer uma dessas esferas está interditada por antecipação qualquer questão que indague por algum sentido para além do seu vocabulário interno, o único critério que resta é o da utilidade instrumental – a *Realpolitik*. "Assim como a versão da *Realpolitik* para a grande arte é a arte que ainda vende, a versão da *Realpolitik* para a grande teoria econômica é a coisa que os neoclássicos ainda incutem em sala de aula"[18].

Em síntese, ambas as atitudes de sublimação dos valores reduzem-se, com racionalizações distintas, à racionalidade instrumental. Razão pela qual têm também em comum a estetização dos meios (formalismo). Quando a ciência ela mesma se concebe como meio para a objetivação de fins externamente dados; se, afinal, não lhe importa o seu produto, ou seja, os carecimentos sociais que satisfaz, que são o seu sentido último, então resta-lhe tão somente encontrar sentido nos meios dos quais se utiliza, estetizando-os.

Todo ofício tem suas regras, procedimentos, rotinas e habilidades. Mais do que isso, todo ofício tem suas finalidades. Em outros termos, todo ofício pressupõe, por um lado, uma racionalidade técnico-instrumental. Por outro lado, tal racionalidade tem por pressuposto finalidades determinadas exteriormente ao ofício. Os ofícios, com suas racionalidades e finalidades, administram e constroem o mundo. Mas se os ofícios são construção e administração do mundo, neles há sempre uma tensão

---

[18] Philip Mirowski, "Shall I Compare Thee to a Minkowski-Ricardo-Leontief-Metzler Matriz of the Mosak-Hicks Type", cit., p. 87.

198 / Teoria social, verdade e transformação

latente. Pois, ao contrário da administração do mundo, que pode contentar-se com finalidades exteriores dadas, a construção do mundo indaga sobre as finalidades.

Nada a reclamar se o fundamentalismo mercantil se quer mero ofício. É de sua natureza. Parodiando Weber, o fundamentalismo mercantil serve aos deuses do mercado. E as heterodoxias econômicas, por outro lado, que se perguntam pelas finalidades e, por isso, não se querem apenas ofício, mas reivindicam-se ciência, a que deuses servirão?

REFERÊNCIAS BIBLIOGRÁFICAS

BOBBIO, Norberto. *Direita e esquerda:* razões e significados de uma distinção política. Trad. Marco Aurélio Nogueira, São Paulo, Ed. Unesp, 1995.

DERRIDA, Jacques. Spectres of Marx. *New Left Review*, I/205, 1994.

DUAYER, Mario. *Manipulação ou emancipação?* Pragmatismo e ciência econômica. Tese apresentada e aprovada em concurso para professor titular. Departamento de Economia da Universidade Federal Fluminense, Niterói, 1995.

LIMA BARRETO. *Crônicas escolhidas*. São Paulo, Ática, 1995.

LUKÁCS, György. *Para uma ontologia do ser social I*. Trad. Carlos Nelson Coutinho, Mario Duayer e Nélio Schneider, São Paulo, Boitempo, 2012.

MARX, Karl. *Grundrisse*: manuscritos econômicos de 1857-1858: esboços da crítica da economia política. Trad. Mario Duayer e Nélio Schneider, São Paulo/Rio de Janeiro, Boitempo/Ed. UFRJ, 2011.

MIROWSKI, Philip. Shall I Compare Thee to a Minkowski-Ricardo-Leontief-Metzler Matriz of the Mosak-Hicks Type. Or, Rethoric, Mathematics, and the Nature of Neoclassical Economic Theory. *Economics and Philosophy*, n. 3, 1987, p. 67-96.

NORRIS, Christopher. Truth, Science, and the Growth of Knowledge. *New Left Review*, I/210, 1995.

RORTY, Richard. *Objectivity, Relativism, and Truth*, v. I. Cambridge, Cambridge University Press, 1991 [ed. bras.: *Objetivismo, relativismo e verdade*. Trad. Marco Antônio Casanova, 2. ed., Rio de Janeiro, Relume-Dumará, 2002].

STETTLER, Michael. The Rhetoric of McCloskey's Rhetoric of Economics. *Cambridge Journal of Economics*, v. 19, n. 3, 1995, p. 391-403.

VARIAN, Hal R. What Use is Economic Theory. Paper preparado para a Conferência *Is Economic Becoming a Hard Science?* Paris, 1993. Mimeo.

WEBER, Max. *Ciência e política:* duas vocações. Trad. Leonidas Hegenberg e Octanny Silveira da Mota, São Paulo, Cultrix, 1980.

10
ECONOMIA DEPOIS DO RELATIVISMO: CRÍTICA ONTOLÓGICA OU CETICISMO INSTRUMENTAL?*

> Mas há um perigo em propor o sucesso como única base para sustentar uma crença, porque se minha teoria da reflexividade é válida, ser bem-sucedido não é idêntico a estar certo. Nas ciências naturais, as teorias precisam estar corretas (no sentido de que as previsões e explicações que produzem correspondem aos fatos) para que funcionem (no sentido de produzir previsões e explicações úteis). Mas na esfera social o que é eficaz não é necessariamente idêntico ao que é certo, por causa da conexão reflexiva entre pensamento e realidade. [...] o culto do sucesso pode se tornar uma fonte de instabilidade em uma sociedade aberta, porque pode minar nosso senso de certo e errado. Isso é o que está acontecendo em nossa sociedade hoje. Nosso senso de certo e errado é ameaçado por nossa preocupação com o sucesso, medido pelo dinheiro.
>
> George Soros, *The Capitalist Threat*

INTRODUÇÃO

Após décadas de homilia relativista, a ciência encontra-se atualmente em uma situação curiosa, paradoxal, para dizer o mínimo: por um lado, o discurso científico tem cada vez mais prestígio social; por outro, fracassaram todos os critérios formulados para explicar a peculiaridade e, portanto, o prestígio social do discurso científico. A pregação crítica antipositivista, que prevaleceu ao longo desse período, teve como efeito colateral o esmaecimento da esperança que as ciências particulares depositavam nos protocolos capazes de caucionar seu estatuto científico. Não que a epistemologia tenha desaparecido enquanto campo específico de investigação. Apenas viu reduzido seu *status*. O certificado de cientificidade, de corte positivista, que emitia em favor das ciências que adotavam sua agenda e suas prescrições já não circula com o mesmo poder simbólico. Desvalorizou-se quase por completo. Decerto subsiste o interesse em investigar os procedimentos mais adequados e

---

* Uma versão deste texto foi publicada pela primeira vez, com o mesmo título, em *Anais do VIII Congresso de Economia Política*, Florianópolis, 2003. (N. E.)

200 / Teoria social, verdade e transformação

confiáveis para se transitar dos "fatos" e "dados" às teorias e modelos. Não poderia ser de outra forma, já que em um mundo cada vez mais complexo teorizar é um imperativo da prática.

O que mudou, sabe-se, foi a postura corrente em relação à ciência. Não importa o nome que se dê ao fenômeno, *linguistic turn* ou *cultural turn*, entre outros, pois o seu flagrante sentido consistiu em plasmar uma atitude de suspeição generalizada em relação à ciência. Em geral, tal atitude apresenta-se como crítica a presumidas autoilusões cientificistas do Iluminismo, ou à crença mais ou menos implícita de que o saber científico afinal propiciaria o meio seguro para o continuado progresso da humanidade: o conhecimento crescente e sistemático dos mundos natural e social. Quase dispensa dizer que o traço mais marcante da crítica foi, sem dúvida, a refutação da possibilidade de se obter um conhecimento objetivo do mundo, da realidade.

Termos como paradigma, programas de pesquisa científica, jogos de linguagem, *phrases régimes*, formas de vida, esquemas conceituais, entre outros, caracterizam uma variedade de doutrinas que, não obstante suas diferenças, convergem em um ponto fundamental: a defesa do relativismo ontológico. O corolário de tal posição consiste em negar o valor de verdade ao conhecimento científico. Proposições, teorias, modelos etc. são, nessa perspectiva, inteiramente relativos a uma determinada estrutura teórica, visão de mundo, cultura, descrição. O que equivale a dizer que as crenças que entretemos sobre o mundo, cientificamente amparadas ou não, são construções. Conhecemos aquilo que construímos. Não é difícil perceber que a verdade, nesse caso, é completamente interna às nossas descrições do mundo. Sendo assim, não faz mais sentido a noção de que, com o progresso da ciência, adquirimos um conhecimento cada vez mais adequado e compreensivo do mundo em si. Em consequência, não causa espanto a tranquila e recorrente recomendação do filósofo neopragmatista Richard Rorty de que "devemos assumir uma atitude de benigna negligência em relação à verdade"[1].

Noções como essas definem o espírito filosófico e teórico da época. Talvez se possa afirmar que resultam de um "acerto de contas" com o caráter antiontológico do positivismo em suas distintas modalidades. Pois essas doutrinas, cada uma a seu modo, nada mais realizam do que denunciar a ingenuidade do positivismo em se imaginar capaz de prover os métodos necessários à higienização do discurso científico, purgando dele as noções metafísicas (ontológicas). Contra tal pretensão, chamam a atenção para a ubiquidade da ontologia: na consciência cotidiana, na religião e nas ciências. No entanto, essa reafirmação da ontologia é, a rigor, ilusória.

---

[1] Richard Rorty, *Objectivity, Relativism, and Truth: Philosophical Papers*, v. I (Cambridge, Cambridge University Press, 1991), p. 193 [ed. bras.: *Objetivismo, relativismo e verdade*, trad. Marco Antônio Casanova, 2. ed., Rio de Janeiro, Relume-Dumará, 2002].

Pois, como se disse, é tributária da concepção de que o nosso saber sobre o mundo consiste de construtos. Malhas de crença, para usar outro termo ao gosto da época, que, ao delinearem para nós uma imagem do mundo, são indispensáveis de fato para que possamos nele transitar, reproduzir a nossa vida. Eficácia operatória, entretanto, que nada tem a ver com a apreensão correta, verossímil, do mundo tal como é em si. Em outras palavras, sob tal perspectiva, nossas concepções ontológicas, a despeito de imprescindíveis e necessárias em todos os âmbitos da vida humano-social, são simplesmente construções arbitrárias dos sujeitos, projeções sobre o mundo de seus interesses socio-historicamente contingentes. A adequação empírica de nossos esquemas e concepções ontológicas, para dizê-lo de outro modo, nada tem a ver com sua verdade, mas simplesmente com sua utilidade para nós, enquanto sínteses figurativas de nosso repertório cognitivo necessárias à produção e reprodução da vida individual e social.

Não requer muito esforço perceber que, como refutação da tradição positivista, tal crítica, apesar do muito ruído de seus motores, patina mais do que se desloca. Não sai dos arredores da posição que pretendia criticar. Contra as injunções antimetafísicas da tradição positivista, insiste no caráter difuso da ontologia, da metafísica. Entretanto, ao relativizá-la, dispensa-lhe a mesma atenção que lhe concedia o positivismo, a saber, nenhuma. Visto que nega a possibilidade do conhecimento objetivo, está constrangida a adotar o mesmo critério do positivismo para justificar o conhecimento científico – a adequação empírica.

Se há algum fundamento nesta breve colocação do problema, nada parece ter se modificado substancialmente entre o último avatar da tradição positivista, o positivismo-lógico, e suas críticas. A menos, decerto, da atitude de ceticismo que contrasta as doutrinas correntes com as certezas assépticas do positivismo. Ceticismo que, evidentemente, está pressuposto à sua natureza antirrealista. Desse modo, parece-nos que as ciências hoje se defrontam com a disjuntiva de sempre: realismo ou antirrealismo. Com a diferença de que o antirrealismo, ao se apresentar agora como ceticismo instrumental, não assume mais a figura de combatente a favor do progresso da ciência, do conhecimento objetivo e justificado, baseado em "fatos", e contra, portanto, o estorvo representado pelas "especulações metafísicas" de que o realismo era acusado de promover. Supostamente livre de tais "ilusões" iluministas, o antirrealismo atual não promete progresso, mas apenas ciências (e consciências) mais pragmáticas, "mais receptivas à racionalidade instrumental"[2].

Se nessas disputas decidem-se, afinal, as concepções correntes de ciência, explicação científica e, sobretudo, critérios de validação e justificação do conhecimento científico, a ciência econômica não poderia naturalmente estar alheia a tais movimentos

---

[2] Idem.

no campo filosófico. Afinal, porque sendo ciência, não pode se dispensar de um mínimo de autoconhecimento. Na verdade, os debates metodológicos exercitados no interior da disciplina reproduzem as controvérsias em torno da disjuntiva acima mencionada e revelam, quase sempre, sua inclinação atávica pelas posições mais ortodoxas. Como o comprovam o rápido flerte da ciência econômica com o popperianismo, seu engajamento mais compromissado com as propostas de Kuhn e Lakatos, passando pela fugaz paixão "libertária e anarquista" com Feyerabend, sem ignorar sua simpatia ocasional pela explicação retórica e persuasória de McCloskey. Nessa busca incessante e algo irrefletida de fundamentação filosófica, a ciência econômica, diga-se de passagem, jamais pôs em dúvida a convicção de que seu estatuto científico se resolvia, em última análise, em sua capacidade preditiva. Talvez não seja exagero afirmar que trocou de fundamentação filosófica, uma após a outra, tão logo cada uma não era mais capaz de referendar tal convicção. Por sorte, as correntes mais cotadas da filosofia da ciência foram provendo argumentos variados em prol daquela convicção. Em virtude disso, suas renovadas tentativas de reduzir sua cientificidade à capacidade preditiva das teorias e modelos sempre tiveram de se confrontar com insistentes acusações apontando o crescente e alarmante distanciamento da ciência econômica em relação aos problemas econômicos reais – isto é, a despeito da apregoada qualidade preditiva de suas teorias. O assim chamado movimento pós-autista ilustra essa última tendência, na qual deságuam as mais variadas insatisfações com o caráter irrealista da ciência econômica.

A nosso ver, entretanto, o debate metodológico no interior da ciência econômica, por reverberar controvérsias filosóficas referidas, sobretudo, às ciências da natureza, como é o caso, por exemplo, das teorias de Kuhn e Lakatos, omite uma questão fundamental para uma ciência social, a saber: a diferença substantiva existente entre adotar e prescrever a racionalidade instrumental, tendo como pressuposto a ideia de progresso, não importa se mecanicista, e assumi-la em combinação com uma posição de cética indiferença a tal noção. No primeiro caso, a racionalidade instrumental opera em um ambiente ou mundo social que, por suposto (cripto-ontológico), progride inexoravelmente e, por isso, funciona simplesmente como um instrumento interno a tal movimento. No segundo caso, contudo, quando se admite *a priori* que nada se pode saber sobre a estrutura e a dinâmica do mundo social, não há como justificar a defesa da racionalidade instrumental. Quando assumido de maneira consequente, o antirrealismo priva a ciência econômica, por exemplo, de qualquer noção (substantiva) de equilíbrio ou da teodiceia do crescimento econômico. E como ser instrumental se não se pode pressupor que o mundo da economia tende ao equilíbrio? Ou que o crescimento da economia soluciona os problemas do mundo? Nessas circunstâncias, naturalmente, o ceticismo instrumental confunde-se facilmente com o mero cinismo ou com a defesa desamparada do *status quo*, além de desabilitar teórica e praticamente qualquer atitude crítica em relação à realidade socioeconômica.

Diferença esta que, hoje, faz muita diferença. Nas últimas décadas de reformismo conservador, sob o argumento de que *"there is no alternative* [não há alternativa]"[3], foi possível tocar o bonde, isto é, a ciência, mantendo em suspenso a indeterminação quanto à sua natureza e aos critérios de validade de suas teorias, na expectativa de que as contrarreformas liberais restaurariam as condições de autorregulação do mercado, da economia. Livre de entraves, operando em conformidade com sua natureza, com suas supostas qualidades alocativas e distributivas, a economia seria mero objeto da racionalidade instrumental dos sujeitos (e da ciência). Hoje, no entanto, quando os resultados calamitosos das contrarreformas conservadoras já são patentes na escala mesma daquelas reformas, ou seja, em escala global, quando as consequências da hiperfetichização do mercado do tardo-liberalismo arriscam o próprio sistema de mercado, a sustentação, dissimulada ou ostensiva, da racionalidade instrumental mostra-se cada vez mais implausível.

Para colocá-lo em outros termos, não é nenhum exagero afirmar que a maior impostura do instrumentalismo é a noção, nele implícita, de que a ciência, seja natural, seja social, nada mais fornece à sociedade do que conjuntos de instrumentos ou ferramentas úteis na prática. Sob tal ótica, teorias e modelos procuram tão somente apreender e representar as relações funcionais dos fenômenos empíricos com o objetivo, se bem-sucedidas, de descrever seu comportamento provável no futuro, de modo que capacidade preditiva é sinônimo de isomorfismo entre sistema teórico e fenômenos empíricos. E a impostura reside precisamente no fato de que, desse modo, fica sugerido – embora jamais explicitamente, tendo em vista a absurdidade da ideia – que a ciência, ou melhor, todo o conhecimento produzido pelas ciências, por ser exclusivamente instrumental, não ingressa como elemento constitutivo de nossas figurações do mundo.

Toda prática social, porém, dado seu caráter intencional, tem por pressuposto uma significação do mundo, inclusive, naturalmente, a que se vale dos conhecimentos produzidos pela ciência. Por essa razão, é quase um truísmo afirmar que a "práxis postula por si só, necessariamente, uma imagem do mundo com a qual possa harmonizar-se e a partir da qual a totalidade das atividades vitais produz um contexto pleno de sentido"[4]. Fica patente, assim, que a visão instrumentalista

---

[3] A expressão, também conhecida pelo acrônimo Tina, sintetiza o espírito (e a fantasia!) do pensamento liberal nas últimas décadas, tendo sido elevada à condição de *slogan* pela encarnação feminina do conservadorismo, a ex-primeira-ministra britânica Margaret Thatcher.

[4] György Lukács, *Para uma ontologia do ser social I* (trad. Carlos Nelson Coutinho, Mario Duayer e Nélio Schneider, São Paulo, Boitempo, 2012), p. 31.

204 / Teoria social, verdade e transformação

segundo a qual a ciência provê exclusivamente instrumentos úteis na prática pressupõe a noção absurda e falaciosa de que os sujeitos em sua prática social significam o mundo, fazem da totalidade de suas atividades algo pleno de sentido, mas fazem-no *sem* integrar nessa imagem do mundo qualquer item do estoque do conhecimento científico corrente. Fábula essa que, é preciso ressaltar, está subentendida nas formulações de todas as correntes relativistas contemporâneas. E que, evidentemente, é adotada e difundida com incontido entusiasmo pelo tardo-liberalismo.

O presente artigo procura explorar essa incongruência subjacente às doutrinas que professam o que aqui está sendo denominado ceticismo instrumental: a concepção de que o espaço de significação criado por nossas imagens de mundo (ontológicas), com ou sem o concurso da ciência, é um construto necessário, mas arbitrário, às nossas práticas e de que, por isso, devemos adotar uma atitude de indiferença em relação à sua verdade ou falsidade. Tal argumento parte do seguinte truísmo: como é intencional, a prática social só é possível se os sujeitos a representam para si mesmos, se na prática e pela prática criam "malhas de crenças" que fazem da prática social algo pleno de significado. E daí extrai a conclusão tautológica de que nossas crenças são sempre verdadeiras, no sentido de que são funcionais às práticas das quais são crenças. Não é necessária muita raciocinação para encontrar aqui o segredo de polichinelo do relativismo ontológico: se as crenças são verdadeiras relativamente às práticas das quais emergem e às quais significam e informam, são igualmente falsas sob a ótica das crenças de outras práticas. Com isso, a prática sem qualificativos se converte em critério exclusivo da verdade das crenças. A rigor, porém, não é a prática sem mais que se erige como metro da verdade das crenças, mas a prática (imediata) posta e pressuposta pelas relações socioeconômicas, culturais, étnicas etc. socialmente dominantes em determinada época. Em síntese, para tais doutrinas as crenças são validadas por sua utilidade prático-operatória em um contexto social específico, por sua adequação empírica, por sua capacidade preditiva. Esse tipo de reducionismo, de acordo com o qual a crença verdadeira é a que funciona na prática, tem como efeito um impasse cujo significado dificilmente poderia ser exagerado. Isso porque desabilita e desautoriza por princípio qualquer teoria que não funciona na "prática" (vigente) e qualquer prática que não se conforme às teorias (crenças) vigentes, "consensuais". Curiosamente, portanto, doutrinas que à primeira vista propugnam a relatividade, a indiferenciação, a equiparação das crenças, a total tolerância e o absoluto pluralismo, negam, pela lógica de sua própria construção, a possibilidade de crítica e, *ipso facto*, alimentam toda sorte de dogmatismo.

Não surpreende que a ciência econômica tenha se sentido em casa nesse *milieu* teórico. Visto que o conhecimento objetivo é considerado impossível e, por isso, quando evocado só pode ser totalitário, o que mais pode a ciência senão aparelhar a prática com teorias adequadas, úteis? Amparada nessa mistura falaciosa de

Economia depois do relativismo: crítica ontológica ou ceticismo instrumental? / 205

conhecimento objetivo com conhecimento absoluto, que, providencialmente, referenda a sua arraigada e dileta convicção de que ciência é sinônimo de capacidade preditiva, a economia justifica assim a mais ostensiva submissão aos imperativos da prática imediata e, por extensão, invalida por princípio qualquer esforço de pensar outros mundos, outras práticas, outros imperativos. Outras crenças, outras teorias. Por isso, nem se dá conta de que o mundo encantado do capital, a despeito de todos os seus *gadgets* tecnológicos, ou por causa deles, revela-se cada vez mais desencantado e apavorante. E que, em um mundo sem sentido, a racionalidade instrumental é um perfeito *nonsense*. Em virtude disso, constitui ilustração exemplar da absurdidade do instrumentalismo contemporâneo, que soma às aporias de todo instrumentalismo a desatinada noção de uma (hiper-)racionalidade instrumental em meio à crescente irracionalidade.

DA IMPUGNAÇÃO DA ONTOLOGIA AO RELATIVISMO ONTOLÓGICO

Todos sabem do degredo da ontologia, que viveu muito tempo expatriada da filosofia. Existem distintas versões sobre as razões dessa impugnação. Muitos consideram decisivas as pressões crescentemente impostas pela vida regrada pelo capital. A racionalidade instrumental que a reprodução do capital pressupõe e alimenta teria sido o fator determinante a desabonar a ontologia. De outro lado, um sistema histórico e extremamente dinâmico, que ameaça constantemente, por isso mesmo, arremeter-se para além de si mesmo – ou transbordar de sua própria forma – e que, apesar disso, pretende-se anistórico, envolve uma contradição insanável. Talvez por isso tenha vindo a calhar a conjugação da racionalidade instrumental – míope no espaço histórico e supostamente alheia a fins e valores – com a impugnação verbal de todas as colocações ontológicas. Em outras palavras, a pressão das circunstâncias, juntamente com a racionalização do circundante, parece ter cumprido um papel significativo na desqualificação da ontologia. Todavia, tudo isso é história e não vem ao caso neste momento[5].

O que mais impressiona em todo esse episódio filosófico – e tenho dúvidas se cabe difundir aqui este preservadíssimo segredo – é que a ontologia só foi banida nominalmente. O positivismo, em suas variadas acepções, propagou por décadas e mais décadas a necessidade de negligenciar as inquietações ontológicas. Distraído – ou dissimulado –, continuou prescrevendo com zelo quase obsessivo sua doutrinária

---

[5] Os argumentos desta seção baseiam-se extensamente em Mario Duayer et al., "Dilema da 'sociedade salarial': realismo ou ceticismo instrumental?", em *II Jornada de Economia Política* (SEP/Anpec), Belém, 1999.

206 / Teoria social, verdade e transformação

sanitização axiológica, que subentendia, como toda doutrina, uma ontologia. Para a atitude positivista, a ontologia é, parodiando Terry Eagleton, como mau hálito: só quem tem são os outros. Por isso, continuou bafejando sua ontologia, ao mesmo tempo que a impugnava para os demais. Marx afirmou que o pensamento que se satisfaz com sua época é necessariamente vulgar[6]. Talvez pudesse ter acrescentado, no mesmo contexto, que o corolário de tal júbilo é o velamento da ontologia. Afinal, como alguém que está "de bem com a vida" – para usar esse debochado e cruel *slogan* – vai gastar tempo com divagações metafísicas? Contente, vulgar e, por que não, ardiloso, o positivismo enrustiu a ontologia do existente, sua ontologia (sobre o mundo, a sociedade, o sujeito, o indivíduo, a liberdade, e a lista de noções ontológicas que entretém seria infindável), sob a forma de uma atitude antiontológica radical. Praticava, por assim dizer, uma negação *positiva* da ontologia.

Muitas dessas questões foram tratadas por Lukács. Em sua *Ontologia*, Lukács, a par de indicar as debilidades da tradição positivista, em particular de seus desdobramentos atuais, que denominou neopositivismo, tentou expor sua gênese (ontológica, portanto) a partir de necessidades sociais contemporâneas, especialmente da necessidade de o capital administrar todas as esferas da vida[7]. E alertou, e isso foi no início da década de 1960, sobre a impossibilidade (ontológica) de a humanidade negligenciar indefinidamente as questões ontológicas. A práxis humana, recordou, dirige-se por necessidade ao ser das coisas. Do que se segue, por um lado, que as questões ontológicas na verdade nunca podem ser ignoradas; por outro, e mais importante, que, sendo o mundo um complexo estruturado, a práxis humana não pode limitar-se ao ser imediato, empírico, das coisas. Nem o mundo natural se esgota no fenomênico, no empírico, nem o mundo social, em adição a isso, se esgota em sua última forma, da qual toda a gênese histórica parece apagada, como assinalou Marx[8].

Não vem ao caso especular aqui se todas as crises (nos mundos social e natural) vivenciadas a partir da segunda metade do século XX respondem com exclusividade

---

[6] "Na economia burguesa – e na época de produção que lhe corresponde –, essa exteriorização total do conteúdo humano aparece como completo esvaziamento; essa objetivação universal, como estranhamento total, e a desintegração de todas as finalidades unilaterais determinadas, como sacrifício do fim em si mesmo a um fim totalmente exterior. Por essa razão, o pueril mundo antigo, por um lado, aparece como o mais elevado. Por outro, ele o é em tudo em que se busca a forma, a figura acabada e a limitação dada. O mundo antigo representa a satisfação de um ponto de vista tacanho; ao passo que o moderno causa insatisfação, ou, quando se mostra satisfeito consigo mesmo, é *vulgar*"; Karl Marx, *Grundrisse: manuscritos econômicos de 1857-1858: esboços da crítica da economia política* (trad. Mario Duayer e Nélio Schneider, São Paulo/Rio de Janeiro, Boitempo/ Ed. UFRJ, 2011), p. 400.

[7] Ver György Lukács, "Neopositivismo", em *Para uma ontologia do ser social I*, cit., p. 45-74.

[8] Karl Marx, *O capital: crítica da economia política*, Livro I: *O processo de produção do capital* (trad. Rubens Enderle, São Paulo, Boitempo, 2013), p. 151.

pela crítica devastadora da última e mais elaborada doutrina positivista, o positivismo lógico. Seja como for, o certo é que o positivismo lógico apanhou por todos os lados. Não suportou o assalto de antigos simpatizantes e supostos adversários. E, numa virada sem dúvida das mais formidáveis, uma atitude – à primeira vista – em tudo oposta ao positivismo ganhou hegemonia nas últimas décadas. Mesmo sem entrar em detalhes, é possível afirmar que, sob denominações diversas e "muito criativas" – jogos de linguagem, paradigmas, esquemas conceituais, relativismo ontológico, *phrases régimes*, discurso, textualidade, malhas de crenças etc. –, foi decretada a incontornabilidade da ontologia. Que antes presumidamente não estava em lugar nenhum e agora permeia todos os cantos da mente.

O sujeito que, antes irredutível, conhecia o objeto, agora já conhece antes de conhecer, pensa antes de pensar, ou melhor dizendo, só pensa porque já pensou. Por extensão, a ciência, coletivo de sujeitos cognoscentes, que, antes inspecionava empiricamente o mundo para, só então, dele formar um conceito, uma concepção, agora já vai ao mundo com suas concepções, interesses, valores, critérios de cientificidade, de evidência empírica, de validade etc. Dito de outro modo, o movimento antes unidirecional e direto das emanações do objeto aos sentidos do sujeito transformou-se num círculo infernal, vicioso, sem ponta por onde se possa começar. O sujeito disposto a conhecer o mundo já é socialmente constituído; o mundo, por sua vez, não importa se natural ou social, é sempre o mundo pensado por sujeitos socialmente situados. Nada mais se apresenta em sua pureza originária. Toda identidade está poluída pela relação com o não idêntico. Os problemas ecológicos estão aparentemente por toda parte.

É preciso frisar, em um parêntese, que todo esse debate entre, de um lado, pós-modernos, pragmáticos e pós-estruturalistas, pós-colonialistas, construtivistas etc. e, de outro, combalidos positivistas lógicos causa uma enorme perplexidade naqueles que têm alguma familiaridade com o pensamento de Marx. Autor que, como se sabe, há muito tempo indicara a conexão necessária entre a ideologia dominante e o poder socioeconômico. Autor que, como também se sabe, jamais trabalhou com a noção de um sujeito isolado irredutível, seja no plano social, seja no plano cognitivo. Assinalada a surpresa, no entanto, retorna-se à moral da história que vinha sendo narrada[9].

A concepção ora hegemônica sublinha energicamente, como certamente se notou, que a ninguém é dado escapar da ontologia. Noções ontológicas sobre a natureza, o ser humano, a sociedade, o bem, o mal, o útil, o certo, o errado, a verdade, a ciência, a razão e assim por diante, somos agora informados, é coisa que

---

[9] Para uma síntese notável sobre tais questões desde uma ótica marxista, ver György Lukács, *A Defense of* History and Class Consciousness: *Tailism and the Dialectic* (Londres, Verso, 2000), p. 97-103.

208 / Teoria social, verdade e transformação

entretemos com a mesma inconsciência do piscar de olhos. Resultado auspicioso, pareceria, para aqueles formados sob a influência do pensamento marxiano. Como Marx sempre foi proscrito como autor ideológico e metafísico, para ficarmos nos adjetivos mais brandos, talvez fosse de se esperar que seria agora redimido, quando finalmente é opinião unânime que concepções ou teorias são inescapavelmente ideológicas, no sentido positivo do termo, isto é, portam valores.

Doce ilusão. Pois a referida virada, que parecia ontológica, não passou de um embuste. Afirmamos antes que o positivismo refutava verbalmente toda ontologia para afirmar na prática a sua própria. Negação positiva foi o termo usado para caracterizar o expediente. As concepções que vieram substituí-lo – neopragmatismo (Rorty), pós-modernismo (Lyotard) e pós-estruturalismo (Foucault), para citar correntes e autores mais cotados – procedem com mais sutileza. Negam a ontologia obliquamente. Afirmam-na para negá-la. Praticam uma negação *negativa* da ontologia.

Enquanto as concepções sob o influxo da tradição positivista acreditavam que era possível afirmar tudo sobre o mundo (sensível) e, por essa razão, denegavam "positivamente" a possibilidade de qualquer cogitação ontológica, ou seja, que desborda da bem delimitada fronteira riscada pelos nossos sentidos, as correntes hoje hegemônicas refutam justamente a possibilidade de afirmar qualquer coisa sobre o mundo, uma vez que o mundo é sempre aquilo "construído" de acordo com "jogos de linguagem", "esquemas conceituais", "paradigmas" etc. espacial e temporalmente situados. Segue-se daí que pensar é construir castelos ontológicos no espaço etéreo da mente, da linguagem, do discurso, do paradigma.

Estamos aqui no terreno movediço do relativismo ontológico. Nele todas as ontologias aparecem como construtos necessários à condição humana. Mas, como construtos, são incomensuráveis, pois o mundo que poderia servir de metro para a comparação é sempre um mundo já pensado, um construto. Sob a capa, portanto, de uma afirmação da ontologia, de uma sua aceitação, dir-se-ia, quase promíscua, tem-se aqui, na verdade, uma negação *negativa* da ontologia. Tudo o que se tem são particularismos determinados social, histórica, étnica, geográfica, *etceteramente*. A ontologia está sempre presente, mas sempre como uma presença negativa, uma vez que jamais podemos saber se ela é uma imagem, representação, reprodução mental etc. mais adequada do mundo. É um dispositivo indispensável à nossa vida, um mundo imaginado por meio do qual lidamos com o mundo real, mas destituído de qualquer valor epistêmico.

Sumariando a história, eu diria que essa crítica da tradição positivista percorre, por tais vias, um grande circuito para, ao final, fechá-lo num círculo. Do ponto de vista das prescrições filosóficas que se espargem sobre a política, a ética, a ciência etc., o ponto de partida foi a impugnação por princípio, pelo positivismo, de qualquer colocação ontológica. O que equivalia a preceituar a negligência em relação à ontologia. O ponto de chegada, com o neopragmatismo, o pós-modernismo e o pós-estruturalismo, é a "benigna negligência" em relação à ontologia. Por razões diversas, certamente, a ontologia é denegada em ambos os casos. Arriscaria dizer, com outros autores, que o resultado prático é o mesmo: irresponsabilidades social, ética e ecológica derivadas do relativismo ontológico contemporâneo. Ou, ao menos, um cético desencanto que parece a marca distintiva da época. Que, nunca é demais repetir, cai por vezes como uma luva no cínico oportunismo.

É preciso frisar que esse desalento é o desalento de um ideal absurdo: o ideal do ser humano (isolado, irredutível etc.) que era imaginado, portanto, fora do mundo e, enquanto tal, capaz de conhecê-lo, gradual e progressivamente[10]. Subitamente, descobre-se que o ser humano nunca esteve fora do mundo. Sempre esteve no mundo, emergiu e desenvolveu-se em sua relação com o mundo. De modo que, se o ser humano é constitutivamente um ser da e na natureza, jamais esteve "fora" dela e, por conseguinte, não pode, para conhecê-lo, situar-se naquela posição supostamente privilegiada do sujeito cognoscente isolado, "acima" do mundo, para de lá descortinar o mundo tal como ele realmente é. Esse é, no fundo, o desencanto. E o seu corolário é precisamente o relativismo ontológico. Como não podemos jamais nos situar naquele posto de observação privilegiado, tudo o que vemos e pensamos do mundo, tanto do natural como do social, só pode ser relativo à nossa posição em seu interior. E o relativo, não sendo absoluto, só pode ser falso, artificial.

REAFIRMAÇÃO DA ONTOLOGIA

Tais concepções baseiam-se, como se pode constatar, na inaudita "descoberta" de que nossos pensamentos, incluídas as teorias, são sociais, por isso históricos e, portanto, relativos. Inferem daí que o conhecimento objetivo do mundo é um mito, que a verdade é uma "quinta roda", e pregam a equiparação de todas as perspectivas, de todas as ideias, esquemas ontológicos etc.

O objetivo desta última seção é o de oferecer elementos para uma crítica ao relativismo ontológico contido em tais visões. Tem a intenção de demonstrar que já existe um corpo teórico capaz de reafirmar que uma "imagem racional do mundo ontologicamente fundada" não só é possível[11], mas é igualmente condição para que a ciência possa se desvencilhar de sua atual vassalagem à prática imediata (e a seus interesses). Para tanto, baseia-se fundamentalmente nas contribuições de Lukács e Bhaskar.

---

[10] Para uma análise da crítica de Marx sobre o que denominou "ponto de vista do indivíduo isolado", ver Mario Duayer, "Marx, verdade e discurso", neste livro, p. 29-48.

[11] György Lukács, *Para uma ontologia do ser social I*, cit., p. 104.

210 / Teoria social, verdade e transformação

Não procuramos, entretanto, reproduzir em sua complexidade as teorias formuladas pelos dois autores, tarefa de todo impossível no contexto de um artigo. Em lugar disso, esta seção focaliza particularmente o momento de suas teorias em que os autores, cada um a seu modo, desvelam os pressupostos do relativismo ontológico. No caso de Lukács, trata-se de mostrar, em sua crítica às filosofias contemporâneas mais difundidas, neopositivismo e neokantismo, como elas se constroem a partir da redução de toda a filosofia à gnosiologia. Bhaskar, da mesma forma, mostra que o relativismo ontológico está fundado sobre o mesmo equívoco, que ele chama de falácia epistêmica. Além disso, ambos assinalam que a impugnação da ontologia por parte daquelas filosofias subentende, na verdade, a afirmação implícita de uma ontologia – na terminologia de Bhaskar, realismo empírico. Assim interpretadas, as teorias de Lukács e Bhaskar consubstanciam a seguinte crítica ao pensamento contemporâneo: sua insistência no empírico, no sensível – derivada da injunção de que o valor cognitivo está exclusivamente baseado nas sensações –, a despeito de supostamente se orientar contra todo subjetivismo e, por conseguinte, insistir na objetividade do factual, do observável, do imediatamente existente, a rigor, numa inversão digna das "melhores" campanhas publicitárias, subentende e patrocina precisamente o oposto, o subjetivismo: o colapso do mundo nas impressões do sujeito. A nosso ver, essas são críticas que, se não esgotam o debate, balizam certamente o terreno no qual ele se desenrola e pode ser resolvido.

Começando por Lukács, talvez se possa dizer que um dos pontos centrais de sua crítica às correntes filosóficas contemporâneas, especificamente à sua orientação antiontológica, consiste daquilo que denominou autoengano do neopositivismo, a saber, a noção de que o sujeito cognoscente cria o universal no pensamento. Ideia complementada, obviamente, pela ilusão simétrica de que o singular, porque é imediatamente dado à percepção, existe sem as determinações da universalidade e da particularidade e, por isso, pode ser apreendido automaticamente pelo aparato sensorial do sujeito. O que, é preciso adicionar, traz consigo ainda o absurdo pressuposto de que o sujeito percebe, classifica, pensa, enfim, sem as categorias do universal e do particular. Nas palavras de Lukács:

> o autoengano em que incorrem aqui o neopositivismo e algumas outras correntes que, com ele, adotam uma orientação exclusivamente gnosiológica, reside no fato de ignorarem por completo a neutralidade ontológica do ser-em-si ante as categorias, diferentemente dimensionadas, do universal, do particular e do singular.[12]

---

[12] Ibidem, p. 60.

Tais equívocos explicam a noção positivista de que o conhecimento legítimo se esgota na experiência, nas sensações, e que as generalizações teóricas constituem expressões de regularidades empiricamente percebidas ou, quando muito, são delas derivadas (dedutivamente). De outra parte, esclarecem igualmente o fundamento das versões idealistas (neokantianas) do mesmo preceito, nas quais se assume que o sujeito cria, constrói, põe o elemento excedente que estabelece o nexo entre o empírico e o teórico.

Na análise de Lukács, esses erros aparecem, na tradição positivista, em especial no neopositivismo, como uma operação que, no terreno da filosofia científica, sob o pretexto de praticar a neutralidade axiológica em relação às concepções de mundo, implica a remoção do ontológico e constrói dessa maneira uma filosofia destituída do "complexo de problemas referente àquilo que é em si, tomando-o como pseudoproblema, irrespondível por princípio"[13]. Procedimento que, segundo Lukács, representa tão somente a apropriação da herança do idealismo subjetivo pela tradição positivista. A orientação exclusivamente gnosiológica empregada pelo primeiro contra o materialismo filosófico resolveu-se em um mundo pensado no qual a concreticidade é concebida como produto da subjetividade cognoscente, permanecendo a realidade em si, seja "um fantasma inalcançável ou um além sempre abstrato"[14] para todo conhecimento. Porém, agrega Lukács, tanto esmaeceu o idealismo kantiano (no curso do século XIX) que pontifica no positivismo uma corrente idealista que banisse do

> campo do conhecimento toda visão de mundo, toda ontologia, e, ao mesmo tempo, criasse um – presumido – terreno gnosiológico que não fosse nem idealista-subjetivo nem materialista-objetivo, mas que, justamente nessa neutralidade, pudesse oferecer a garantia de um conhecimento puramente científico.[15]

O desenvolvimento dessas correntes termina por conformar uma atitude em relação à práxis científica em que a questão da verdade converte-se em algo destituído de interesse, em vista da valorização exclusiva da eficácia do conhecimento científico na prática imediata. Concepção de ciência que, como recorda Lukács, adquire a condição de doutrina filosófica no pragmatismo e no behaviorismo. Interessa, nesse contexto, explorar a análise de Lukács dessa elevação da utilidade a critério exclusivo da ciência, sobretudo porque enfatizamos, nas primeiras seções do artigo, a sua adoção pelas principais correntes contemporâneas da filosofia da ciência. Lukács sublinha, antes de tudo, que a relação entre teoria e práxis, implícita no

---

[13] Ibidem, p. 54.
[14] Idem.
[15] Idem.

212 / Teoria social, verdade e transformação

critério da utilidade prática da ciência, é algo absolutamente evidente para todo marxista. Portanto, o problema reside, na verdade, no estreitamento do conceito de práxis operado por tais filosofias da ciência.

Para iluminar a redução, levada a cabo pelo neopositivismo, da práxis à prática imediata, Lukács salienta o fato de que toda prática, por ser intencional, está orientada de imediato para a realização de um objetivo concreto determinado. Segue-se daí que tem por pressuposto o conhecimento concreto, no grau de complexidade e profundidade correspondente, dos objetos e suas relações envolvidos na consecução de tal finalidade. Só por isso, adverte, já se pode perceber que a prática está indissoluvelmente vinculada ao conhecimento. Contudo, daí não se infere que o conhecimento adquirido na e pela prática, apesar de sua eficácia, seja conhecimento inquestionável, sobretudo quando é extrapolado para dimensões e âmbitos diversos do qual emergiu. A rigor, afirma, é uma tendência da própria prática produzir por analogia generalizações que, no entanto, são incompletas e mesmo falsas. E, portanto, é compreensível que conhecimentos que se revelam eficazes e imprescindíveis na prática imediata, e que são, portanto, verdadeiros nesse âmbito, possam dar origem a ou se enquadrar em concepções mais gerais que, a despeito de conferirem sentido à prática em questão, são inteiramente falsas. Por essa razão, é insustentável a redução operada pelo neopositivismo, uma vez que, ao suprimir precisamente qualquer questão sobre qual prática valida qual teoria e assumindo, ao contrário, qualquer prática ou, mais precisamente, a (eficácia da) prática imediata como critério último de justificação do conhecimento científico, ele se apoia no fato trivial e tautológico de que o conhecimento eficaz na prática é verdadeiro em relação a essa prática e pretende, com tal expediente, que o problema fica assim equacionado. Como foi mencionado nas seções anteriores, a prestidigitação aqui consiste em eclipsar o fato de que nenhuma prática, juntamente com os conhecimentos, científicos ou não, que a tornam possível, pode ser levada a cabo sem uma imagem de mundo que lhe empreste sentido, incluído o sentido de sua eficácia, de sua utilidade. Por conseguinte, uma prática informada pelo conhecimento científico pode perfeitamente ser eficaz, útil, mesmo quando a imagem de mundo que põe seu sentido seja absurda, incongruente, inconsistente ou simplesmente falsa. Lukács resume como se segue os tipos de vínculo que podem existir entre o conhecimento que emerge da prática, científico ou não, e as concepções e teorias gerais:

> O conhecimento obtido na práxis seguiu, portanto, no curso do desenvolvimento humano, dois caminhos que decerto e com frequência se entrelaçaram: por um lado, os resultados da práxis, corretamente generalizados, integravam-se à totalidade do saber até então obtido, o que se constituía numa força motriz decisiva para o progresso da ciência, para a correção e o alargamento verídico da concepção humana do mundo; por

Economia depois do relativismo: crítica ontológica ou ceticismo instrumental? / 213

outro lado, conhecimentos adquiridos na prática permaneciam em essência circunscritos à direta utilizabilidade na práxis imediata, vale dizer, considerava-se suficiente [...] poder manipular determinados complexos objetuais com a ajuda daqueles conhecimentos práticos. [...] quanto menos desenvolvida era a ciência, tanto maior devia ser a frequência com que se enquadravam em falsas teorias gerais, mesmo sem a intenção de manipulação, conhecimentos que funcionavam corretamente na imediaticidade.[16]

No entanto, conclui, essa tendência de permanecer sob o domínio prático-concreto de um complexo real, justificada em épocas de desenvolvimento científico limitado, tornou-se orientação consciente e deliberada da filosofia da ciência contemporânea.

Disso decorre, em primeiro lugar, a negação por princípio que da totalidade das ciências, de suas inter-relações, da complementação recíproca de seus resultados e da generalização dos métodos e das conquistas científicas possa surgir um espelhamento adequado da realidade em si, uma imagem do mundo.[17]

Tendo situado na própria prática – ontologicamente, portanto – a possibilidade de conjugação de conhecimentos eficazes na prática imediata com falsas teorias gerais, Lukács procura interpretar da mesma maneira a recusa da filosofia contemporânea de toda ontologia. Em outras palavras, não explica tal recusa como resultante meramente de um erro teórico. Ao contrário, encontra nas necessidades da regulação de todas as dimensões da vida social por parte do capital as estruturas e mecanismos objetivos que ganham expressão subjetiva em uma filosofia da ciência que dispensa qualquer cogitação sobre a natureza do mundo humano-social e circunscreve-se à possibilidade de manipulação de todos os domínios relevantes. Para Lukács, a elevação do princípio da manipulação a "método soberano" constitui uma tendência geral de nossa época, presente decerto na vida política, econômica, social e cultural, e que na filosofia científica, com a tradição positivista, "recebeu sua forma mais ostensiva, sua máxima perfeição conceitual"[18]. O princípio da manipulação não representa simplesmente a concepção de que a ciência, por meio da criação de métodos e procedimentos de manipulação dos "fatos" e "dados", fornece instrumentos eficazes para a prática imediata, mas expressa a doutrina de que "o inteiro sistema do saber é elevado à condição de instrumento de uma manipulabilidade geral de todos os fatos relevantes"[19].

---

[16] Ibidem, p. 57.
[17] Ibidem, p. 51.
[18] Ibidem, p. 58.
[19] Idem.

214 / Teoria social, verdade e transformação

Dessa maneira, acreditamos, Lukács demonstra como a orientação idealista da filosofia científica contemporânea, sob o pretexto de restituir ao sujeito seu papel de sujeito, seu poder de "construir" o mundo, na verdade empresta justificação teórica ao papel do sujeito enquanto mero reprodutor de uma realidade social que, não obstante ser objetivação de seus poderes, de sua prática, confronta-o como algo estranho, como poder autônomo a cuja lógica está submetido. Tal é o resultado da negação da ontologia: a postulação implícita de uma ontologia do imediatamente existente, da realidade empírica da sociedade do capital.

Se na obra de Lukács a ontologia pressuposta pelas correntes citadas deve ser inferida da estrutura de seus argumentos, nos trabalhos de Bhaskar o delineamento daquela ontologia constitui um dos momentos centrais de sua crítica e, por isso, é explicitada com grande clareza. Em seu propósito de elaborar uma filosofia para a ciência que ultrapasse as aporias das concepções antirrealistas, Bhaskar enfatiza a necessidade de se criticar o que denomina realismo empírico, ontologia de procedência humeana, e que está na base tanto do empirismo clássico como do positivismo lógico, e, negativamente, das correntes relativistas que hoje se contrapõem a este último.

Funcionando como ontologia implícita da tradição positivista, o realismo empírico promove um achatamento do mundo ao reduzir o mundo cognoscível à experiência sensível. Nesse sentido, constitui uma poderosa injunção a pesar sobre a concepção de ciência e de explicação científica em todos os campos do conhecimento[20]. A partir da explicação humeana de leis causais como regularidades empíricas, as filosofias da ciência fundadas sobre o realismo empírico subentendem a noção de que a ciência tem por finalidade deduzir suas proposições teóricas, construir seus modelos etc. a partir das conjunções constantes de eventos dadas à percepção[21]. Significa dizer, sob tal ótica, que a ciência, em lugar de tentar descobrir relações de causalidade existentes na própria realidade, tem como tarefa exclusiva descrever os padrões de associação dos eventos empíricos (perceptíveis). As consequências dessa ideia para a concepção da explicação científica, difícil de exagerar, podem ser avaliadas quando se consideram suas implicações para a atividade da ciência. Se o único material que a ciência tem para elaborar são as observações empíricas, segue-se que só pode operar em consonância com os modelos de explicação científica do tipo nomológico-dedutivo. Em uma palavra, a ciência deve ser construída a partir de generalizações teóricas concebidas com o objetivo de serem submetidas a testes

---

[20] Em *Economics and Reality* (Londres, Routledge, 1997), Tony Lawson, amparando-se extensamente na obra de Bhaskar, oferece uma síntese das consequências do realismo empírico na ciência econômica.

[21] Roy Bhaskar, *A Realist Theory of Science* (Londres, Verso, 1997), p. 28.

empíricos. Assim, não só a explicação e a prática científicas são definidas empiricamente, como também a justificação das teorias deve necessariamente depender dos insolúveis critérios empíricos da confirmação, verificação e falsificação.

Em contrapartida a essa visão empobrecida da ciência, que notadamente não pode se legitimar a não ser por sua utilidade "prática", as correntes antirrealistas comparecem para pôr em relevo tal insuficiência e, por conseguinte, desvalidar as antigas prerrogativas que a ciência reivindicava para si em relação a outras formas de conhecimento ou discurso. Não que acorram a sugerir outra forma de cientificidade – do que estão impedidas por compartilharem da mesma ontologia implícita no realismo empírico –, mas sim para reivindicar a equiparação de todos os discursos, o científico, o literário, o jurídico, o ético etc., que, equiparados, supostamente constituem a situação mais propícia para a condução da vida social. Em qualquer dos casos, já frisamos, a realidade não comparece, a não ser como versão particular produzida por cada discurso.

De acordo com Bhaskar, no entanto, o realismo empírico, ao identificar o mundo com nossas experiências sensíveis, entre outras graves insuficiências, promove duas reduções insustentáveis na realidade. Reduz o real ao efetivo e este ao empírico. Ao impugnar a ontologia, ainda que a destile implicitamente, é compelido a tratar as questões ontológicas como questões epistemológicas (gnosiológicas), de modo que a experiência (empírica) é a instância epistemologicamente decisiva. Nenhuma explicação científica, portanto, é capaz de dar conta da realidade não empírica (imperceptível), ou dos objetos, forças, estruturas, mecanismos objetivamente existentes, mas que não se manifestam fenomenicamente. Nesse mundo achatado, como dissemos, a ciência não pode descobrir relações de causalidade, não pode oferecer explicações causais-explanatórias. Resume-se a formular teorias, construir modelos etc., fundados sobre paradigmas, que capturem os padrões de associação dos eventos empíricos de modo a atender ao único critério possível de justificação, a adequação empírica.

O realismo proposto por Bhaskar, por contraste, visualiza a ciência como instrumento de *prospecção*, pois concebe a realidade como um complexo estruturado, no qual, aliás, o empírico, o perceptível aos sentidos humanos, longe de constituir sua faceta distintiva, é apenas uma sua determinação contingente, pelo simples fato de que a existência do sujeito da percepção, o ser humano, não constitui senão uma determinação fortuita da realidade. Mesmo quando se trata da realidade social, produto do agir humano, pelo fato de constituir a cada momento uma realidade (social) dada para sujeitos humanos, existe e funciona na sua totalidade complexa e estruturada independentemente de sua cognoscibilidade mais ou menos adequada por parte dos sujeitos. Assim, por consistirem de complexos estruturados, compostos por objetos também complexos, forças, tendências etc., as realidades natural

216 / Teoria social, verdade e transformação

e social excedem o efetivo, o curso efetivo dos eventos, posto que poderiam dar origem a outros eventos de idêntica objetividade, e, por maior razão, excedem o empírico, isto é, a parte perceptível (para nós) da multiplicidade de eventos efetivamente em curso.

Pode-se afirmar, portanto, que o realismo crítico, tal como desenvolvido por Bhaskar[22], representa uma tentativa em tudo semelhante à realizada por Lukács: restaurar o ontológico enquanto dimensão insuprimível da teoria e da prática. No caso de Bhaskar, tal reafirmação da ontologia se perfaz pela demonstração de que as filosofias científicas da atualidade, diante da impossibilidade de suprimir a ontologia, na verdade estruturam-se carregando veladamente uma ontologia em que o mundo está colapsado nas sensações dos sujeitos. Segundo o autor, tal operação, não importa se realizada por positivistas ou por supostos críticos do positivismo, compreende dois tipos de reducionismo insustentáveis. De um lado, o que chama de *falácia epistêmica*, que consiste em reduzir questões ontológicas a questões epistemológicas (gnosiológicas), ou postular que proposições sobre o ser podem ser analisadas em termos do nosso conhecimento do ser; de outro, e associada à primeira, a *falácia antrópica*, a ideia de que a análise do ser pode realizar-se em termos de um ou outro atributo do ser humano[23].

Em ambos os autores, esperamos ter conseguido mostrar, a reafirmação da ontologia vem acompanhada de uma crítica à ontologia implícita nas concepções filosóficas da atualidade. Dirigem suas críticas, sobretudo, às noções de ciência, explicação científica e critérios de validade do conhecimento científico que pressupõem e patrocinam. Tal ontologia que, como se mostrou, colapsa o mundo no sujeito e, por essa razão, transforma o mundo empírico, factual, no único mundo possível, ao qual, por conseguinte, nada pode mais o sujeito senão pragmaticamente se ajustar. Justamente por essa razão, no mundo figurado por essa ontologia a única racionalidade possível é a racionalidade instrumental.

Diante das debilidades de tais concepções e, mais ainda, do amparo conceitual que emprestam ao ceticismo, conformismo e cinismo que marcam o pensamento social de nossos dias, parece-nos que as contribuições de Lukács e Bhaskar constituem um patrimônio cognitivo de que não se pode prescindir. Em presença da gravidade das crises experimentadas no mundo nos anos recentes, poucos hoje se aventuram a defender, como ostensiva e alegremente faziam pós-modernos e congêneres pouco tempo atrás, a ideia de que uma imagem racional do futuro da

---

[22] Ver, entre outros, Roy Bhaskar, *Scientific Realism and Human Emancipation* (Londres, Verso, 1986); *A Realist Theory of Science*; e "Societies", em Margaret Archer et al. (orgs.), *Critical Realism: Essential Readings* (Londres, Routledge, 1998).

[23] Idem, *Plato Etc.: The Problems of Philosophy and Their Resolution* (Nova York, Verso, 1994), p. 48.

Economia depois do relativismo: crítica ontológica ou ceticismo instrumental? / 217

humanidade é impossível, ou indesejável, ou totalitária; de que o máximo humanamente alcançável é a administração do mundo das relações mercantil-capitalistas. Mas não devemos nos iludir com essa furtiva retirada dos defensores do ceticismo relativista, pois em seu lugar subsiste um vazio teórico, habilmente ocupado pelas teorias que, sob variadas capas filosóficas, sempre foram instrumentais. É urgente, portanto, que tal vácuo seja preenchido por uma crítica que possa afirmar o valor de verdade da ciência e que, por isso, reafirme o papel da ciência não só como *instrumento* para a criação de um mundo humano humanizado, mas, sobretudo, como momento central e insubstituível para a significação de um mundo humano para a criação do qual ela própria é instrumento.

Afinal, como se pode constatar na epígrafe, até o megaespeculador compreendeu, não obstante todas as suas ilusões acerca da nossa *open society* – e ele as pode ter –, que o sucesso prático-utilitário não pode ser o critério de validação de nossas crenças!

REFERÊNCIAS BIBLIOGRÁFICAS

BHASKAR, Roy. *A Realist Theory of Science*. Londres, Verso, 1997.

_____. *Plato Etc.:* The Problems of Philosophy and Their Resolution. Nova York, Verso, 1994.

_____. *Scientific Realism and Human Emancipation*. Londres, Verso, 1986.

_____. Societies. In: ARCHER, Margaret et al. (orgs.). *Critical Realism*: Essential Readings. Londres, Routledge, 1998.

DUAYER, Mario. Marx, verdade e discurso, neste livro, p. 29-48.

_____. Dilema da "sociedade salarial": realismo ou ceticismo instrumental? In: II Jornada de Economia Política (SEP/Anpec), Belém, 1999.

LAWSON, Tony. *Economics and Reality*. Londres, Routledge, 1997.

LUKÁCS, György. *A Defense of* History and Class Consciousness: Tailism and the Dialectic. Londres, Verso, 2000.

_____. *Para uma ontologia do ser social I*. Trad. Carlos Nelson Coutinho, Mario Duayer e Nélio Schneider, São Paulo, Boitempo, 2012.

MARX, Karl. *Grundrisse:* manuscritos econômicos de 1857-1858: esboços da crítica da economia política. Trad. Mario Duayer e Nélio Schneider, São Paulo/Rio de Janeiro, Boitempo/Ed. UFRJ, 2011.

_____. *O capital*: crítica da economia política, Livro I: *O processo de produção do capital*. Trad. Rubens Enderle, São Paulo, Boitempo, 2013.

RORTY, Richard. *Objectivity, Relativism, and Truth:* Philosophical Papers, v. I. Cambridge, Cambridge University Press, 1991 [ed. bras.: *Objetivismo, relativismo e verdade*. Trad. Marco Antônio Casanova, 2. ed., Rio de Janeiro, Relume-Dumará, 2002].

APÊNDICE
PURGATÓRIO
(curto conto teológico-metodológico)*

> No abarrotado mundo de Funes não havia
> senão pormenores, quase imediatos.
> Jorge Luis Borges, "Funes, o memorioso"

> A história vira estórias e as estórias fazem a
> história, que vira estórias...

Consta que o professor de economia estava prestes a ingressar no Céu. Ia, aliás, confiante, consciência tranquila, uma vez que jamais, em sua atividade profissional, envolvera-se com "valores" ou discutira "fins", mas cuidara tão somente de ensinar, assalariadamente, os "meios" mais eficientes para a consecução de "fins" exteriormente postos, de modo que se "fins" houve considerados infames aos olhos divinos, e aqui fica a dúvida se na esfera do divino os olhos se necessitam aos pares, nada com eles teria tido o professor, cuja modesta posição, a se considerar pela escala terráquea de salários – admitindo aqui que esta reflita, em alguma medida, a hierarquia social –, por um lado justificava e por outro tornava conveniente, a julgar pela relação funcional inversamente proporcional, econometricamente testada por todos os testes, entre a escala de valores morais e distribuição patrimonial, a pragmática adoção dos "fins" e respectivos "valores", estabelecidos nos níveis hierárquicos competentes. Não que escapassem ao professor, afeito que era, por mutilação funcional, ao exame do material empírico da realidade, mas também pela natureza gritante dos fatos, as misérias terráqueas que acompanham os "fins" que sua teoria obsessivamente imaginava maximizar. No entanto, se tal exame inspirava simpatia ou até mesmo certa compaixão por aqueles que sempre estavam à margem dos efeitos de tal maximização (que não eram poucos, admitia!), mitigava o desconforto desses nobres sentimentos a convicção de que "fins" e, portanto, "valores"

---

* Uma versão deste texto foi publicada pela primeira vez, com o mesmo título, em *Revista da Sociedade Brasileira de Economia Política*, n. 59, maio-jun., 2021. (N. E.)

220 / Teoria social, verdade e transformação

situam-se fora do terreno da ciência, são de outras competências. Noutras ocasiões, mais metafísicas, sua imaginação descarrilhava dos trilhos da razão profissional, sobrevoava outros territórios, descortinava horizontes mais dilatados e punha-se a indagar se a vida humana seria redutível aos "fins" da teoria, mesmo quando estes fossem de fato universalizáveis, promessa insinuada cada vez mais vagamente pela teoria e da qual estava longe de convencido.

Reconfortava-se o professor com essas edificantes divagações quando, nesse justo momento, foi interpelado por um anjo que, secamente, fez-lhe ver que andava no caminho errado, sendo o seu o do Inferno. Entre perplexo e indignado, o cândido professor protestou de tal veredicto, subentendendo, em seu sincero espanto, grave equívoco na sublime ordenação que lhe coubera (como se erro pudesse haver na lógica divinal!), pois considerava tremenda injustiça ter de assumir os ônus de eventuais malefícios causados por "valores" subjacentes à ciência que difundira com raro e profissional zelo, querendo com isso insinuar que professara "valores" sem, de fato, professá-los. Sendo a ciência mero instrumento de realização de valores adventícios, não fora ele mais do que meio do meio, peça de engrenagem. Disse ou pensou – e dá no mesmo, pois aos anjos é facultado tanto ouvir o dito como captar telepaticamente o pensado –, valendo-se ostensivamente do álibi kuhniano, pau contemporâneo para toda obra (mental), que a *ciência normal*, como hoje tardiamente sabem todos, mas antes tarde do que nunca, e, por conseguinte, saberia com certeza o anjo, não se limita a um mero arsenal de técnicas, mas inclui também um complexo de valores e respectivas finalidades, a serviço dos quais está o *kit* de instrumentos analíticos. Sendo a *ciência normal* obra coletiva, social, supraindividual portanto, e, como seu próprio adjetivo esclarece, trazendo consigo a chancela da maioria, e maioria qualificada, pois é praticada nas melhores universidades do mundo, do que se conclui que o *normal* e o melhor determinam-se neste e muitos outros casos reciprocamente, muito embora seja fato corriqueiro da experiência cotidiana o normal estar longe de ser o melhor, ocorrendo, no mais das vezes, que o primeiro seja apenas tolerado, sobretudo quando se faz crer que o *normal* é normal e o melhor é impossível, crença que, uma vez crida, vira naturalmente realidade, torna-se verdadeira, a despeito de falsa na origem, de modo que por tais atrapalhados caminhos muda de feição a *ciência normal* e converte-se em sabedoria terminal, além de, como se afirmou, por dispensável que fosse, uma vez que é demasiado evidente, ser obra que os indivíduos cientistas encontram feita, pronta e acabada, por tudo isso, deduzia satisfeito consigo mesmo o espectral herói, os professores não têm alternativa senão abraçar a ciência normal de seu tempo. Motivos todos, pensava o professor, suficientes para desobrigá-lo dos valores que professava, por assim dizer, involuntariamente. Oblíquas e desamparadas razões, percebidas prontamente pelo anjo, fato este que, acresce, atesta a ingenuidade do

Apêndice – Purgatório (curto conto teológico-metodológico) / 221

professor e, lateralmente, a do seu credo científico, pois para dele se dar conta não precisou o anjo daquela argúcia que somente as duras condições da vida terrena promovem, a par de presumirem. Os valores são sempre portados pelos indivíduos singulares, mas, apesar disso, ou, por isso mesmo, os valores são sempre sociais e, se assim é, poder-se-ia argumentar que os indivíduos jamais poderiam ser julgados pelas atitudes e ações comandadas por seus valores – levando o raciocínio ao paroxismo, expediente às vezes muito útil, às vezes insensato, seria de se perdoar o homicida porque, em última análise, enquanto indivíduo ele não passaria de um portador daquele valor que desvaloriza a vida humana, coisa de fácil entendimento por nós brasileiros, que cotamos em cem dólares o valor mensal de uma vida humana. Complexa dialética esta entre singular e universal que, em tribunais e instâncias assemelhadas, costuma ser importada para diluir responsabilidades e atenuar culpas, culpas que, mesmo quando atenuáveis em alguns casos, se abolidas por completo suprimiriam por definição o próprio nexo entre singular e universal e, por conseguinte, a própria noção de valor, cujo pressuposto é o compartilhar intersubjetivo de valores. Curioso isso do universal ser no e pelo singular e, no entanto, transcender o singular! Aliás, ser nos singulares parece ser a única forma, salvo melhor juízo, de os universais livrarem-se da pecha platônica, fama que toleram resignadamente e da qual escapam os singulares por efeito de sua ostensiva presença, estes que seriam tão ou mais platônicos se não fossem pelos universais.

Nos particulares nem tocou o anjo, primeiro, para não complicar o confuso e, depois, porque já se convencera da fantasmagórica presença do singular esvaziado de universais. Cogitava de tais complexas questões e recordou-se de quanto aprendera, apesar de saber tudo, mas é que o saber depende de como vem arrumado na explicação, no discurso, isso nos bem intencionados, porquanto há os textos simplesmente obscuros e os textos deliberadamente construídos para obscurecer em lugar de iluminar, quanto aprendera sobre o que já sabia, dizia-se, ouvindo Borges contar-lhe, quando Lá chegara, a estória de "Funes, o memorioso", indivíduo de mente tumultuadíssima, incapaz de ideias gerais e ao qual, por isso, era de todo inconcebível que, por exemplo, "o símbolo genérico *cão*" pudesse designar não somente toda a quantidade e variedade de cães, mas também cada um dos cães nas infinitas circunstâncias de suas vidas. Espectador infatigável e obcecado com o singular, *Funes* conservava na memória todos os detalhes de tudo a que seus sentidos lhe davam acesso, no entanto, concluía Borges em seu conto, era incapaz de pensar, pois pensar é "esquecer diferenças, é generalizar, abstrair". Magnífico arranjo de ideias, observou o anjo quase com despeito: ao artista requereu um par de frases e ao teórico demandaria um tratado. De mais a mais, a essa refutação teórica das razões do professor somava-se outra de ordem pragmática, pois se suprimidas fossem todas as culpas individuais seria redundante o Purgatório, juntamente com

222 / Teoria social, verdade e transformação

Céu e o Inferno, instituições cuja funcionalidade reside na exemplaridade sustentada à base de prêmios e castigos transcendentes, e que, é de se concluir, teriam sua existência posta em risco caso, chegada a hora, os indivíduos, liberados de culpas, não tivessem de saldar seus débitos ou desfrutar seus créditos em conformidade com a Contabilidade Celeste. E, como o efeito imediato da disfuncionalidade das instituições é o de descartar os que delas se desincumbem, ninguém irá em sã consciência desejar a chaga terrestre do desemprego alastrando-se pelo divino, deixando desamparados, de uma hora para outra, arcanjos, serafins, querubins etc., nem mesmo os espíritos mais rancorosos, que exultariam em lançar Belzebu e suas milícias na rua da amargura. Justificado pelo argumento lógico e movido por evidente interesse corporativista – no que há certa tautologia, pois não há interesse desacompanhado de argumento lógico, uma vez que o interesse põe de imediato sua própria lógica, em especial quando o interesse junta à força do argumento o argumento da força, do poder –, descartou o anjo a escusatória lenga-lenga kuhniana esboçada pelo professor.

Não obstante, nas razões do professor não deixou de reparar o anjo a notável inflexão sofrida nos argumentos do discurso econômico nas últimas décadas, perspectiva histórica possível por sua longa experiência de integrante do Comitê Assessor de Economia, se assim o podemos designar por analogia e sempre com a finalidade de tornar as disposições celestes inteligíveis. Não fazia muito tempo, rememorava o anjo, vinham eles, os professores, com o asséptico discurso da ciência positiva, da neutralidade axiológica e, deparando-se Ali com as verdades transcendentes, alegavam em causa própria que, dada a mundana impossibilidade de capturar tais verdades, nada mais justo e defensável do que o intento de eliminar todo vestígio metafísico da ciência. Divergiam os professores, é certo, quanto à melhor maneira de proceder para se alcançar tal resultado, tanto que, quando acorriam em maior número, aborreciam de morte o pobre do anjo, a despeito de anjo não morrer nem ser pobre, quando arengavam interminavelmente sobre indução, dedução, confirmação, verificação, falsificação e que tais. Sob a unilateral ótica terrena, entoavam em uníssono, parecia-lhes irrepreensível a agenda que circunscreve a ciência ao sensível, ao empírico, ao observável, todos de definição cada vez mais remota, acediam, tão intrincadas e diversas são as coisas que mais e mais se interpõem entre o mundo e nossos sentidos, e basta pensar aqui no dito sexo virtual que, ao que tudo indica, ludibria todos os sentidos e substitui a mobilização direta e imediata de todos eles envolvida no sexo real, ortodoxo, por sua incitação mediada, virtual ou textual, e não se trata aqui de afirmar que experimentamos o mundo por intermédio de textos, coisa trivial, mas sim de que experimentamos textos por intermédio de textos, equação esta, a segunda, da qual desaparece o mundo, a experiência do mundo exterior, questões todas cabeludíssimas, mas das quais escapuliam os

Apêndice – Purgatório (curto conto teológico-metodológico) / 223

professores, alegando que, sendo o ideal por definição inatingível, bastava assumi--lo programaticamente e apostar em sua assintótica realização, de modo que assim pensadas e, sobretudo, desejadas as coisas, cuidava a ciência dos problemas deste mundo, liberando o transcendente para outras especialidades: religião, filosofia, arte... Assumidamente positiva, por presumida falta de alternativas, restava à economia cumprir a dupla função implicada em tal positividade: capturar os fenômenos econômicos em suas regularidades e operar como instrumento de sua manipulação; positiva, portanto, no momento cognitivo e na destinação – correta e útil. Programa em tudo semelhante ao tratamento conferido pelas ciências da natureza ao mundo físico, como veio a saber o anjo nas conversas fora do expediente com os colegas dos comitês daquelas ciências. De uns tempos para cá, entretanto, tamanha autoindulgência fora sacudida por uma descoberta absolutamente fantástica, um tanto acaciana, é verdade, mas nem por isso resultante de esforço próprio, próprio da economia, a bem dizer, uma vez que se originou na física, disciplina na qual é flagrante a distinção entre sujeito e objeto: viu-se o rolo que existe entre sujeito e objeto, constatou-se que o objeto era construção linguística, discursiva, cultural, do sujeito. O desarranjo provocado por tais "descobertas" não é desprezível nem na física, ali onde os valores são totalmente alheios ao objeto e, por isso, constitui tarefa relativamente simples, que pode, porém, demorar séculos para se levar a cabo – mas séculos só é demais para o que vive anos! –, perceber eventuais valores que lhe tenham sido adjudicados pelo sujeito cognoscente, além de o objeto comportar-se com total indiferença em relação às descrições que dele monta o sujeito, se assim se pode explicar, pois não dispondo de consciência e, portanto, de vontade, não pode o objeto ter comportamento. Só por isso já é possível pressentir a extensão do rolo quando, como ocorre nas ciências sociais, os valores são imanentes ao objeto, o sujeito é imediatamente objeto e este não é indiferente ao como aquele o esboça. Farejando a encrenca e, como sempre, na cola da física, mas fazendo vista grossa das patentes diferenças entre ambas, a economia rendeu-se, pragmaticamente, às novas evidências da irremissível determinação cultural da ciência. De modo que, e disso vinha de se dar conta o anjo, a economia, que antes cerrava fileiras com a cruzada antimetafísica, vindicava a profilaxia axiológica e, confiante, desresponsabilizava-se antecipadamente por qualquer identificação sua com fins e valores, agora, entretanto, admite, convencida ou afetada, sua incontornável natureza discursiva e cultural, restando infrutíferas, por isso, todas as tentativas de purificação antimetafísica, reviravolta por intermédio da qual tudo o que anteriormente era execrado converte-se em atributo interno do discurso econômico, de qualquer discurso, virada linguística ou pragmática, como é qualificada em outros comitês, lembrou o querubim, e que permite o milagre, nada estranho não fosse ocorrência terráquea, da legitimação a torto ou a direito, de um jeito ou de outro. De ciência empírica

224 / Teoria social, verdade e transformação

por convicção à ciência empírica por coação. Há nessa inflexão do discurso ou, melhor dizendo, nas justificativas do discurso, uma espécie de subversão à tímida subversão kuhniana: nesta última o advento da revolução estaria relacionado a uma mudança de paradigma, câmbio radical na forma de conceber o objeto, de visão geral de mundo, novo referencial a enquadrar e conferir sentido à nova explicação, ao novo discurso ou ao novo consenso; na outra, ao contrário, altera-se a justificativa do discurso sem modificar seu conteúdo, mantém-se portanto o discurso, o consenso e, por suposto, o paradigma sobre o qual sempre se assentou. Em Kuhn a mudança de paradigma é o requisito interposto pela nova explicação, ou o *shift* paradigmático é pressuposto do *shift* dos procedimentos, critérios, discurso, explicação, agenda etc. da ciência; na economia substitui-se o *shift* paradigmático pelo *shift* retórico, cujo propósito outro não é senão o de sustentar e legitimar, por meio de novo ornamento verbal, os mesmos procedimentos, critérios, discurso, explicação, agenda etc., em uma palavra, a conservação do paradigma, da concepção de mundo. Atitude que revela outra extraordinária assimetria entre a física e a economia: o mundo natural não muda, mas os físicos dispõem-se a mudar sua concepção de mundo; o mundo social muda, mas os economistas não se dispõem a mudar sua concepção de mundo. Do que se conclui, apesar de contraintuitivo: a física, ao modificar sua concepção do mundo, intervém para mudar o imutável; a economia, ao manter sua concepção do mundo, intervém para manter o mutável.

Pecados só há os humanos. Bichos, coisas, loucos e crianças, não tendo juízo, estão livres do pecado. Daí não se deduza, no entanto, que loucos e crianças não são humanos, mas apenas que estes mal iniciaram e aqueles abortaram o doloroso processo de criar juízo e ser debitado das adjacentes responsabilidades. Prestando serviço num posto de triagem de primeira instância, e isso de no Céu haver múltiplas instâncias obedece ao propósito de não contrariar as humanas expectativas, mas no fundo trata-se de mera formalidade, arranjo de fachada, pois Ali não se reformam decisões, visto serem todas perfeitas uma vez emitidas, de forma que, como se dizia, estando lotado o querubim em um posto de triagem, e com o encargo e a prerrogativa de ajuizar pecados, que, como demonstrado acima, são sempre humanos, tinha ele por hábito, no que revelava bom senso – e seria de admirar um anjo insensato–, posicionar-se sob uma ótica humana para, assim situado, ponderar a intensidade relativa dos agravos. Desse ângulo, operando como se fosse um antropólogo extraterrestre investigando as peculiaridades da espécie humana, podia ver, de fora e de cima, que toda ciência, e mais ainda as hegemônicas, como a que praticava o professor, tem naturalmente dupla função social: não só a prático-operativa, instrumental, que dispensa maiores digressões, mas também a ideológica, mais sutil e complexa. Funções complementares por meio das quais a ciência, por um lado, confere inteligibilidade ao mundo e, portanto, dota de sentido as

Apêndice – Purgatório (curto conto teológico-metodológico) / 225

práticas e suas finalidades; por outro lado, oferece-se como instrumento das práticas cujo sentido põe e pressupõe. Intuições razoáveis, concedeu o anjo, se isso quis dizer o professor ao afirmar que não há alternativa senão abraçar a *ciência normal* da época, uma vez que seria de fato um total desatino imaginar as diversas práticas, suas finalidades e os requeridos saberes dissociados tal como aparecem em muitas análises, que fragmentam para entender e não cuidam de recompor a unidade da qual partiram. Ainda que fosse sujeito prático, pouco afeito à reflexão filosófico--metodológica, e há aqui uma certa redundância, visto que sendo prático não poderia mesmo concentrar-se em algo tão alheio à prática, o professor, valendo-se da intuição, foi capaz de expressar, a seu modo, falando ou pensando, não importa, algo muito simples e ao mesmo tempo muito complexo, algo que desassossega a inteligência contemporânea, sem mencionar as anteriores: pôde intuir, do seu jeito, que uma cultura, um paradigma, uma imagem de mundo, e a designação aqui não vem ao caso, é presença ineliminável, constitutiva, por detrás das práticas e saberes humanos, ou é o texto ou *script* no qual as práticas, com seus saberes, finalidades e valores, encontram seu sentido. Não fosse assim, pensou para si o anjo, teríamos as práticas, seus saberes, suas finalidades, seus valores cada qual com seu sentido, sua inteligibilidade – uma fragmentação absurda e impossível! E cismou: se truísmos dispensam enunciação e prova, por que tais discernimentos intuídos pelo professor, por que diabo, termo de cujo emprego, dada sua condição serafínica, logo se arrependeu, e tarde demais, pois o dizer podemos reprimir, mas o pensado, no mais das vezes, é incontrolável como o tique nervoso, de sorte que algumas vezes nos surpreendemos com nossos pensamentos e muitas outras nos escandalizamos por tê-los pensado, como se nossos não fossem, por que diabo, prosseguiu já que havia começado, tais truísmos adiantados pelo professor eram tão difíceis, não de perceber, pois o professor os havia intuído, mas de serem integrados conscientemente à cultura, científica ou não? Por que essa visão sintética, total, que ampara e congrega todos os saberes e práticas, em um determinado tempo, para um determinado grupo social etc. era ora desvalidada enquanto metafísica, ora desqualificada enquanto inabordável ou, ainda, pós-modernamente assimilada enquanto textualidade fatal e, por isso, inútil?

Naturalmente, todo esse novelar de razões expõe-se apenas com o intuito de inferir, e é só o que se pode fazer, pois o narrador, apesar do *boom* nacional e internacional da literatura científico-querubínica, não teve, até o presente, acesso direto a qualquer anjo em pessoa, se é que o termo aplica-se ao caso, pois antes haveria de estabelecer se anjo é pessoa, e na falta de tal acesso, portanto, não resta alternativa senão inferir o que se passou na cabeça dos personagens, admitindo aqui, o que está longe de ser evidente, sendo o anjo um dos personagens, que anjo tem cabeça ou mesmo o resto do corpo. Diz-se isso porque alguém poderia argumentar, e

226 / Teoria social, verdade e transformação

temos de aceder que se trata de um argumento razoável, que o conceito de anjo pode muito bem subsistir sem a antropomorfização (tirante as asas) que sempre o acompanha. Mas o desapontamento, e a sensação de frustração daí decorrente com a impossibilidade de garantir o acesso direto, não mediado, à mente do anjo, à verdade, enfim, não devem transformar-se em afetos paralisantes, pois para tudo há remédio e, no caso, é leniente bastante saber que se a inferência segue a lógica, sendo a lógica a expressão da verdade e, por conseguinte, a linguagem seráfica, nada mais justo do que considerá-la, sempre tendo presente os limites da imperfeita lógica humana, muito próxima da verdade, resultado este que é muito, tendo em vista que a verdade mesma, a verdade verdadeira já era, a se dar ouvidos às últimas notícias filosóficas; quanto aos insatisfeitos, e sempre os há em pencas, só resta ao narrador, muito a contragosto, pois ninguém está aí para ser contraditado, simular uma polida receptividade às críticas e reparos, e, armado até os dentes, refutá-las, reafirmando assim a sua lógica. Com o mesmo propósito e, aliás, bem no espírito da narrativa, poderia o narrador adotar o engenhoso artifício de Satie, o compositor, que, segundo se diz, fundou uma igreja e, sumo pontífice autonomeado, investia-se de autoridade suficiente para excomungar os críticos. Seja como for, salvo erro na lógica da narrativa, coisa de todo improvável, pois a narrativa instaura sua própria lógica, pode o leitor aceitar com toda segurança que a lógica aqui praticada expressa adequadamente a lógica angelical, e uma vez que esta última é sinônimo de verdade, pode-se deduzir, logicamente, que a lógica da narrativa é expressão adequada, embora apenas aproximada, da verdade.

Delineados, assim, os cenários mentais do professor e do anjo quando o primeiro expunha suas razões e o segundo as ouvia ou captava, é preciso aduzir de imediato que o anjo frustrou as expectativas (racionais, irracionais?) do professor, que se imaginara em animadas disputas escolásticas sobre a neutralidade axiológica da ciência econômica. Nada disso se passou, e que não se culpe o despreparo acadêmico angelical. É que se na vida terráquea já têm muito de estulto essas disputas, que dirá no Céu! E aqui não custa lembrar um herético personagem falecido século passado, mas que, a se concordar com um vivo professor francês, continua assombrando o mundo, que já alertara para o inevitável escolasticismo da disputa sobre a realidade ou não realidade do pensamento descolado da prática. Porém, ninguém sendo anjo gratuita e impunemente, vale dizer, de graça, não deixou este nosso de perceber a relativa castidade do professor. Mesmo porque, no Céu, é de se presumir – na impossibilidade de se demonstrar empiricamente – que não se sai julgando qualidades pessoais abstratas, mas as de indivíduos que fizeram isto ou aquilo em condições sociais estas ou aquelas, todas sempre concretas. Por essa razão, e apesar de ser o professor morto recentíssimo, levou em conta o anjo o fato de que o professor certamente estivera, em sua existência mundana, exposto a uma,

Apêndice – Purgatório (curto conto teológico-metodológico) / 227

digamos assim, visto que o moderno se expressa modernamente, *overdose* de uma desarmante concepção de ciência, da qual se disséssemos que predomina não lhe faríamos justiça, uma vez que na verdade sufoca, e que preconiza, não sem uma certa dose de enfado, próprio daquele que se vê forçado a repetir o que imagina óbvio, e a isto pode permitir-se justamente por reinar absoluta, ora que a objetividade do conhecimento presume a abstração dos valores, ora que o conhecimento objetivo não é possível. Ora prescreve a sanitização axiológica da ciência, ora declara infrutífera a faxina. Noções estas que, aplicadas ao mundo humano, equivalem a exigir de todo cientista que pendure no cabide, junto com o casaco, no caso de usá-lo, já que a moda acadêmica anda mais informal nos dias de hoje, seus valores antes de iniciar o trabalho.

Nessas circunstâncias, e sendo o Céu o que é, e tendo sido constatado que o mal segregado em vida pelo professor – ao vivo, em suas aulas – não advinha de uma perversão exclusiva de seu caráter, mas era um sinal dos tempos – e que tempos!, conjecturou o anjo –, deliberou este que àquele se concedesse uma oportunidade de salvação. E como no Céu burocracia é coisa que se desconhece, e aqui vale assinalar, mesmo que a título de parênteses, que nisso há uma certa redundância, pois se burocracia houvesse mais estaria para Inferno, e não a havendo, fez logo o anjo ver ao candidato a hóspede celeste que sua admissão não era carta fora do baralho, ainda que essa expressão soe no mínimo estranha quando proferida por um anjo, muito embora seja compreensível, pois só havendo no Céu o Justo, o Belo, o Bem, mesmo o chulo vira língua culta – se bem que isso se diz desse modo apenas para tornar claro o problema em termos terráqueos, porque a rigor assim não poderia ser dito, já que em Lá não havendo incultos, a língua culta não se pode definir pela inculta. Todavia, estendeu-se o anjo, para fazer jus à Divina Misericórdia deveria o professor preparar, durante sua estadia no Purgatório, um *paper* – como se vê, por esta e anteriores ocorrências, o inglês é, além de universal, idioma celeste – sobre as mais importantes contribuições contemporâneas para a metodologia da ciência econômica como, por exemplo, as de Blaug, Caldwell, Hausman, Hutchinton, Boland... O professor sequer aguardou o fim da bibliografia angelical, pois foi ficando mais lívido do que um morto, o que em si já constituía uma façanha, mas no Céu façanha é o que não falta, e, fora de si, urrando – atitude, aliás, pouco digna e nada pedagógica para um professor –, disse preferir o Inferno. Dito e feito. Mergulhou no fogaréu!

Mas a queda abriu, como abre qualquer queda, um campo expectacional. Na realidade, em prol da veracidade deste relato, abriram-se dois campos expectacionais: o do professor, duro e concreto como o vácuo produzido pela queda, de fácil entendimento, ainda que sua própria descrição suscite questões por sua vez complexíssimas, quase incompreensíveis, por que como pode ser inteligível a

228 / Teoria social, verdade e transformação

representação do vácuo, do vazio completo, total, por intermédio de adjetivos tão, se me permitem, tangíveis como duro e concreto?; e o outro campo – expectacional, recordo, pois distanciou-se do primeiro –, produto de sensações físicas que se disséssemos ainda mais intensas, haveria o risco de pecarmos por exagero, e pecado aqui é prudente evitar, mas não o de sermos acusados de falsificação, e a do tipo mais pernicioso, a literária, porque a possibilidade existe, pois, e a explicação é de outras competências, de fato há quem sinta, só de ouvir falar, mais forte do que sentiu e conta. Mais curioso ainda é o caso do que sente, só de ouvir, do que conta sem ter sentido, simplesmente por não ter vivido, visto ou ouvido, mas inventado. Em resumidas contas, e qualquer que seja o caso, são no mínimo dois campos expectacionais promovidos por um gesto insensato, ou sensato, o do professor, titular do gesto, e o do leitor. Em ambos há, afinal, expectativas mais ou menos intensas. Mas, deixando de lado o aspecto quantitativo das expectativas, cujo tratamento científico adequado não pode prescindir dos instrumentos analíticos da expectativometria, e sem tomar partido na disputa entre adeptos e adversários desta última, disputa que, se bem entendemos, gira em torno da unilateralidade ou não da expectativometria, pragmaticamente e, talvez, por pura ignorância, dada a transcendência da controvérsia, iremos direto aos aspectos qualitativos. E abstraídos os seus aspectos quantitativos, resta às expectativas somente o atributo da racionalidade. Saltou o professor, leu o leitor. Que expectativas envolvem os dois atos, racionais ou irracionais?

Mas o juízo sobre a natureza da expectativa tem como pressuposto o juízo acerca das alternativas disponíveis. Alternativas perfeitamente conhecidas pelo professor, pois ao deliberar pelo Inferno certamente estava consciente das alternativas que se descortinavam em seu futuro, se bem que, a ser rigoroso, não se deveria empregar aqui o conceito de futuro, pois sendo o Espaço Celeste eterno, nele não pode haver futuro e, não havendo o fenômeno, desqualifica-se o conceito. Melhor seria dizer, então, que ao professor estavam mais do que claros seus eternos presentes futuros, ou futuros presentes, e aqui é oportuno abrir um parêntese para salientar a extrema dificuldade, a quase impossibilidade de expressar com palavras deste mundo propriedades, fenômenos, qualidades etc. de outro mundo, o que sugere que vimos construindo nossas linguagens bem de acordo com o nosso mundo, mas não se deve interpretar essas superficiais observações como defesa da proscrita tese da correspondência entre linguagem e mundo, uma vez que seria uma indesculpável heresia tornar tal heresia ingrediente de uma narrativa teológico-teórica, razão pela qual esta digressão serve tão simplesmente ao propósito de iluminar da melhor forma, com os meios que nos propiciam nossa terrena linguagem, os futuros presentes, ou vice-versa, que eram apenas dois, abertos ao professor, a saber, ou reexaminar os "clássicos da metodologia da ciência econômica" e, em seguida, desfrutar das

Apêndice – Purgatório (curto conto teológico-metodológico) / 229

delícias do eterno viver no paraíso ou então sofrer perpetuamente os horrores da danação. Tratava-se, portanto, de um campo expectacional bipolar, em presença do qual o professor parece ter escolhido a alternativa mais racional, vale dizer, maximizadora, uma vez que, de acordo com o juízo do narrador desses eventos (pois se a maximização está sempre predicada a juízos, valorações, e sendo o narrador o responsável pela narrativa, nada mais natural que seja dele o encargo e o direito de ajuizar) parece empiricamente evidente que a desutililidade marginal derivada do estudo dos clássicos da metodologia da ciência econômica é infinitamente superior à desutilidade marginal de todas as subterrâneas privações infernais.

Se bem descrevemos as expectativas do professor, coisa que podemos, no máximo, admitir, já que verificar será de todo impossível, haja vista que o professor já era, e já tendo sido não está mais em condições de confirmar ou falsear este relato, não podendo sequer valer-se de sua falecida situação para contar com a assessoria direta de Carnap e de Popper, e mesmo que o estivesse, vivo e acompanhado de tais especialistas em discriminar o científico do não científico, o verdadeiro do falso, de nada valeriam seus reparos ao relato, pois quem poderia garantir que sua opinião positiva ou negativa sobre a descrição dos fatos seria isenta de preconceitos, de valores, do desejo incontido, porém inconsciente, de desautorizar o narrador, de levá-lo à ruína?, de modo que, nada estando assegurado, é válido afirmar que o professor não tinha expectativas. Era, na verdade, titular de certezas. Certezas das quais teceu, mentalmente, e em fração de segundos, dito de novo em termos terráqueos, posto que, em não havendo tempo no Céu, o relógio e suas escalas não fazem o menor sentido, teceu mentalmente, dizia-se, as vidas que iria levar, viveu-as mentalmente, previveu-as, se cabe aqui a conjugação do viver com o prever, e pôde deliberar, indivíduo isolado que era no Céu, pois só Ali é possível haver o indivíduo isolado em estado puro presumido pela teoria que o professor professava, uma vez que, havendo no Céu tudo do bom e do melhor, garantidos ambos pela Divina Providência, Provedora Universal, pode-se deduzir com o aval da mais elementar das lógicas que Lá aos indivíduos é dispensável viver em sociedade, constituir uma sociedade, e, portanto, estando pela primeira vez na condição do indivíduo isolado que sempre idealizara, foi possível ao professor, com os instrumentos analíticos que dominava, maximizar sua função utilidade sem qualquer pressuposto, a menos, é evidente, da condição imposta por Deus, autoria aqui apenas presumida, mas licitamente presumida, já que sendo o anjo porta-voz de Deus e, sendo no Céu tudo conhecido, ou Lá não havendo nada desconhecido, razão pela qual não há sábios e sabidos de um lado e ignorantes e tolos de outro, e é estranha essa condição celeste, uma vez que nada havendo a fazer, somente a desfrutar, nada é preciso saber, e se nada é preciso saber, não há a dicotomia entre saber e não saber, há apenas não saber, puro estado de ignorância ou sapiência, identidade total entre sujeito e objeto, do que se conclui, por óbvio, que toda a cultura terrena decorre da falta, do carecimento, busca sem fim, temos todos ciência, pois ao saber para atender aos carecimentos aprendemos a inventá-los e, ao inventá-los, tornamo-los infinitos, sem falar do mau infinito, da riqueza desgarrada, que ganha autonomia, vida própria e, em lugar de ser produto das vontades, produz as vontades, escraviza-as.

Tendo sido racional o professor, conforme demonstrado, é preciso dar conta igualmente das expectativas do leitor da narrativa, as quais se formam a partir da sorte do professor, mas às quais, não obstante, faltam os elementos presentes na vivência daquele último, se é que se pode falar em vivência de um morto. Dos padecimentos normalmente infringidos aos que caem no Inferno está plenamente consciente o leitor, muito embora todas as dores e sofrimentos não os tenha sentido nem deles tenha tido notícia em primeira mão de quem os experimentou, exceção feita aos que desfrutam do privilégio desses contatos de primeiríssimo grau com os idos. Há aqui, portanto, um abismo a separar as condições que estão presentes na formação de expectativas do professor e na do leitor. O primeiro está morto e enterrado, encontra-se na antessala do paraíso e tem diante de si um anjo a anunciar o Inferno como alternativa, todas essas provas empíricas da existência do medonho. Ao segundo, no entanto, faltam elementos empíricos, se é que as representações iconográficas e literárias podem ser aqui descartadas como evidência empírica, mas, apesar disso, pela força daquela imagística, é capaz de sofrer tanto ou mais do que o próprio personagem principal da narrativa. Talvez daí, da força dos textos, provenha o baralhar atual entre história e estória, pois a história decerto tem seu curso, impõe suas condições e produz seus efeitos, mas a história é apreendida por meio de umas tantas estórias e as estórias movem os seres humanos, de sorte que estes agem sob o efeito de ambas, história e estória, fazem história sob a pressão anônima da história e informados pelas estórias que se contam sobre a história, de tal modo que as estórias determinam a história e a história determina as estórias.

Expectativas e sensações que, por mais absurdas, se o forem, as tem e sente o leitor, pois são tributárias de uma cultura povoada de infernos, queimações, seres imaginários de toda sorte e qualidade. Outra cultura, com outros seres imaginários ou sem nenhum, daria origem a outras expectativas e sensações. Se desprovida de tais seres espectrais, outra cultura permitiria interpretar a narrativa no máximo como curiosidade, jamais daria lugar à formação de expectativas. Degolar um galo preto é sempre uma degola. Mas fazê-lo numa encruzilhada, à meia-noite, é muito diferente de fazê-lo na cozinha, ao meio-dia. Satisfaz o galo preto apetites muito diversos. E apetites, já se sabe, são igualmente culturais, além de idiossincráticos, pois há os vegetarianos, por exemplo, cujo apetite o galo jamais poderá saciar. Há também os que não se sentem pacificados, confiantes no futuro, com a noturna degola do galo. Experimentam tanto horror à decapitação, cujo

Apêndice – Purgatório (curto conto teológico-metodológico) / 231

significado não alcançam, como ao vegetariano provoca náuseas o simples imaginar a degustação de um frango. Compreende-se, assim, a extensão em que a cultura intervém e determina nossos afetos, a ponto de provocar sensações tão tangíveis, por assim dizer, como a náusea. E em que medida condiciona e determina nossa inteligibilidade do mundo. Só é possível entender a narrativa situado na cultura ocidental. Não obstante, entender aqui, com todos os afetos, medos, expectativas, valores etc. implicados na compreensão, pode ter na verdade o significado oposto, porque compreender tal narrativa pode equivaler a tornar palatável, inteligível, o absurdo. Mas se é assim, fica a pergunta: se a cultura franqueia a validação de absurdos, de manifestas falsidades, quanto daquilo que nossa cultura nos permite "compreender" é falso e absurdo? Será tudo falso e absurdo, uma vez que tudo o que percebemos nós o fazemos com os olhos de nossa cultura? Equivalem-se, sob esse prisma, o saciar da fome física com a degola matutina do galo negro e o saciar da fome espiritual com sua degola noturna? Admitido que ambas satisfazem, pacificam, e se não o fizessem não haveria tanta demanda para ambas as indústrias, a de frangos e a de dádivas, indústrias que, como todas as outras, estimulam tantas outras a jusante e a montante, impõe-se a interrogativa: tanto faz o carecimento e sua satisfação serem imaginários ou real-concretos? É indiferente o fato de que sejam despendidas horas e mais horas de trabalho concreto na produção de oferendas concretas, tangíveis, dissipadas, estas e, portanto, aquelas, no fictício atendimento de carecimentos imaginários? E por mais que tais carecimentos estimulem o crescimento econômico, o desenvolvimento tecnológico, o aumento da produtividade etc., pelo impulso que oferecem, como se disse, a montante e a jusante, e que, além disso, façam surgir uma complexa rede de atividades afins e, por conseguinte, seus teóricos, especialistas, técnicos, auxiliares etc., massa de emprego adicional enfim, nada desprezível nestes tempos de desemprego, por tudo isso, indaga-se, justificam-se os carecimentos imaginários e as atividades dedicadas a seu atendimento? E se o esforço coletivo despendido na produção de dádivas for maior ou igual ao que seria necessário para satisfazer concretamente os carecimentos demandados pelas oferendas? E se a indústria de dádivas for funcional para uma cultura que produz carecimentos que jamais poderá satisfazer concretamente? Questões arrevesadas que trazem à memória outra tão ou mais labiríntica, esquadrinhada pelo já referido pensador que vive, embora morto, a assombrar a cultura: do exame do papel dos ladrões na economia remata, de modo indigesto, salientando sua decisiva e extraordinária influência no desenvolvimento da indústria de fechaduras e, por extensão, das indústrias mecânica, metalúrgica, química etc., cujo dinamismo deve-se em grande medida ao estímulo proporcionado pela gatunagem.

Mais embaraçoso não poderia ser o problema da relação entre a cultura, o mundo que esta prefigura e a prática. Se tudo é narrativa, se vamos ao mundo

232 / Teoria social, verdade e transformação

textualizados, se vivemos o contexto por meio de textos, verdadeiros ou falsos, razoáveis ou absurdos – como saber? –, se nossos pensamentos sobre o mundo são tudo o que temos à mão, ou melhor, à cabeça, se com eles temos que nos ver com o mundo, viver a vida no mundo, e assim funcionando as coisas, então parece ser o mundo que, assimilando ou não o que nele construímos com os textos sobre ele construídos, determina a eficácia, a adequação, a pertinência de nossos textos, separando desse modo, não o verdadeiro do falso em pretenso lance epistemológico, mas as ideias úteis das ideias inúteis, as ideias operativas e práticas das ideias inoperantes e impraticáveis, muito embora, como se viu acima e se experimenta a toda hora, haja úteis perniciosos e inúteis auspiciosos; e, é preciso adicionar, quando o mundo chega a tal discriminação já o faz em segunda mão, pois o útil e o inútil que aparta são postos por um texto que se afirmou em meio a outros tantos textos, cada qual com sua definição particular do útil. Porém, sequer esse controle de segunda ordem cumpre a contento o mundo natural, visto ser excessivamente permissivo e liberal com as construções humanas, tolerando e absorvendo estragos amazônicos. Do mundo social, por outro lado, menos se pode esperar nesse particular, pois que dificilmente poderia ser o fiel da balança epistemológica a aferir os nossos textos, porque sendo ele próprio, segundo consta, tecido com os fios de nossos textos, não se pode prestar à função de metatexto, servir de contrapeso ou contraponto. Portanto, nada havendo fora de nossos textos, parece que só nos resta construir o mundo aos trancos e barrancos, constatar os estragos e seguir adiante. Horrores e belezas no caminho, sendo textos sobre textos, tampouco sugerem o rumo a seguir. O padecer de uns e a fruição de outros são afetos produzidos por textos, textos com os quais produzimos o mundo, mundo de horrores e de belezas, textos e mundo dos quais não há como sair. Mudar de rumo, reduzir os horrores e aumentar as belezas, pressuporia outro texto, outra narrativa, funcionando como metro de nossa narrativa, metanarrativa, portanto. Porém, estando impugnadas, por metafísicas, as metanarrativas, resta aceitar trágica ou alegremente, estados d'alma que dependem das subnarrativas e submundos de cada um, o nosso mundo.

Se as narrativas respondem por nossas expectativas e, por essa via, comandam nossas ações e, se a ciência é narrativa, texto sobre o mundo, então a ciência, juntamente com outros saberes, vale dizer, textos que construímos sobre o mundo, governa nossas expectativas. Se a ciência *normal* é a narrativa em estilo científico que, ao lado de outras, determina as expectativas que devemos alimentar neste mundo sobre o mundo, promove as expectativas e necessidades produzidas e facultadas por este mundo, e interdita outras expectativas e correspondentes necessidades, então é razoável concluir que a ciência *normal* é, enquanto texto, instrumento da reprodução do mundo. Junta à textualidade inescapável do mundo a interdição de outros textos e torna o mundo inescapável de sua textualidade.

Apêndice – Purgatório (curto conto teológico-metodológico) / 233

Assim enleados em definitiva e estonteante indeterminação, o professor, o leitor e o narrador, podemos todos, menos o anjo, é claro, buscar guarida na retórica, refúgio tranquilo, porto seguro, da vertigem provocada pela recente descoberta da textualidade do mundo. Na ausência de chão para ancoragem, paz e sossego somente no seio do consenso, da opinião relevante. Pois, se não há salvação, já que não se pode saber o certo e o errado, o bem e o mal, é mais seguro pecar em grupo. Não qualquer grupo, mas o grupo dos especialistas e de suas instituições, o grupo da ciência *normal*. Na pior das hipóteses, calhando haver triagem celeste, a companhia no inferno está garantida.

Ingênuo, de início, acreditava o professor no progresso da ciência, tinha fé na razão. Razão e ética, implicava sua fé, caminhavam juntas: acúmulo de saber era meio de realização de elevados valores humanos. Espelhava o professor a ingenuidade da profissão, da sua ciência. A fé no paralelismo de razão e ética não resistiu à "crítica roedora" dos acontecimentos do mundo. A crítica da razão precipitou desalento: a fé na ciência e no progresso converteu-se em ceticismo. Vigorou desde então a exclusiva fé no ceticismo. Cético, mas esperto, pois ninguém é de ferro e é preciso ganhar a vida, passou o professor a fazer uso instrumental, um tanto cínico, da ciência. Espelhava o professor o cínico ceticismo da profissão, da sua ciência. De posse da metanarrativa divina, não perdoou o anjo – como se disse, por razões teóricas, éticas, estéticas e, acusam os plutocratas, corporativistas...

Sobre o autor

Mario Duayer (1947-2021) foi professor titular aposentado da Universidade Federal Fluminense (UFF) e professor visitante do Programa de Pós-Graduação em Serviço Social da Universidade do Estado do Rio de Janeiro (UERJ). Com doutorado pela Universidade de Manchester, Inglaterra, e pós-doutorado na University of Massachusetts (Amherst) e na Duke University, ambas nos Estados Unidos. Especializou-se na área de economia, com ênfase na crítica da economia política, trabalhando principalmente com os seguintes temas: Marx, ontologia crítica, teoria social crítica, filosofia da ciência e metodologia da análise econômica. Foi supervisor editorial, além de tradutor, com outros autores, do livro de Karl Marx, *Grundrisse: manuscritos econômicos de 1857-1858: esboços da crítica da economia política* (São Paulo, Boitempo, 2011). Foi coeditor, com Miguel Vedda, do livro: *György Lukács: años de peregrinaje filosófico* (Buenos Aires, Herramienta, 2013).

OUTRAS PUBLICAÇÕES DA BOITEMPO

Como a China escapou da terapia de choque
ISABELLA WEBER
Tradução de **Diogo Fagundes**
Revisão técnica e orelha de **Elias Jabbour**

Junho de 2013: a rebelião fantasma
BRENO ALTMAN E MARIA CARLOTTO (ORG.)
Textos de **Camila Rocha, Jones Manoel, Lucas Monteiro,
Maikon Nery, Mateus Mendes, Paula Nunes, Raquel
Rolnik e Roberto Andrés e Vladimir Safatle**
Prólogo de **Dilma Roussef**
Orelha de **Isabela Kalil**
Fotos de **Maikon Nery**
Apoio de **Fundação Friedrich Ebert**

Imperialismo e questão europeia
DOMENICO LOSURDO
Tradução de **Sandor José Ney Rezende**
Organização e introdução de **Emiliano Alessandroni**
Posfácio de **Stefano G. Azzarà**
Revisão técnica e orelha de **Rita Coitinho**

Marx, esse desconhecido
MICHAEL LÖWY
Tradução de **Fabio Mascaro Querido**
Orelha de **Valerio Arcary**

Che Guevara e a luta revolucionária na Bolívia
LUIZ BERNARDO PERICÁS
Orelha de **Michael Löwy**
Quarta capa de **Werner Altmann e Osvaldo Coggiola**

ARSENAL LÊNIN
Conselho editorial: Antonio Carlos Mazzeo,
Antonio Rago, Augusto Buonicore,
Ivana Jinkings, Marcos Del Roio, Marly Vianna,
Milton Pinheiro e Slavoj Žižek

Imperialismo, estágio superior do capitalismo
VLADÍMIR ILITCH LÊNIN
Tradução de **Edições Avante! e Paula Vaz de Almeida**
Prefácio de **Marcelo Pereira Fernandes**
Orelha de **Edmilson Costa**
Quarta capa de **György Lukács, István Mészáros
e João Quartim de Moraes**

ESCRITOS GRAMSCIANOS

Conselho editorial: Alvaro Bianchi, Daniela Mussi, Gianni Fresu, Guido Liguori, Marcos del Roio e Virgínia Fontes

Os líderes e as massas
escritos de 1921 a 1926
ANTONIO GRAMSCI
Seleção e apresentação de **Gianni Fresu**
Tradução de **Carlos Nelson Coutinho e Rita Coitinho**
Leitura crítica de **Marcos del Roio**
Orelha e notas de rodapé de **Luciana Aliaga**

ESTADO DE SÍTIO

Coordenação: Paulo Arantes

Colonialismo digital
DEIVISON FAUSTINO E WALTER LIPPOLD
Prefácio de **Sérgio Amadeu da Silveira**
Orelha de **Tarcízio Silva**

MARX-ENGELS

Resumo de O capital
FRIEDRICH ENGELS
Tradução de **Nélio Schneider e Leila Escorsim Netto (cartas)**
Apresentação de **Lincoln Secco**
Orelha de **Janaína de Faria**

MUNDO DO TRABALHO

Coordenação: Ricardo Antunes
Conselho editorial: Graça Druck, Luci Praun, Marco Aurélio Santana, Murillo van der Laan, Ricardo Festi, Ruy Braga

A angústia do precariado
RUY BRAGA
Prefácio de **Sean Purdy**
Orelha de **Silvio Almeida**

TINTA VERMELHA

Brasil sob escombros: desafios do governo Lula para reconstruir o país
JULIANA PAULA MAGALHÃES E LUIZ FELIPE OSÓRIO (ORGS.)
Artigos de **Adriana M. Amado, Alvaro de Azevedo Gonzaga, Alysson Leandro Mascaro, Anderson Alves Esteves, Armando Boito Jr., Breno Altman, Carlos Eduardo Martins, Cesar Calejon, Felipe Labruna, Flávia Braga Vieira, Francisco Carlos Teixeira da Silva, Gabriela Junqueira Calazans, Gustavo Marinho, João Quartim de Moraes, Leonardo Attuch, Luis Felipe Miguel, Luiz Gonzaga Belluzzo, Maria de Lourdes Rollemberg Mollo, Maria Lygia Quartim de Moraes, Milton Pinheiro, Rafael Valim, Regina Facchini, Ricardo Musse, Sérgio Pereira Leite, Silvio Luiz de Almeida, Sofia Manzano, Valter Pomar, William Martins**
Quarta capa de **Juca Kfouri e Sâmia Bomfim**

Publicado em 2023 – 165 anos depois de Marx ter redigido seus *Grundrisse* e 12 anos depois do lançamento da sua primeira versão em português pela Boitempo, com tradução supervisionada por Mario Duayer –, este livro foi composto em Adobe Garamond Pro, corpo 11/14,13, e impresso em papel Pólen Natural 70 g/m² pela gráfica Rettec, para a Boitempo, com tiragem de 2.000 exemplares.